The Winter Journey

from
The Worst Journey in the World
Apsley Cherry-Garrard

Translated by
Barry Goldstein

Bilingual Edition

דער איבערזעצער

בעריש גאָלדשטיין איז אַ פּענסיאָנירטער קאָמפּיוטער־פּראָגראַמירער, וואָס פֿאַרברענגט גוט די צײַט איצט מיט ייִדיש, מיט שרײַבן, מיט פֿאָרן אין צפֿונדיקע לענדער, און מיט די אייניקלעך, אַוודאי. ער וווינט אין ניוטאָן, מאַס. אַ טייל פֿון זײַן שרײַבעכץ קען מען געפֿינען דאָ: https://www.bgoldstein.org/

ISBN-13: 978-0-9980497-1-7

Copyright © 2018 Barry Goldstein
All rights reserved

19 November 2018

ביבליאָגראַפֿיע

The Worst Journey in the World, Apsley Cherry-Garrard, 1922

Scott's Last Expedition, Captain Robert Falcon Scott, 1913

די *לעצטע נסיעה*, קאַפּיטאַן סקאָט (ייִדיש: אַ. ש–ר אָ.), פֿאַרלאַג ב. שימין, וואַרשע, 1922

דערצו אויך עטלעכע טוץ ביכער פֿון דער העלדישער תּקופֿה פֿון אַנטאַרקטישער אויספֿאָרשונג, 1897-1922: די ביכער געשריבן פֿון די אָנפֿירער און די אָנטייל־נעמערס אויף עקספּעדיציעס פֿון סקאָט, שעקלטאָן, אַמונדסען: אָפֿיציעלע באַריכטן, בריוו, טאָגבּיכער, אאַז"וו; און די ביכער געשריבן שפּעטער: געשיכטעס, ביאָגראַפֿיעס, אאַז"וו.

אָט דאָס גיט אַן אָנווײַז פֿון וויפֿל אײַז עס איז אַרײַן אין די זעק.

דאָס טאָפּל־געצעלט, זאָגט מען, איז אין גאַנצן געראָטן. ס'האָט געווויגן אַ 35 פֿונט בײַם אָנהייב און 60 פֿונטן בײַם קריקקער: ס'רובֿ אײַז האָט זיך אָנגעקליבן אויפֿן אינעווייניקסטן געצעלט.

די קראַמפּאָנס האָט מען געלויבט אין טאָג אַרײַן, אַחוץ באַוערס, וואָס ער האָט אַן עקסצענטרישע איבערגעגעבנקייט צו אונדזער עלטערן שטייגער. מיר האָבן זיך דערוווּסט אַ הונדערט פּרטים וועגן קליידער, קוליקלעך, און שוכוואַרג; דאַכט זיך, אַז ס'איז ניטאָ קיין ענטפֿער צו די שוועריקייטן מיט אָט די חפֿצים בײַ עקסטרעמער קעלט; ווילסאָן קען נאָר זאָגן, רעדנדיק ברייט, אַז "דאָס געצײַג איז אויסגעצייכנט, אויסגעצייכנט." מע טראַכט כּסדר וועגן די מיגלעכקייטן פֿון פֿוטערנע קליידער ווי בײַ די אינויִטן, מיט אַ שטילן חשד, אַז דאָס קען זײַן אפֿשר בעסער פֿון אונדזער ציוויליזירטן מלבוש. בײַ אונדז איז דאָס נאָר אַן ענין פֿאַר חקירה, ווײַל ס'וואָלט געווען גאָר אוממיגלעך צו קריגן אַזעלכע חפֿצים. אַחוץ אָט דער ראַדיקאַל פֿאַרשיידענער ברירה, דאַכט זיך מיר, אַז מיר זײַנען אַזוי נאָענט צו שלמות ווי די פּראַקטיק לערנט[א].

על־כּל־פּנים קענען מיר איצט יאָ זאָגן, אַז אונדזער קליידער־סיסטעם האָט אויסגעהאַלטן אַ שטרענגערן פּרוּוו ווי אַלע אַנדערע, פּעלץ אַרײַנגערעכנט.

די *פּעולה פֿון דער נסיעה* — ווילסאָן האָט זיך אָפּגעצערט דרײַ מיט אַ האַלב פֿונט; באַוערס – צוויי מיט אַ האַלב פֿונט; טש־גאַראַרד – איין פֿונט.

[א] נאָך אַ שטיקל טראַגישע איראָניע. אין פֿאַרגלײַך מיט אַמונדסען (וואָס ער האָט טאַקע אַ סך אָנגענומען פֿון דער טעכניק פֿון די אינויִטן) זײַנען זיי גאָר ווײַט פֿון שלמות, אי מיט קליידער, אי מיט געצײַג, אי מיט פֿאָרמיטלען, אי מיט עסן.

פּראָלאָג און עפּילאָג

This gives some idea of the ice collected.

The double tent has been reported an immense success. It weighed about 35 lbs. at starting and 60 lbs. on return: the ice mainly collected on the inner tent.

The crampons are much praised, except by Bowers, who has an eccentric attachment to our older form. We have discovered a hundred details of clothes, mits, and footwear: there seems no solution to the difficulties which attach to these articles in extreme cold; all Wilson can say, speaking broadly, is 'the gear is excellent, excellent.' One continues to wonder as to the possibilities of fur clothing as made by the Esquimaux, with a sneaking feeling that it may outclass our more civilised garb. For us this can only be a matter of speculation, as it would have been quite impossible to have obtained such articles. With the exception of this radically different alternative, I feel sure we are as near perfection as experience can direct.[א]

At any rate we can now hold that our system of clothing has come through a severer test than any other, fur included.

Effect of Journey -- Wilson lost 3 1/2 lbs.; Bowers lost 2 1/2 lbs.; C.-Garrard lost 1 lb.

[א] Another bit of tragic irony. Compared to Amundsen (who had in fact acquired a lot of the technique of the Inuit) were they far from perfect, with regard to clothing, equipment, transport, and food.

מעשׂה פֿאַר אונדזער דור, אַ מעשׂה וואָס, איך האָף, וועט בלײַבן שטאַרק און רירנדיק אויף דור־דורות.

דערצו זײַנען די מאַטעריאַלע פּעולות גאָר ניט ניבֿזהדיק. איצט וועלן מיר וויסן ווען דער אויסערגעוויינטלעכער פֿויגל דער קייסער־פּענגווין לייגט די אייער און אין וואָסערע צושטאַנדן; נאָר אַפֿילו אַז דאָס איז ווייניק בנוגע דער עמבריאָלאָגיע, האָט די פּאַרטיע באַוויזן די טבֿע פֿונעם גרויסן־באַריער ווינטערצײַט. פֿריִער האָבן מיר זיך נאָר געקענט פֿאָרשטעלן די שטרענגקייט; איצט האָבן מיר דעם דערוווּסט און אויך אַ קלערער פֿאַרשטענדעניש פֿונעם אָרטיקן קלימאַט אין אונדזער דורכגאָס.

פּראַקטיק מיט שליטנפֿאָר־עסן און אויסריכט

וועגן דער קומעדיקער שליטן־אַרבעט האָבן מיר קלאָר פֿאַרענטפֿערט עטלעכע ענינים. די פּאַרטיע האָט געהאַט זייער פּשוטע עסנראַציעס אין פֿאַרשיידענע און עקסטרעמע פּראָפּאָרציעס; זיי האָבן מיטגעבראַכט בלויז פּעמיקאַן, פּוטער, ביסקוויט, און טיי. נאָך אַ קורצן פּרוּוו האָבן זיי אויסגעפֿונען, אַז ווילסאָן, וואָס ער האָט גענומען דעם גרעסטן סכום פֿעטס, האָט צו פֿיל געהאַט, און טש־ג, וואָס ער האָט אויסגעקליבן ביסקוויט, האָט ניט געקענט עסן זײַן גאַנצע ראַציע. מע האָט אויסגעפֿונען אַ מיטעלן גאַנג, וואָס גיט אַן אַלגעמיינע פּראָפּאָרציע וואָס איז אַלע ניחא, און אויך פֿאַסט מיט די גאַנצע סכומען פֿון די מיטגעבראַכטע פֿאַרשיידענע זאַכן דערבײַ. אויף דעם אופֿן זײַנען מיר געקומען צו אַ פּשוטער און פֿאַסיקער ראַציע פֿאַרן אינלאַנדישן פּלאַטאָ. די איינציקע שינוי וואָס מע האָט פֿירגעלייגט איז אַ צוגאָב פֿון קאַקאַאָ בײַם וואַרמעס אין אָוונט. די פּאַרטיע איז צופֿרידן געווען מיט הייסן וואַסער, האַלטנדיק אַז מיט טיי וואָלט געווען נאָך שווערער אַנטשלאָפֿן צו ווערן.

וועגן די שלאָפֿזעק האָט מען ווייניק צוצוגעבן – דער פּוכענער זאַק קען קומען צו ניץ ווי אַ צוגאָב אויף אַ קליינע ווײַלע בײַ אַ נסיעה פֿרילינגצײַט, אָבער זיי ווערן גיך פֿאַראײַזיקט.

באַוערס האָט קיין מאָל ניט גענוצט קיין פּוכענעם זאַק, און על־פּי נס האָט ער זיך אויסגעמיטלט אויסצוקערן זײַן רעניפֿער־זאַק אַ צוויי־דרײַ מאָל בעת דער נסיעה. דאָ זײַנען די וואָגן פֿון די שלאָפֿזעק פֿאַר און נאָך דער נסיעה:

	אָנהייב	סוף
ווילסאָן, רעניפֿער־זאַק מיט פּוכענער אַרײַנשטעל	17	40
באַוערס, נאָר רעניפֿער־זאַק	17	33
טש־גאַראַרד, רעניפֿער־זעק מיט פּוכענער אַרײַנשטעל	18	45

tale for our generation which I hope may not be lost in the telling.

Moreover the material results are by no means despicable. We shall know now when that extraordinary bird the Emperor penguin lays its eggs, and under what conditions; but even if our information remains meagre concerning its embryology, our party has shown the nature of the conditions which exist on the Great Barrier in winter. Hitherto we have only imagined their severity; now we have proof, and a positive light is thrown on the local climatology of our Strait.

Experience of Sledging Rations and Equipment

For our future sledge work several points have been most satisfactorily settled. The party went on a very simple food ration in different and extreme proportions; they took pemmican, butter, biscuit and tea only. After a short experience they found that Wilson, who had arranged for the greatest quantity of fat, had too much of it, and C.-G., who had gone for biscuit, had more than he could eat. A middle course was struck which gave a general proportion agreeable to all, and at the same time suited the total quantities of the various articles carried. In this way we have arrived at a simple and suitable ration for the inland plateau. The only change suggested is the addition of cocoa for the evening meal. The party contented themselves with hot water, deeming that tea might rob them of their slender chance of sleep.

On sleeping-bags little new can be said--the eiderdown bag may be a useful addition for a short time on a spring journey, but they soon get iced up.

Bowers did not use an eiderdown bag throughout, and in some miraculous manner he managed to turn his reindeer bag two or three times during the journey. The following are the weights of sleeping-bags before and after:

	Starting Weight.	Final Weight.
Wilson, reindeer and eiderdown	17	40
Bowers, reindeer only	17	33
C.-Garrard, reindeer and eiderdown	18	45

די דאָזיקע בורע איז געווען די זעלבע (23סטן יולי) וואָס אין איר האָבן מיר פֿאַרשריבן אונדזער מאַקסימאַלן ווינט־כּוח, און ס׳קער זײַן, אַז זי איז אָנגעפֿאַלן אויף קאַפּ־קראָזיער גאָר שטאַרקער ווי אויף אונדז.

דער ווינט איז שטיל געוואָרן מיטאָגצײַט דעם צווייטן טאָג; די פֿאַרלאָזענע פֿאָרערס זײַנען אַרויסגעקראָכן פֿון זייערע אײַזיקע נעסטן, זיך אויסגעמיטלט פֿאַרשפּרייטן דאָס דילטוך איבער די קעפּ, און אָנגעצונדן דעם פּרימוס. זיי האָבן פֿאַרזוכט דאָס ערשטע עסן זינט 48 שעה און אָנגעהויבן אויסצוטראַכטן ווי אַזוי צו שאַפֿן אַ דאַך איבערן קאָפּ בײַם צוריקקער. זיי האָבן באַשלאָסן, אַז זיי דאַרפֿן אויסגראָבן אַ טיפֿן גרוב יעדע נאַכט און אים באַדעקן מיטן דילטוך אַזוי גוט ווי מיגלעך. נאָר איצט איז זיי אַ שטיקל מזל געקומען; אַ זוכונג אויף צפֿון האָט אַנטפּלעקט דאָס געצעלט ווו עס ליגט צווישן פֿעלדזן ווײַט אַ פֿערטל מײַל און, מאָדנע צו זאָגן, כּמעט אָן שאָדן, אַ פֿײַן עדות־זאָגן אויפֿן שטאָף געניצט אין זײַן קאָנסטרוקציע. אויף מאָרגן זײַנען זיי אין וועג אַרײַן אַהיים און תּיכּף איז אויף זיי אָנגעפֿאַלן נאָך אַ זאַווערוכע, זיי געהאַלטן אין תּפֿיסה צוויי טעג. ביז דעמאָלט איז דער שרעקלעכער מצבֿ פֿון זייער האָב־און־גוטס ניט צו באַשרײַבן. די שלאָפֿזעק זײַנען געווען צו שטײַף, מע האָט זיי ניט געקענט אויפֿוויקלען, אַזש אַזוי האַרט פֿאַרשטאַרט, אַז זיי האָבן זיך צעשפּאַלטן די פֿעלן ווען מע פּרוּווט זיי בייגן; די פּוכענע זעק אינעווייניק פֿון ווילסאָנס און טש־ג׳ס רעניפֿער־דעקן האָבן קוים פֿאַרשטעקט די לעכער פֿון אַזעלכע שפּאַלטן. די אַלע זאָקן, פֿינעסקאָ, און קוליקלעך זײַנען שוין לאַנג באַדעקט געוואָרן מיט אײַז; אַרײַנגעשטעקט אין ברוסט־קעשענעס אָדער אינעווייניק אין די לײַבלעך בײַ נאַכט, האָבן די זאַכן ניט באַוויזן קיין שום סימן אָפּגיין, פֿון אויסטריקענען איז שוין אָפּגערעדט. אַ מאָל האָט געדויערט דרײַ־פֿערטל שעה בעת טש־ג איז אַרײַן אין זײַן שלאָפֿזאַק, אַזוי פּלאַטשיק איז דאָס פֿאַרפֿרוירן געוואָרן און אַזוי שווער איז געווען דעם זאַק צו עפֿענען. ס׳איז קוים מיגלעך צו פֿאַרשטיין די שוידערלעכע אומבאַקוועמלעכקייטן[א] פֿון די פֿאַרלאָזענע פֿאָרערס, בעת זיי האָבן צוריקגעבראָדיעט איבערן באַריער מיט די טעמפּעראַטורן נאָך אַ מאָל שטענדיק נידעריקער פֿון -60°. אויף דעם אופֿן זײַנען זיי געקומען צו גיין אין הײַזקע־שפּיץ און די צווייטע נאַכט אינעם היים־קוואַרטיר.

ווילסאָן איז אַנטוישט, וואָס זיי האָבן אַזוי ווייניק געזען פֿון די פּענגווינען, נאָר בײַ מיר און בײַ אַלעמען וואָס זײַנען דאָ געבליבן איז דער תּכלית פֿון אָט דער טירחה דער צוצי וואָס זי מאַכט אויף אונדזער דמיון ווי איינע פֿון די גאַלאַנטסטע מעשׂיות אין דער פּאָלאַר־געשיכטע. אַז מענטשן זאָלן אַרויסוואָגלען טיף אין דער פּאָלאַרנאַכט, שטייענדיק פֿאַר די טריבסטע קעלט און די רציחהדיקסטע בורעס אין פֿינצטערניש איז עפּעס נײַ; אַז זיי האָבן זיך אײַנגעשפּאַרט אין אַזאַ טירחה אַנטקעגן אַזעלכע שוועריקייטן גאַנצע פֿינף וואָכן איז גיבוריש. אָט דערציילט זיך אַ

[א] שטייט עס אינעם ענגליש: "discomfort" – כּמעט קאָמיש, ניצן אַזאַ מילד וואָרט, אַבי אַ נעגאַטיוו, אָבער "אַ קלייניקייט", פֿאַר די אַלע שוועריקייטן, פּײַניקונגען, יסורים, וואָס די דרײַ זײַנען דורכגעגאַנגען.

פּראָלאָג און עפּילאָג

This gale was the same (July 23) in which we registered our maximum wind force, and it seems probable that it fell on C. Crozier even more violently than on us.

The wind fell at noon the following day; the forlorn travelers crept from their icy nests, made shift to spread their floor-cloth overhead, and lit their primus. They tasted their first food for forty-eight hours and began to plan a means to build a shelter on the homeward route. They decided that they must dig a large pit nightly and cover it as best they could with their floorcloth. But now fortune befriended them; a search to the north revealed the tent lying amongst boulders a quarter of a mile away, and, strange to relate, practically uninjured, a fine testimonial for the material used in its construction. On the following day they started homeward, and immediately another blizzard fell on them, holding them prisoners for two days. By this time the miserable condition of their effects was beyond description. The sleeping-bags were far too stiff to be rolled up, in fact they were so hard frozen that attempts to bend them actually split the skins; the eiderdown bags inside Wilson's and C.-G.'s reindeer covers served but to fitfully stop the gaps made by such rents. All socks, finnesko, and mits had long been coated with ice; placed in breast pockets or inside vests at night they did not even show signs of thawing, much less of drying. It sometimes took C.-G. three-quarters of an hour to get into his sleeping-bag, so flat did it freeze and so difficult was it to open. It is scarcely possible to realise the horrible discomforts of the forlorn travellers as they plodded back across the Barrier with the temperature again constantly below -60°. In this fashion they reached Hut Point and on the following night our home quarters.

Wilson is disappointed at seeing so little of the penguins, but to me and to everyone who has remained here the result of this effort is the appeal it makes to our imagination as one of the most gallant stories in Polar History. That men should wander forth in the depth of a Polar night to face the most dismal cold and the fiercest gales in darkness is something new; that they should have persisted in this effort in spite of every adversity for five full weeks is heroic. It makes a

באַסאַלטענע סקאַלעס; ערטערווײַז איז דער פֿעלדז איבערגעהאַנגען און אין איין אָרט האָבן זיי געמוזט דורכקריכן דורך אַ קליינעם קאַנאַל אויסגעהוילט דורכן אײַז. סוף־כּל־סוף זײַנען זיי אָנגעקומען אויפֿן ים־אײַז, נאָר דעמאָלט איז די ליכט אַזוי שוואַך געוואָרן, אַז זיי מוזן אַלץ אײַלן. אַנשטאָט אַ צוויי־דרײַ טויזנט פֿייגל אויף נעסטן, וואָס מע האָט דאָ געהאַט געזען אין די *אַנטדעקונג*־טעג, האָבן זיי איצט געקענט ציילן בלויז אַ הונדערט; זיי האָבן ראַפּטעם דערהרגעט און אָפּגעשונדן דרײַ צוליב טראָן פֿאַרן איוון, און זאַמלענדיק זעקס אייער, וואָס פֿון זיי זײַנען נאָר דרײַ געבליבן, האָבן זיי אַ לאָז געטאָן צוריקקערן אין לאַגער.

ס'איז מיגלעך, אַז די פֿייגל פֿאַרלאָזן אָט דעם נעסט־שטח, אָבער ס'איז אויך מיגלעך, אַז אַזוי פֿרי זײַנען דאָ בלויז אַ מינאָריטעט פֿון די פֿייגל וואָס זיי וועלן זיך שפּעטער צונויפֿקומען. די אייער, וואָס מע האָט זיי נאָך ניט באַטראַכט, זאָלן העלפֿן קלאָר מאַכן דעם ענין. ווילסאָן האָט באַמערקט נאָך אַ דערווײַז פֿון דער שטאַרקייט פֿונעם ניאַניע־אינסטינקט אין די דאָזיקע פֿייגל. בײַם זוכן נאָך אייער האָבן ער און באָווערס אויפֿגעכאַפּט קײַלעכדיקע שטיקלעך אײַז, וואָס די לעכערלעכע באַשעפֿענישן האָבן זיי אָפּגעהיט מיט אָפּטימיסטישער האָפֿענונג.

די ליכט איז אין גאַנצן אַוועק ווען די פּאַרטיע איז דורכגעגאַנגען דורך די דריקקאַמען בײַם צוריקקער, און ס'איז בלויז געווען אַ מזל וואָס זיי זײַנען טאַקע ווידער אין לאַגער.

די נאַכט איז געקומען אַ זאַווערוכע, אַלץ שטאַרקער און שטאַרקער רגע נאָך רגע. דעמאָלט האָבן זיי אויסגעפֿונען, אַז דער אָרט וואָס זיי האָבן געהאַט אויסגעקליבן פֿאַר דער כאַטעלע צוליב אָפּדאַך איז געווען אין גאַנצן אָן אַ נוצן. ס'וואָלט זיי געווען גאָר בעסער זי אויסצובויען אונטערן פֿרײַען הימל, וואָרן דעם רציחהדיקן ווינט, אַנשטאָט דעם וואָס ער שטויסט זיך אָן אויף זיי גלײַך, איז אויף זיי אָפּגעקערט אין צאָרנדיקע וויכערדיקע פֿלאָשן. שווערע פּײַדעס שניי און שטיין וואָס מע האָט זיי געלייגט אויפֿן דאַך האָט דער ווינט אַוועקגעדרייט און די קאַנווע אַרויפֿגעצויגן; זי האָט זיך צעריסן און אָנגעשטערנגט פֿון די פֿאַרקניפּונגען – מיט דער צײַט האָט זי געמוזט פֿאַרשווונדן ווערן. זיי האָבן אויפֿגעשלאָגן דאָס געצעלט מיט עטלעכע ווערטיקע זאַכן אינעווייניק נאָענט צום כאַטעלע; מע האָט עס גוט פֿאַרשפּרייט און זייער שטאַרק געאַנקערט מיט שניי און פֿעלדזן, נאָר איין גוואַלדיקער בלאָז האָט עס אָפּגעריסן און אַוועקגעדרייט. אינעווייניק אינעם כאַטעלע האָבן זיי געוואַרט ביז דער דאַך זאָל פֿאַרשווונדן ווערן, באַטראַכט דערווײַל וועגן וואָס צו טאָן אויב ער גייט אַוועק, און געפּרוּווט אומזיסט אים צו באַוואָרענען. נאָך פֿערצן שעה איז ער אַוועק, בעת זיי האָבן געפּרוּווט פֿעסט מאַכן איין עק. אַ פֿאַרשיטונג מיט שניי האָט זיי פֿאַרדעקט, האָבן זיי נאָר געקענט אַרײַנשפּרינגען סאָפּענדיק אין די שלאָפֿזעק. באַווערס האָט אַ מאָל אַרויסגעשטעקט דעם קאָפּ און געזאָגט, "אונדז איז גוט," אין זײַן געוויינטלעך קול אויף וויפֿל ער האָט געקענט. די אַנדערע האָבן געענטפֿערט, "יאָ, אונדז איז גוט," און זיי אַלע האָבן געשוויגן אַ נאַכט מיט אַ האַלבן טאָג בעת דער ווינט האָט גערעוועט; דער שניי איז אַרײַנגעקראָכן אין יעדן קנייטש און עפֿענונג פֿון די שלאָפֿזעק, ווּ די אײַנווינערס האָבן געציטערט און געוואָלט וויסן וואָס עס וועט זײַן דער סוף.

פּראָלאָג און עפּילאָג

basalt cliffs; in places the rock overhung, and at one spot they had to creep through a small channel hollowed in the ice. At last they reached the sea ice, but now the light was so far spent they were obliged to rush everything. Instead of the 2000 or 3000 nesting birds which had been seen here in *Discovery* days, they could now only count about 100; they hastily killed and skinned three to get blubber for their stove, and collecting six eggs, three of which alone survived, they dashed for camp.

It is possible the birds are deserting this rookery, but it is also possible that this early date found only a small minority of the birds which will be collected at a later one. The eggs, which have not yet been examined, should throw light on this point. Wilson observed yet another proof of the strength of the nursing instinct in these birds. In searching for eggs both he and Bowers picked up rounded pieces of ice which these ridiculous creatures had been cherishing with fond hope.

The light had failed entirely by the time the party were clear of the pressure ridges on their return, and it was only by good luck they regained their camp.

That night a blizzard commenced, increasing in fury from moment to moment. They now found that the place chosen for the hut for shelter was worse than useless. They had far better have built in the open, for the fierce wind, instead of striking them directly, was deflected on to them in furious whirling gusts. Heavy blocks of snow and rock placed on the roof were whirled away and the canvas ballooned up, tearing and straining at its securings--its disappearance could only be a question of time. They had erected their tent with some valuables inside close to the hut; it had been well spread and more than amply secured with snow and boulders, but one terrific gust tore it up and whirled it away. Inside the hut they waited for the roof to vanish, wondering what they could do if it went, and vainly endeavouring to make it secure. After fourteen hours it went, as they were trying to pin down one corner. The smother of snow was on them, and they could only dive for their sleeping-bags with a gasp. Bowers put his head out once and said, 'We're all right,' in as near his ordinary tones as he could compass. The others replied 'Yes, we're all right,' and all were silent for a night and half a day whilst the wind howled on; the snow entered every chink and crevasse of the sleeping-bags, and the occupants shivered and wondered how it would all end.

דער טערמאָמעטער געווען נידעריקער פֿון -60°. איין נאַכט האָט דער מינימום באַוויזן -71°, און מיט איין נאַכט שפּעטער -77°, 109° פֿראָסט. כאָטש אין אַזאַ שרעקלעכער קעלט איז די לופֿט לפֿי־ערך שטיל, האָבן זיך געדרייט פֿון צײַט צו צײַט קליינע בלאָזעלעך ווינט איבער דער שנייִיקער פֿלאַך מיט אַ פֿאַרפֿאַלבנדיקער פּעולה. קיין ציוויליזירטער יש האָט קיין מאָל פֿריִער ניט געטראָפֿן אַזעלכע צושטאַנדן מיט ניט מער ווי אַ געצעלט פֿון שיטערער קאַנווע פֿאַרן אָפּדאַך. מיר האָבן הײַנט געקוקט אין די אַקטן און געפֿונען, אַז אַמונדסען[א] האָט יאָ געטראָפֿן אַזעלכע טעמפּעראַטורן אין חודש מאַרץ אויף אַ נסיעה קיין דעם צפֿון־מאַגנעטיש־פּאָלוס, און פֿאַרשריבן אַ מינימום פֿון -79°; נאָר ער איז געפֿאָרן מיט אינויִטן, וואָס זיי האָבן פֿאַר אים אויסגעבויט אַ שנייהויז אַלע נאַכט; ער האָט געהאַט אַ סך טאָגליכט; די פֿאַרשריבענע טעמפּעראַטורן זײַנען מסתּמא ניט פֿאַרשטעלט געווען פֿון באַשטראַלונג; און לסוף האָט ער זיך צוריקגעקערט אַהיים און ווידער אָנגעקומען אין שיף נאָך פֿינף טעג אַוועק. אונדזער פּאַרטיע איז געגאַנגען און געבליבן אַוועק *פֿינף וואָכן.*

עס האָט געדויערט כּמעט גאַנצע צוויי וואָכן אַריבערצוגיין דעם קעלטסטן ראַיאָן, און דערנאָך, אַרומגייענדיק אַרום קאַפּ־מקיי, זײַנען זיי אָנגעקומען אינעם ווינט־געבלאָזענעם געגנט. די זאַווערוכעס זײַנען געקומען איינע נאָך דער צווייטער, דער הימל כּסדר פֿאַרוואָלקנט, און זיי האָבן זיך ווײַטער געטאָפּטשעט אין אַ ליכט וואָס איז שיִער ניט אַ שטאָק פֿינצטערניש; אַ מאָל האָבן זיי זיך געפֿונען הויך אויף די שיפּועים פֿון טעראָר אויף לינקס, און אַ מאָל אַרײַנגעפֿאַלן אין די דריקקאַמען אויף רעכטס אין מיטן שפּאַרעס און אַ גערודער צעבראָכן אײַז. אָנגעקומען אין די פֿאָרבערג בײַ קאַפּ־קראָזיער, זײַנען זיי אַרויפֿגעגאַנגען 800 פֿיס, דערנאָך אַריבערגעטראָגן דאָס האָב־און־גוטס איבער אַ מאָרען־קאַם, און זיך גענומען בויען אַ כאַטעלע. עס האָט געדויערט דרײַ טעג אויסצובויען די שטיינערנע ווענט און פֿאַרענדיקן דעם דאַך מיט דער קאַנווע געבראַכט דערפֿאַר. ערשט דעמאָלט האָבן זיי געקענט סוף־כּל־סוף זיך פֿאַרנעמען מיטן תּכלית פֿון דער נסיעה.

דער קנאַפּער בין־השמשות מיטאָגצײַט איז געווען אַזוי קורץ, אַז זיי האָבן גענאַרפֿט אָנהייבן אין דער פֿינצטער, זײַן אָפּגעהיט, זיי זאָלן ניט פֿאַרלירן דעם וועג צוריק אָן ליכט. דעם ערשטן טאָג וואָס זיי זײַנען געגאַנגען אין אַזעלכע צושטאַנדן האָט געדויערט צוויי שעה דערגרייכן די דריקקאַמען, און כּמעט אַ גלײַכע צײַט זיי אַריבערצוקריכן, צוגעבונדן מיטן שטריק. סוף־כּל־סוף זײַנען זיי אָנגעקומען אין אַן אָרט איבערן נעסט־שטח ווו עס לאָזט זיך הערן די פֿייגל קוויטשען, נאָר פֿון וואַנען האָבן זיי ניט געקענט געפֿינען אַ וועג אַראָפּ. די קנאַפּע ליכט איז שוואַכער געוואָרן, זײַנען זיי צוריק אין לאַגער. לאָזנדיק זיך נאָך אַ מאָל אין גאַנג אויף מאָרגן, האָבן זיי זיך געשלענגלט דורך די שרעקלעכע אײַז־שטערונגען אונטער די הויכע

[א] אַ היפּש שטיקל איראָניע: ניט וואָס די פּרטים זײַנען פֿאַלש, נאָר בײַ די צוויי פּאָלוס־נסיעות, סקאָטס און אַמונדסענס, איז גאַנץ קלאָר אַז אַמונדסען איז ווײַט דער פֿעיִקערער. סקאָטס נסיעה איז געווען פֿול מיט יסורים, איז ער געשטאָרבן מיט די פֿיר באַלייטערס (ווילסאָן און באַוערס בתוכם), אויפֿן צוריקקער פֿונעם פּאָלוס (וואָס אַמונדסען האָט דערגרייכט מיט אַ חודש פֿריִער). אין פֿאַרגלײַך איז אַמונדסענס נסיעה ווי אַ שפּאַציר אין פּאַרק. לײענט *The South Pole* פֿון Roald Amundsen, 1913.

the thermometer fell below -60°. On one night the minimum showed -71°, and on the next -77°, 109° of frost. Although in this truly fearful cold the air was comparatively still, every now and again little puffs of wind came eddying across the snow plain with blighting effect. No civilised being has ever encountered such conditions before with only a tent of thin canvas to rely on for shelter. We have been looking up the records to-day and find that Amundsen on a journey to the N. magnetic pole in March encountered temperatures similar in degree and recorded a minimum of 79°; but he was with Esquimaux who built him an igloo shelter nightly; he had a good measure of daylight; the temperatures given are probably 'unscreened' from radiation, and finally, he turned homeward and regained his ship after five days' absence. Our party went outward and remained absent for *five weeks*.

It took the best part of a fortnight to cross the coldest region, and then rounding C. Mackay they entered the wind-swept area. Blizzard followed blizzard, the sky was constantly overcast and they staggered on in a light which was little better than complete darkness; sometimes they found themselves high on the slopes of Terror on the left of their track, and sometimes diving into the pressure ridges on the right amidst crevasses and confused ice disturbance. Reaching the foothills near C. Crozier, they ascended 800 feet, then packed their belongings over a moraine ridge and started to build a hut. It took three days to build the stone walls and complete the roof with the canvas brought for the purpose. Then at last they could attend to the object of the journey.

The scant twilight at midday was so short that they must start in the dark and be prepared for the risk of missing their way in returning without light. On the first day in which they set forth under these conditions it took them two hours to reach the pressure ridges, and to clamber over them roped together occupied nearly the same time; finally they reached a place above the rookery where they could hear the birds squawking, but from which they were quite unable to find a way down. The poor light was failing and they returned to camp. Starting again on the following day they wound their way through frightful ice disturbances under the high

עפּילאָג

[פֿון *סקאָטס לעצטע עקספּעדיציע*, ב.1, ז.249-254.]

באַריכט פֿון דער ווינטער־נסיעה

מיטוואָך, דעם 2טן אויגוסט[1911] — די קראָזיער־פּאַרטיע איז צוריקגעקומען נעכטן בײַ נאַכט נאָכן אויסהאַלטן אויף פֿינף וואָכן די שווערסטע צושטאַנדן אַ מאָל רעקאָדירט. זיי האָבן אויסגעזען מער אויסצעוועטערט ווי איך האָב אַ מאָל געזען. די פּנימער זײַנען געווען פֿאַרשנאַרט און צערונצלט, די אויגן טעמפּ, די הענט פֿאַרווײַסט און צעקנייטשט מיט כּסדרדיקער אויסגעשטעלטקייט אין פֿײַכטקייט און קעלט, אָבער מיט זייער ווייניק שנאַרן פֿון אָפּגעפֿרוירנקייט, און דער דאָזיקער שלאַק איז אויף זיי קיין מאָל ניט שטאַרק אָנגעפֿאַלן. דער גרעסערער טייל פֿון זייערע צרות זײַנען אויפֿגעקומען, גאַנץ קלאָר אין זיך, צוליב לויטערער דוחק אין שלאָף, און הײַנט, נאָך אַ גאַנצער נאַכט אָפּרו, זײַנען אונדזערע פֿאָרערס גאָר אַנדערש אין אויסזע און שׂכל.

די מעשׂה פֿון גאָר אַ וווּנדערלעכער אויספֿירונג מוזן די העלדן אַליין דערציילן. וואָס גייט מיך איצט אָן איז צו געבן דאָ נאָר די ראָשי־פּרקים פֿון דער נסיעה און צו באַמערקן בפּרט די ווירקונגען פֿונעם אָנשטרענג, וואָס זיי האָבן אָנגעזעצט אויף זיך אַליין, און די אָנלערנונגען, וואָס זייערע איבערלעבונגען לאָזן הערן פֿאַר אונדזער קומעדיקער הדרכה.

ווילסאָן איז זייער דאַר, נאָר הײַנט אין דער פֿרי איז ער גאָר צו זיך געקומען, אַ שאַרפֿער און אַ פֿלינקער – באַוערס איז הײַנט שוין ווי געוויינטלעך. טשערי־גאַראַרד האָט עפּעס אַ אויפֿגעפּוישטן פּנים און זעט אויס נאָך אַלץ פֿאַרמאַטערט. ס'איז קלאָר, אַז ער האָט געליטן דער ערגסטער – אָבער ווילסאָן זאָגט מיר אָן, אַז זײַן געמיט האָט זיך קיין מאָל ניט געוואַקלט. באַוערס האָט בסך־הכּל דאָס אַלץ איבערגעלעבט דער בעסטער, און מיר דאַכט זיך, אַז ער איז דער שטאַרקסטער פֿאָרער וואָס האָט זיך אַ מאָל אונטערגענומען צו אַ פּאָלאַר־נסיעה, און דערצו איינער פֿון די אומדערשראָקנסטע; מער פֿון אָנווונק ווי פֿון אַרויסזאָגונג האָב איך געדרונגען זײַן ווערט צו דער פּאַרטיע, זײַן אומפֿאַרמאַטערלעכע ענערגיע און חידושדיקער גוף־געבוי, וואָס מאַכט עס אים מיגלעך צו אַרבעטן ווײַטער בײַ צושטאַנדן וואָס זיי וואָלטן אַנדערע פּאַראַליזירט. קיין מאָל ניט געווען אַזאַ פֿאַרהאַרטעוועטער, טויִקער, אומפֿאַרמאַטערלעכער קליינער מענטש.

אויף וויפֿל מע קען דרינגען איז די מעשׂה פֿון אָט דער נסיעה בקיצור אַזוי: די פּאַרטיע האָט דערגרייכט דעם באַריער צוויי טעג נאָכן אָפּפֿאָר פֿון קאַפּ־עוואַנס, נאָך אַלץ שלעפּנדיק די גאַנצע משׂא פֿון צו 250 פֿונטן אַ מענטש; די שניי־אײבערפֿלאַך האָט זיך דעמאָלט אין גאַנצן געביטן און געוואָרן נאָך ערגער בעת זיי זײַנען געגאַנגען פֿאָרויס. איין טאָג האָבן זיי געקעמפֿט ווי פֿריִער, געגאַנגען פֿיר מײַלן, נאָר פֿון דעמאָלט אָן האָבן זיי געדאַרפֿט אַריבערטראָגן, און ס'האָט זיי געפֿילט, אַז די העלפֿט־משׂא איז שווערער ווי דאָס שלעפּן די גאַנצע משׂא אויפֿן ים־אײַז. דערווײַל איז די טעמפּעראַטור אַראָפּגעפֿאַלן, און איצט אויף אַ וואָך און לענגער איז

פּראָלאָג און עפּילאָג

Epilog

[From *Scott's Last Expedition*, V. 1, pp. 249-254]

Report of the Winter Journey

Wednesday, August 2. -- The Crozier Party returned last night after enduring for five weeks the hardest conditions on record. They looked more weather-worn than anyone I have yet seen. Their faces were scarred and wrinkled, their eyes dull, their hands whitened and creased with the constant exposure to damp and cold, yet the scars of frostbite were very few and this evil had never seriously assailed them. The main part of their afflictions arose, and very obviously arose, from sheer lack of sleep, and to-day after a night's rest our travelers are very different in appearance and mental capacity.

The story of a very wonderful performance must be told by the actors. It is for me now to give but an outline of the journey and to note more particularly the effects of the strain which they have imposed on themselves and the lessons which their experiences teach for our future guidance.

Wilson is very thin, but this morning very much his keen, wiry self-- Bowers is quite himself to-day. Cherry-Garrard is slightly puffy in the face and still looks worn. It is evident that he has suffered most severely--but Wilson tells me that his spirit never wavered for a moment. Bowers has come through best, all things considered, and I believe he is the hardest traveller that ever undertook a Polar journey, as well as one of the most undaunted; more by hint than direct statement I gather his value to the party, his untiring energy and the astonishing physique which enables him to continue to work under conditions which are absolutely paralyzing to others. Never was such a sturdy, active, undefeatable little man.

So far as one can gather, the story of this journey in brief is much as follows: The party reached the Barrier two days after leaving C. Evans, still pulling their full load of 250 lbs. per man; the snow surface then changed completely and grew worse and worse as they advanced. For one day they struggled on as before, covering 4 miles, but from this onward they were forced to relay, and found the half load heavier than the whole one had been on the sea ice. Meanwhile the temperature had been falling, and now for more than a week

פּראָלאָג

[פֿון *סקאָטס לעצטע עקספּעדיציע*, ב.1, ז.230.]

דינסטיק, דעם 27סטן יוני [1911] — די קראָזיער־פּאַרטיע איז אַוועק הײַנט אין דער פֿרי, אַן אויפֿגעלייגטע – די שווערע משׂא צעטיילט אויף צוויי 9-פֿוס שליטנס. פּאָנטינג האָט זיי פֿאָטאָגראַפֿירט מיטן בליצער און אַ פּרווו געטאָן מאַכן אַ פֿילם ניצנדיק אַ בליצליכט. נאָר ווען מע צינדט אָן דאָס ליכט, האָט מען געקענט קלאָר זען, אַז ס'איז ניט העל גענוג, אַז ס'וועט ניט טויגן, און דערפֿאַר איז ניט געווען קיין חידוש, אַז דער פֿילם איז דורכגעפֿאַלן. די דרײַ פֿאָרערס האָבן אויסגעפֿונען, אַז דאָס שלעפּן גייט גאַנץ גרינג אויפֿן ים־אײַז, בעת מיר איבעריקע שטייען אויף אַ זײַט פֿאַרן פּרווו. איך האָב מורא דערפֿאַר, וואָס ס'וועט זײַן גאָר שווערער פֿאַר זיי אויפֿן באַריער, אָבער ס'איז ניטאָ קיין סיבה אָפּצולייגן דעם אָפּפֿאָר, און אָט זײַנען זיי אין וועג אַרײַן.

מיט דער הילף־פּאַרטיע בין איך אַרומגעגאַנגען אַרום דעם קאַפּ. [...]

גראַן[א] איז נאָר וואָס געקומען צו נאַרטלען; [...] גיט איבער וועגן אַ שלעכט שטיקל אייבערפֿלאַך צווישן געצעלט־אינדזל און גלעטשער־צונג. גוט וואָס די פּאַרטיע האָט געהאַט הילף דאָס אַריבערצוגיין.

אַזעלכע ווינטערפֿאָרן איז אַ נײַע און דרייסטע אונטערנעמונג, אָבער די געהעריקע מענטשן זײַנען אַוועק אַ פּרווו צו טאָן. אין אַ מזלדיקער שעה.

[א] Triggve Gran, אַ נאָרווייגער, איז געווען דער נאַרטלען־מומחה אויף דער עקספּעדיציע.

פּראָלאָג און עפּילאָג

Prolog

[from *Scott's Last Expedition*, V. 1, p. 230]

Tuesday, June 27. --The Crozier Party departed this morning in good spirits--their heavy load was distributed on two 9-feet sledges. Ponting photographed them by flashlight and attempted to get a cinematograph picture by means of a flash candle. But when the candle was ignited it was evident that the light would not be sufficient for the purpose and there was not much surprise when the film proved a failure. The three travellers found they could pull their load fairly easily on the sea ice when the rest of us stood aside for the trial. I'm afraid they will find much more difficulty on the Barrier, but there was nothing now to prevent them starting, and off they went.

With helping contingent I went round the Cape. [...]

Gran just back on ski; [...] Reports a bad bit of surface between Tent Island and Glacier Tongue. It was well that the party had assistance to cross this.

This winter travel is a new and bold venture, but the right men have gone to attempt it. All good luck go with them.

פּראָלאָג און עפּילאָג

פּראָלאָג און עפּילאָג

Prolog and Epilogue

בײַם סוף:

15B. Back from the Brink

"We had to excavate them carefully, and when finally exposed, their faces bore unmistakable evidence of the terrible hardships that they had endured. Their looks haunted me for days".

פֿיגור 6 צוריק פֿונעם קאַנט

"מיר האָבן זיי געדאַרפֿט אויסגראָבן פֿאָרזיכטיק, און ווען זיי זײַנען סוף־כּל־סוף אַנטפּלעקט געוואָרן, האָבן די פּנימער געטראָגן בולטע באַווײַזן פֿון די שרעקלעכע מאַטערנישן וואָס זיי האָבן אויסגעהאַלטן. זייער מראה האָט מיך גענויעט גאַנצע טעג."

"... וואָס זײַנען זיי,
אַזוי פֿאַרדאַרט און אַזוי ווילד אין דער הלבשה,
אַז זיי זייען ניט אויס ווי אײַנוווינערס פֿון דער וועלט,
נאָר זײַנען זיי פֿאָרט אויף איר? ..."

— שאַקספּיר, באַנקואָ, *מאַקבעט*, אַ.I, ס.iii, *ש*.39-42

"נאָר די אָ נסיעה איז געווען מחוץ לשון: ס'זײַנען ניטאָ קיין ווערטער צו באַשרײַבן די אימה."
— אַפּסלי טשערי־גאַראַרד, די *ערגסטע נסיעה אויף דער וועלט*

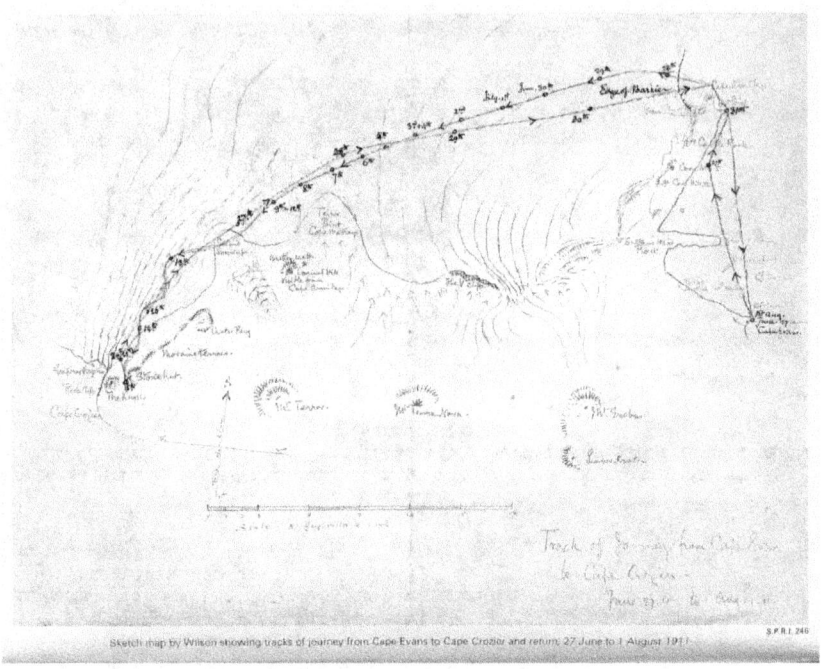

פיגור 5 ווילסאָנס אָנוואַרף־קאַרטע פֿון דער נסיעה (דרום אויבן)

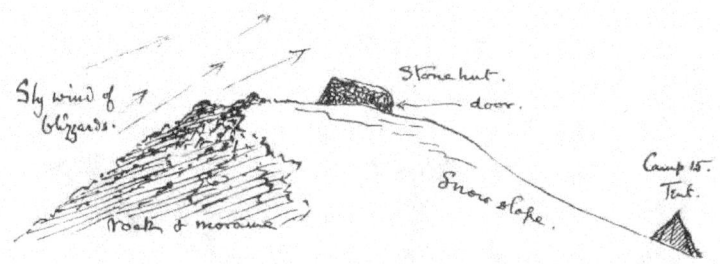

Sketch of the location of the stone hut at Cape Crozier S.P.R.I. MS. 505/1

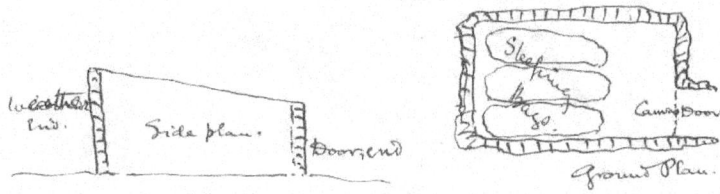

Profile and plan of stone hut at Cape Crozier S.P.R.I. MS. 505/1

Sketch of the construction of the stone hut at Cape Crozier S.P.R.I. MS. 505/1

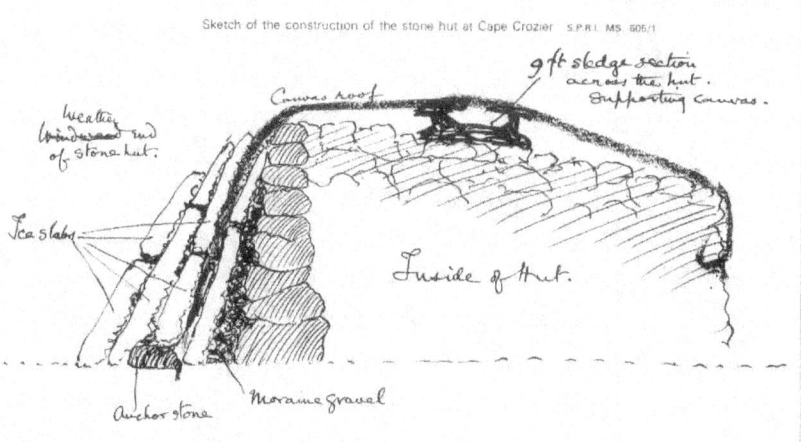

פיגור 4 די כאַלופּע ביַי קאַפּ־קראָזיער (אָנגעוואָרפֿן פֿון ווילסאָן)

בילדער

פֿיגור 3 קײסער־פּענגװינען (אַקװאַרעל פֿון װילסאָן)

פּריִער:

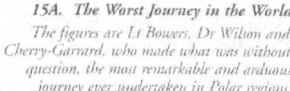

15A. *The Worst Journey in the World*
The figures are Lt Bowers, Dr Wilson and Cherry-Garrard, who made what was without question, the most remarkable and arduous journey ever undertaken in Polar regions.

פֿיגור 1 די ערגסטע נסיעה אויף דער וועלט

די פֿיגורן זײַנען [פֿון לינקס] לייטענאַנט באַוערס, דאָקטאָר ווילסאָן, און טשערי־גאַראַרד, וואָס האָבן אויפֿגעטאָן וואָס איז געווען, בלי־ספֿק, די מערקווערדיקסטע און האַרבסטע נסיעה אַ מאָל געמאַכט אין די פּאָלאַר־געגנטן.

"אָט דאָס ווינטערפֿאָרן איז אַ נײַע און דרייסטע אונטערנעמונג, אָבער די געהעריקע מענטשן זײַנען אַוועק אַ פּרווו צו טאָן."
— קאַפּיטאַן סקאָט, *סקאָטס לעצטע עקספּעדיציע*

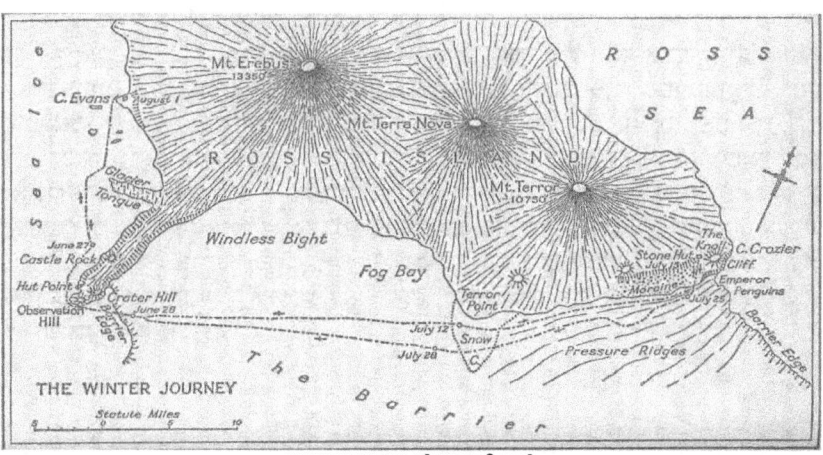

פֿיגור 2 קאַרטע פֿון דער ווינטער־נסיעה

פֿון זײַן טאָגביכל

פֿון זײַן טאָגביכל

[דאָס אונטן איז אַן אויסצוג פֿון אַפּסלי טשערי־גאַראַרדס פּערזענלעכן טאָגביכל וואָס אין דעם באַשרײַבט ער דעם לעצטן טאָג מאַרשירן אַהיים.]

[דינסטיק, דעם 1טן אויגוסט, 1911]

מיר האָבן פּשוט געשלעפּט מיט אַלע כּוחות און זײַנען געגאַנגען כּמעט צוויי מײַל אַ שעה; צוויי מײַלן אויף אַ שלעכטלעכער אייבערפֿלאַך מיט זאַלץ, דערנאָך גרויסע כוואַליענדיקע האַרטע סאַסטרוגי, מיט גוטן גיין. עטלעכע מאָל בין איך אַנטשלאָפֿן געוואָרן אין מיטן מאַרשירן. מיר זײַנען געגאַנגען אַכט מײַלן ביז פֿיר אַ זייגער נ"מ און זײַנען שוין פֿאַרבײַ גלעטשער־צונג. דערנאָך אַ האַלבע מײַל מיט שלעכטן דריק־אײַז, וואָס עס ציט זיך פֿון גלעטשער־צונג ביז געצעלט־אינדזל, און דערנאָך גאָר ערגער גיין לעבן אומגרייכלעך[־אינדזל], ווו מיר האָבן זיך געטראָפֿן מיט אַ שטאַרקן ווינט פֿון צפֿון. ביז איצט איז דאָס לבֿנה־ליכט געווען גוט, נאָר איצט איז דאָס ליכט ערגער געוואָרן און מיר זײַנען געווען גאָר אויסגעמאַטערט. סוף־כּל־סוף זײַנען מיר אַרום דעם קאַפּ, ביסלעכווײַז זיך צוגעשלעפּט פּונקט פֿאַר דער טיר, אָן שום שטערונג. בעת מיר האָבן זיך אויסגעשפּאַנט, אַלע מאָל אַ היפּש ביסל מי אין אונדזער פֿאַרפֿרוירענעם מצבֿ, איז הופּער אַרויסגעקומען, פּלוצעם זיך אָנגערופֿן "גאָט מײַנער!" און זיך צוריקגעאײַלט, און דערנאָך איז געווען אַ שדים־טאַנץ.

ס'איז געווען האַלב צען נ"מ, און גאָר אַ סך פֿון דער חבֿרה זײַנען אַרויס פֿון בעט. יעדער האָט זיך אָנגעהאַנגען אויף עפּעס אַ שטיק פֿון אונדז און אונדזע אויסגעטאָן; אויף צו מאָרגנס האָט די קליידער מײַנע געוויגן 24 פֿונטן. בעת זיי האָבן זיך צוגעהערט צו אונדזער מעשׂה אָדער שטיקלעך פֿון איר, זײַנען זיי אַלץ מער פֿאַרחידושט געוואָרן. מע האָט אונדז אָוועקגעזעצט עסן קאַקאַאָ און ברויט מיט פּוטער און אײַנגעמאַכטס; מער האָבן מיר ניט געוואָלט. איך האָב געהערט סקאָט זיך אָנרופֿן, "נאָר, הערט זיך אײַן, איר ווייסט, אַז אָט דאָס איז געווען די שווערסטע נסיעה וואָס איז אַ מאָל אויפֿגעטאָן." שפּעטער האָבן זיי אונדז דערציילט, אַז די פּנימער אונדזערע האָבן אויסגעזען עלעהיי מיר פֿאַכען מיט דער נשמה, איז אָט דער אויסזע אין גאַנצן פֿאַרשווונדן געוואָרן אויף צו מאָרגנס. פּאָנטינג האָט באַמערקט, אַז ער האָט דערזען דעם זעלבן אויסזע אויף די פּנימער פֿון עטלעכע רוסישע פּלעניקעס בײַ מוקדען[א]. איך בין בלויז אײַנגעפֿאַלן אין די טרוקענע, וואַרעמע קאָלדרעס. מיר דאַכט זיך, אַז דאָס איז דער נאָענסטער צוגאַנג צו חדווה מחוץ גן־עדן.[ב]

[א] Mukden: אַ שטאָט אין כינע, דער אָרט אין 1905 פֿון אַ שלאַכט אין דער רוסיש-כינעזישער מלחמה.
[ב] *סקאָטס לעצטע עקספּעדיציע*, ב. II, זז. 48-49

פֿון זײַן טאָגביכל

From his diary

[Below is an excerpt from Apsley Cherry-Garrard's diary, where he describes the last day of the homeward march.]

[Tuesday, 1 August, 1911]

We just pulled for all we were worth and did nearly two miles an hour; for two miles a baddish salt surface, then big, undulating, hard sastrugi and good going. Several times I fell asleep as we were marching. We had done eight miles by 4 P.M. and were past Glacier Tongue. Then a half mile of bad pressure ice running from Glacier Tongue to Tent Island, and then rather worse going past Inaccessible, where we met a strong northerly wind. Up to now the light from the moon had been good but now the light was worse and we were very done. At last we rounded the Cape and gradually pulled in and right up to the door, without disturbing anything. As we were getting out of our harness, always a big business in our frozen state, Hooper came out, suddenly said "By Jove!" and rushed back, and then there was pandemonium.

It was 9:30 P.M., and a good many had turned out of their beds. Everybody hung on to some part of us and got our clothes off; mine next morning weighed 24 lbs. As they heard our story or bits of it they became more and more astonished. We were set down to cocoa and bread and butter and jam; we did not want anything else. Scott I heard say, "But, look here, you know, this is the hardest journey that has ever been made." They told us afterwards that we had a look in our faces as if we were at our last gasp, a look which had quite gone next morning. Ponting said he had seen the same look on some Russian prisoners' faces at Mukden. I just tumpled into my dry, warm blankets. I expect it was as near an approach to bliss as a man can get on this earth.

אָפּגעפֿרוירנקייט. ... הײַנט, נאָך אַ נאַכט אָפּרו, זײַנען אונדזערע פֿאָרערס גאָר אַנדערש אין אויסזע און שׂכל.[א']

[א'] *סקאָטס לעצטע עקספּעדיציע*, ב. 1, ז. 249.

of frost-bite were very few ... today after a night's rest our travelers are very different in appearance and mental capacity."[א]

[א] Scott's Last Expedition, vol. i, p. 361.

> געלייענט קים[א], און געשלאָפֿן. צוויי שעה נאָך אַ מאָלצײַט האָבן מיר געוואָלט אַ צווייטן און נאָך אַ קאָלאָסאַלער וועטשערע נעכטן אין אָוונט האָבן מיר געהאַט אַ צווייטן מאָלצײַט איידער מיר זײַנען אַרײַן אין בעט. דער טעם־חוש איז צוריק, נאָר אַלע אונדזערע פֿינגער זײַנען אוממיגלעך – זיי קערן זײַן געציילטע שטיקלעך בלײַ אַחוץ דעם געפֿיל פֿון שפּילקעס אין זיי ווי אויך אין די פֿיס. די פֿוס־פֿינגער מײַנע זײַנען גאָר געשוואָלן און עטלעכע פֿוסנעגל פֿאַלן אָפּ. די לינקע פּיאַטע הינטן איז איין גרויסער צעפּלאַצטער פּוכיר. דאָס גיין גלײַך אַרויס פֿונעם וואַרעמען בעט אין אַ שטאַרקן ווינט אין דרויסן האָט מיך כּמעט אַנידערגעוואָרפֿן. האָב איך זיך געפֿילט גאָר פֿאַרשמאַכט, און זיך דערמוטיקט מיטן געדאַנק, אַז ס'איז נאָר די נערוון; אָבער ס'איז נאָך אַ מאָל געשען און איך האָב זיך געדאַרפֿט צוריקקערן אין דער הײַזקע וואָס גיכער. בירדי קאָכט זיך מיט פּלענער איבערצוחזרן די נסיעה איבער אַ יאָר. ביל זאָגט, אַז ס'איז צו ריזיקאַליש אינעם פֿינצטערניש, און וויל דאָס ניט באַטראַכטן, כאָטש ער מיינט, אַז אין אויגוסט וואָלט דאָס אפֿשר געווען מיגלעך.[ב]

און נאָך אַ מאָל אין אַ טאָג צוויי אַרום:

> איך בין אַרײַנגעקומען באַדעקט מיט אַ רויטן אויסשיט וואָס איז גאַנץ קיצלדיק. די קנעכלעך און די קני זײַנען אַ ביסל פּוישיק, נאָר די פֿיס זײַנען ניט אַזוי ווייטיקדיק ווי בײַ ביל און בירדי. עס בײַסן מיך אַ ביסל די הענט. מיר קערן זײַן שוואַך און אויסגעמאַטערט, כאָטש איך מיין, אַז בירדי איז דער שטאַרקסטער צווישן אונדז. דאַכט זיך, אַז ער קומט צו זיך גאָר גיך. ביל איז נאָך אַלץ זייער אָפּגעטראָגן און רעכט אויסגעדאַרט. אַלעמענס גוטהאַרציקייט וואָלט צעבאַלעוועט אַ מלאך.[ג]

איך האָב אָנגעשריבן אָט די פּערזענלעכע איבערלעבונגען פֿונעם טאָגביכל ווײַל זיי זײַנען דער איינציקער דעמאָלטיקער רעקאָרד וואָס איך פֿאַרמאָג. סקאָטס אייגן טאָגביכל פֿון דער צײַט האַלט דעם אַ אַרויסזאָג:

> די קראָזיער־פּאַרטיע איז צוריקגעקומען נעכטן בײַ נאַכט, נאָכן אויסהאַלטן אויף פֿינף וואָכן די שווערסטע צושטאַנדן אַ מאָל רעקאָרדירט. זיי האָבן אויסגעזען מער אויסצעוועטערט ווי איך האָב אַ מאָל געזען. די פּנימער זײַנען פֿאַרשנאַרט און צערונצלט, די אויגן טעמפּ, די הענט פֿאַרוויסט און צעקנייטשט פֿון זײַן כּסדר פֿײַכט און קאַלט, אָבער מיט זייער ווייניק שנאַרן פֿון

[א] *Kim*: רודיאַרד קיפּלינג.

[ב] ד"ג

[ג] ד"ג

read Kim, and slept. About two hours after each meal we all want another, and after a tremendous supper last night we had another meal before turning in. I have my taste back but all our fingers are impossible, they might be so many pieces of lead except for the pins and needles fee.1ing in them which we have also got in our feet. My toes are very bulbous and some toe-nails are coming off. My left heel is one big burst blister. Going straight out of a warm bed into a strong wind outside nearly bowled me over. I felt quite faint, and pulled myself together thinking it was all nerves: but it began to come on again and I had to make for the hut as quickly as possible. Birdie is now full of schemes for doing the trip again next year.. Bill says it is too great a risk in the darkness, and he will not consider it, though he thinks that to go in August might be possible.'א

And again a day or two later:

I came in covered with a red rash which is rather ticklish. My ankles and knees are a bit puffy, but my feet are not so painful as Bill's and Birdie's. Hands itch a bit. We must be very weak and worn out, though I think Birdie is the strongest of us. He seems to be picking up very quickly. Bill is still very worn and rather haggard. The kindness of everybody would spoil an angel.'ב

I have put these personal experiences down from my diary because they are the only contemporary record I possess, Scott's own diary at this time contains the statement:

The Crozier party returned last night after enduring for five weeks the hardest conditions on record. They looked more weather-worn than anyone I have yet seen. Their faces were scarred and wrinkled, their eyes dull, their hands whitened and creased with the constant exposure to damp and cold, yet the scars

---

'א My own diary.
'ב ibid.

קאַפּיטל אַכט

פֿרילינג

[אַ טייל פֿונעם נאָענסטן קאַפּיטל, וועגן זייער אָנקום.]

אינעווייניק איז געווען אַ מהומה. ס'רובֿ מענטשן האָט זיך שוין אָוועקגעלייגט שלאָפֿן, און איך האָב אַ צעשוווּמענע דערמאָנונג פֿון מענטשן אין פּיזשאַמע און כאַלאַטן וואָס זיי האָבן מיך געכאַפּט און געפּרוּווט אויסטאָן די פֿײַדעס פֿאַנצער וואָס זײַנען מײַנע קליידער. סוף־כּל־סוף האָבן זיי אָפּגעשניטן די קליידער און זיי אַוועקגעוואָרפֿן אין אַ קאַנטיקער קופּע צופֿוסנס פֿון מײַן געלעגער. צו מאָרגנס זײַנען זיי אַ דורכגעווייקטע מאַסע פֿון 24 פֿונטן. ברוויט און אײַנגעמאַכטס און קאַקאַאָ; אַ פֿאַרפֿלייצונג מיט פֿראַגעס; "איר ווייסט, אַז דאָס איז די שווערסטע נסיעה וואָס מע האָט ווענס דורכגעפֿירט" פֿון סקאָטן; אַ צעבראָכענער דיסק פֿון דזשאָרדזש ראָבי[א] אויפֿן גראַמאַפֿאָן, וואָס פֿון דעם האָבן מיר זיך צעלאַכט ביז אין אונדזער שוואַכן מצבֿ איז אונדז געווען שווער אויפֿצוהערן. בלי־ספֿק, אַז איך האָב ניט אויסגעהאַלטן די נסיעה אַזוי גוט ווי ווילסאָן; מײַן מויל איז אָפֿן געפֿאַלן בײַם אַרײַנקום, האָבן זיי מיר דערציילט. דערנאָך אַרײַן אין מײַן וואַרעמען קאָלדרע־זאַק, און איך האָב זיך געהאַלטן וואַך פּונקט גענוג לאַנג צו טראַכטן, אַז גן־עדן מוז זײַן עפּעס ווי דאָס.

מיר האָבן געשלאָפֿן צען טויזנט טויזנט יאָר, אויפֿגעוואַכט צו געפֿינען אַלעמען עסן פֿרישטיק, און פֿאַרבראַכט אַ מחיהדיקן טאָג פּוסט־און־פּאַס, האַלב שלאָפֿנדיק און אין גאַנצן גליקלעך, זיך צוהערנדיק צו די נײַעס און ענטפֿערנדיק אויף פֿראַגעס.

> מע קוקט אויף אונדז ווי באַשעפֿענישן פֿון אַ פֿרעמדער וועלט. דעם נאָכמיטאָג האָב איך זיך געגאָלט נאָכדעם וואָס איך האָב אײַנגעווייקט דאָס פּנים אין אַ הייסן שוואָם, און דערנאָך זיך געבאָדן. לאַשלי האָט מיך שוין אָפּגעשוירן. ביל זעט אויס גאָר דאַר, און מיר האָבן אַלע זייער פֿאַרוויינטע אויגן צוליב דחק אין שלאָפֿן. איך האָב ניט קיין סך אַפּעטיט, דאָס מויל איז גאָר טרוקן און דער האַלדז ווייטיקדיק מיט אַ צרהדיקן טרוקענעם הוסט, וואָס האָט מיר ווײַ געטאָן די גאַנצע נסיעה. מײַן טעם־חוש איז פֿאַרשוווּנדן געוואָרן. מיר זײַנען גאָר צעבאַלעוועט געוואָרן, נאָר אונדזערע בעטן זײַנען דאָס גרעסטע פֿאַרגעניגן.[ב]

נאָר דאָס האָט ניט לאַנג געדויערט:

> נאָך אַ זייער גליקלעכער טאָג פּוסט־און־פּאַס. נאָכדעם וואָס איך בין אַנטשלאָפֿן געוואָרן אַ מאָל צוויי־דרײַ, האָב איך זיך אַוועקגעלייגט אין בעט,

---

[א] George Robey: אַן ענגלישער קאָמיקער, 1869-1954.
[ב] מײַן אייגן טאָגביכל.

די ווינטער־נסיעה

Chapter 8
SPRING

[Part of the next chapter, about their arrival]

Inside was pandemonium. Most men had gone to bed. and I have a blurred memory of men in pajamas and dressing-gowns getting hold of me and trying to get the chunks of armour which were my clothes to leave my body. Finally they cut them off and threw them into an angular heap at the foot of my bunk. Next morning they were a sodden mass weighing 24 lbs. Bread and jam, and cocoa; showers of questions; "You know this is the hardest journey ever made," from Scott; a broken record of George Robey on the gramophone which started us laughing until in our weak state we found it difficult to stop. I have no doubt that I had not stood the journey as well as Wilson: my jaw had dropped when I came in, so they tell me. Then into my warm blanket bag, and I managed to keep awake just long enough to think that Paradise must feel something like this.

We slept ten thousand thousand years, were wakened to find everybody at breakfast, and passed a wonderful day. lazing about, half asleep and wholly happy, listening to the news and answering questions.

We are looked upon as beings who have come from another world. This afternoon I had a shave after soaking my face in a hot sponge, and then a bath. Lashly had already cut my hair. Bill looks very thin and we are all very blear-eyed from want of sleep. I have not much appetite, my mouth is very dry and throat sore with a troublesome hacking cough which I have had all the journey. My taste is gone. Weare getting badly spoiled, but our beds are the height of all our pleasures.'א

But this did not last long:

Another very happy day doing nothing. After falling asleep two or three times I went to bed,

---

'א My own diary.

איך נעם זיך צו ה' בראַון, וואָס פֿירט מיך אַרײַן פֿאַר דעם הויפּט־ממונה, אַ מענטש פֿון וויסנשאַפֿטלעכן אַספּעקט, מיט צוויי טבֿעס: די ערשטע, צוגעלאָזן איידל מיט דעם כּל־ולך (ווייניקסטנס אַ ראָטשילד צווישן נאַטור־וויסנשאַפֿטלערס, רעכן איך), וואָס מיט אים שמועסט ער, און די צווייטע, אויסערגעוויינטלעך דערווידערדיק, אַפֿילו פֿאַר אַ וויסנשאַפֿטלעכן קנאַקער, מיט מיר.

איך מאַך זיך באַקאַנט מיט חנעוודיקן עניוות ווי דער ברענגער פֿון די פּענגווינאייער, און דערלאַנג זיי. דער הויפּט־ממונה נעמט זיי צו אָן שום וואָרט דאַנקען, און דרייט זיך צו צו דעם קנאַקער זיי אַרומצורעדן. איך וואַרט. די טעמפּעראַטור פֿון מײַן בלוט ווערט העכער. זייער שמועס גייט ווײַטער גאָר אַ לאַנגע צײַט, דאַכט זיך מיר. פּלוצעם דערזעט מיך דער הויפּט־ממונה און זעט אויס ווי ס'פֿאַרדריסט אים וואָס איך בין נאָך אַלץ דאָ.

<u>הויפּט־ממונה</u>: איר דאַרפֿט ניט וואַרטן.

<u>גיבורישער אויספֿאָרשער</u>: איך וואָלט וועלן האָבן אַ קוויט פֿאַר די אייער, זײַט אַזוי גוט.

<u>הויפּט־ממונה</u>: ס'איז ניט נייטיק; אַלץ איז גוט. איר דאַרפֿט ניט וואַרטן.

<u>גיבורישער אויספֿאָרשער</u>: איך וואָלט וועלן האָבן אַ קוויט.

נאָר שוין דעמאָלט לייגט קאָפּ דער הויפּט־ממונה צו אין גאַנצן צו דעם יאַ־טעבע־דאַם. פֿילנדיק אומבאַקוועם בײַם אונטערהערן זייער שמועס, גייט דער גיבורישער אויספֿאָרשער העפֿלעך פֿון שטוב אַרויס, און באַזעצט זיך אויף אַ בענקל אינעם אומעטיקן קאָרידאָר אויסנווייניק, ווו ער פֿאַרברענגט די צײַט מיט רעפּעטירן אין מוח ווי ער וועט אײַנזאָגן דעם הויפּט־ממונה ווען דער קנאַקער געזעגנט זיך. נאָר דער דאָזיקער קנאַקער באַווײַזט קיין סימן ניט, אַז ער וועט זיך רירן פֿון אָרט, און די אויספֿאָרשערס געדאַנקען און כּוונות ווערן אַלץ פֿינצטערער. בעת דער טאָג פֿאַרגייט קוקן אויף אים מסופּק מינערדיקע באַאַמטע, אַרײַן־ און אַרויסגייענדיק צו דעם גדול, און פֿרעגן זיך נאָך אויף זײַן עסק. דער ענטפֿער איז אַלע מאָל דער זעלבער: "איך וואַרט אויף אַ קוויט פֿאַר אַ פּאָר פּענגווינאייער." לסוף ווערט קלאָר פֿון דעם אויספֿאָרשערס מינע, אַז ער וואַרט באמת אויף קיין קוויט ניט, נאָר אָפּצוטאָן אַ מאָרד. משמעות מעלדט מען אַזוי דעם באַשערטן קרבן; סײַ ווי סײַ קומט סוף־כּל־סוף דער קוויט און דער אויספֿאָרשער גייט אַרויס מיט דעם, פֿילנדיק זיך ווי ער האָט זיך אויפֿגעפֿירט ווי אַן איידעלער מענטש, אָבער גאָר אומצופֿרידן מיט אָט דער שוואַכער טרייסט, אַז שעהען לאַנג איז ער ממשיך זײַנע אויסגעטראַכטע רעפּעטיציעס פֿון דעם וואָס ער האָט געוואָלט טאָן דעם ממונה (מערסטנס מיט די שטיוול) כּדי אים צו לערנען תּרבות.

[דאָ היפּן מיר איבער די שפּעטערדיקע געשיכטע און דעם וויסנשאַפֿטלעכן באַריכט וועגן די פּענגווינען.]

די ווינטער־נסיעה

I resort to Mr. Brown, who ushers me into the presence of the Chief Custodian, a man of scientific aspect, with two manners: one, affably courteous, for a Person of Importance (I guess a Naturalist Rothschild at least) with whom he is conversing, and the other, extraordinarily offensive even for an official man of science, for myself.

I announce myself with becoming modesty as the bearer of the penguins' eggs, and proffer them. The Chief Custodian takes them into custody without a word of thanks, and turns to the Person of Importance to discuss them. I wait. The temperature of my blood rises. The conversation proceeds for what seems to me a considerable period. Suddenly the Chief Custodian notices my presence and seems to resent it.

CHIEF CUSTODIAN. You needn't wait.
HEROIC EXPLORER. I should like to have a receipt for the eggs, if you please.
CHIEF CUSTODIAN. It is not necessary: it is all right. You needn't wait.
HEROIC EXPLORER. I should like to have a receipt.

But by this time the Chief Custodian's attention is again devoted wholly to the Person of Importance. Feeling that to persist in overhearing their conversation would be an indelicacy, the Heroic Explorer politely leaves the room, and establishes himself on a chair in a gloomy passage outside, where he wiles away the time by rehearsing in his imagination how he will tell off the Chief Custodian when the Person of Importance retires, But this the Person of Importance shows no sign of doing, and the Explorer's thoughts and intentions become darker and darker. As the day wears on, minor officials, passing to and from the Presence, look at him doubtfully and ask his business. The reply is always the same, "I am waiting for a receipt for some penguins' eggs." At last it becomes clear from the Explorer's expression that what he is really waiting for is not to take a receipt but to commit murder. Presumably this is reported to the destined victim: at all events the receipt finally comes; and the Explorer goes his way with it, feeling that he has behaved like a perfect gentleman, but so very dissatisfied with that vapid consolation that for hours he continues his imaginary rehearsals of what he would have liked to have done to that Custodian (mostly with his boots) by way of teaching him manners.

[Here we skip over the further history and scientific report about the penguins.]

בײַם זאַמלען די אַלע כּלים אײַנצופּאַקן דאָס לעצטע מאָל האָט ביל שטיל געזאָגט, "איך וויל אײַך דאַנקען פֿאַר אַלץ וואָס איר האָט געטאָן. איך האָב ניט געקענט געפֿינען צוויי בעסערע באַלייטערס – און דערצו וועל איך קיין מאָל ניט געפֿינען אַזוינע."

איך שטאָלציר מיט דעם.

די אַנטאַרקטישע אויספֿאָרשונג איז זעלטן אַזוי שלעכט ווי מע שטעלט זיך פֿאָר, זעלטן אַזוי שלעכט ווי זי קלינגט. נאָר די אָ נסיעה איז געווען מחוץ לשון: ס'זײַנען ניטאָ קיין ווערטער צו באַשרײַבן די אימה.

מיר האָבן זיך געטאָפּטשעט נאָך עטלעכע שעה און ס'איז געוואָרן זייער פֿינצטער, האָבן מיר אַרומגערעדט ווו ס'געפֿינט זיך קאַפּ־עוואַנס. מיר זײַנען אים סוף־כּל־סוף פֿאַרבײַ; ס'האָט געדאַרפֿט זײַן צען, עלף אָ זייגער, און ס'איז געווען מיגלעך, אַז עמעצער וועט אונדז דערזען בשעת מיר שלעפּן צו צו דער הײַזקע. "צעשפּרייט זיך גוט," האָט ביל געזאָגט, "זיי זאָלן קענען זען, אַז מיר זײַנען נאָך אַלץ דרײַ." נאָר מיר האָבן געשלעפּט לענג־אויס דעם קאַפּ, איבער דער ים־פֿלייץ־שפּאַרע, אַרויף אויפֿן ברעג ביז דער סאַמע טיר פֿון דער הײַזקע אָן שום קלאַנג. ניט קיין געפּילדער פֿון דער שטאַל, ניט קיין בילן פֿון די הינט אויפֿן זאַווייען איבער אונדז. מיר האָבן זיך אָפּגעשטעלט און דאָרט געשטאַנען, פּרווונדיק זיך אויסשפּאַנען, זיך אַליין און איינער דעם צווייטן, פֿון די פֿאַרפֿרוירענע געשפּאַנען – די געוויינטלעכע לאַנגע אַרבעט. האָט זיך די טיר געעפֿנט – "גאָט מײַנער! אָט איז די קראָזיער פּאַרטיע!" האָט אַ קול געזאָגט, און איז פֿאַרשוווּנדן געוואָרן.

אַזוי האָט זיך געענדיקט די ערגסטע נסיעה אויף דער וועלט.

און איצט וועט דער לייענער פֿרעגן, וואָס איז געשען מיט די דרײַ פּענגווינאייער, וואָס צוליב זיי האָבן די דרײַ מענטשן זיך ריזיקירט דרײַ הונדערט מאָל אַ טאָג און דרײַ מענטשלעכע קערפּערס זיך אָנגעשטרענגט ביז צום ווײַטסטן עק מענטשלעכן אויסהאַלט־כּוח.

לאָמיר איבערלאָזן דעם אַנטאַרקטיק אויף אַ רגע און זיך פֿאָרשטעלן אינעם יאָר 1913 אין דעם נאַטור־וויסנשאַפֿט־מוזיי אין דרום־קענסינגטאָן. איך האָב געהאַט געשריבן צו זאָגן, אַז איך וועל דעמאָלט צושטעלן די אייער. דאָ זײַנען געווען איך אַליין, טש.-ג., דער איינציקער לעבן־געבליבענער פֿון די דרײַ, און דער ערשט־ אָדער שוועל־ממונה פֿון די הייליקע אייער. איך האָב ניט אָנגעשריבן קיין וואָרט בײַ וואָרט באַריכט פֿון זײַן ברוך־הבא, נאָר דער טעם לאָזט זיך אַרויס אַזוי:

<u>ערשט־ממונה</u>: ווער זײַט איר? וואָס ווילט איר? וואָס דען, איז דאָס אַן אייערקראָם? ווי קומט איר אַרײַנצומישן מיט אונדזערע אייער? איר ווילט איך זאָל אײַנרופֿן אַ פּאָליציאַנט? איר זוכט דאָס קראָקאָדיל־איי? וואָס ווייס איך פֿון אייער? בעסער זאָלט איר רעדן מיר ה' בראַון; ער איז דער, וואָס פּאַקאָסטירט די אייער.

די ווינטער־נסיעה

As we began to gather our gear together to pack up for the last time, Bill said quietly, "I want to thank you two for what you have done. I couldn't have found two better companions – and what is more I never shall."

I am proud of that.

Antarctic exploration is seldom as bad as you imagine, seldom as bad as it sounds. But this journey had beggared our language: no words could express its horror.

We trudged on for several more hours and it grew very dark. There was a discussion as to where Cape Evans lay. We rounded it at last: it must have been ten or eleven o'clock, and it was possible that someone might see us as we pulled towards the hut. "Spread out well," said Bill, "and they will be able to see that there are three men." But we pulled along the cape, over the tide-crack, up the bank to the very door of the hut without a sound. No noise from the stable, nor the bark of a dog from the snow drifts above us. We halted and stood there trying to get ourselves and one another out of our frozen harnesses – the usual long job. The door opened – "Good God! here is the Crozier Party," said a voice, and disappeared.

Thus ended the worst journey in the world.

And now the reader will ask what became of the three penguins' eggs for which three human lives had been risked three hundred times a day, and three human frames strained to the utmost extremity of human endurance.

Let us leave the Antarctic for a moment and conceive ourselves in the year 1913 in the Natural History Museum in South Kensington. I had written to say that I would bring the eggs at this time. Present, myself, C.-G., the sole survivor of the three, with First or Doorstep Custodian of the Sacred Eggs. I did not take a verbatim report of his welcome; but the spirit of it may be dramatized as follows:

FIRST CUSTODIAN. Who are you? What do you want? This ain't an egg-shop. What call have you to come meddling with our eggs? Do you want me to put the police on to you? Is it the crocodile's egg you're after? I don't know nothing about no eggs. You'd best speak to Mr. Brown: it's him that varnishes the eggs.

זיך שוין אויפֿגעהויבן ביז °43-. כּמעט האָבן מיר געקענט שפּירן ווי ס'ווערט וואַרעמער בשעת מיר גייען אַרום קאַפּ־אַרמיטאַזש די לעצטע דרײַ מײַלן. מיר האָבן באַהויבן שלעפּן דעם שליטן אויפֿן אײַזפֿוס, און אַוועקגעגראָבן דעם זאַוויי פֿון טיר. די אַלטע הײַזקע האָט אונדז געפֿילט נישקשהדיק וואַרעם.

ביל האָט זיך איבערגעצויגן, אַז מיר זאָלן ניט אַרײַנגיין אין דער וואַרעמער הײַזקע בײַ קאַפּ־עוואַנס ווען מיר קומען דאָרט אָן – מאָרגן בײַ נאַכט! מיר זאָלן זיך צוװאַרעמען ביסלעכווײַז, בלײַבן אין דרויסן אין אַ געצעלט, צי אינעם צובוי אויף אַ טאָג צוויי. נאָר איך בין זיכער, אַז מיר האָבן ניט בדעה געהאַט אַזוי צו טאָן. פּונקט איצט האָט אונדז הײַזקע־שפּיץ ניט געגעבן קיין פֿאָראורטל לטובֿת אַזאַ אָפּהאַלטונג. ס'איז געבליבן פּונקט ווי ס'איז געווען ווען מיר זײַנען אָפּגעגאַנגען; קיינער האָט אונדז דאָרט גאָרנישט ניט צוגעשטעלט– ניט קיין שלאָפֿזעק, ניט קיין צוקער; נאָר ס'איז יאָ געווען אַ סך נאַפֿט. אינעווייניק אין דער הײַזקע האָבן מיר אויפֿגעשלאָגן אַ טרוקן געצעלט וואָס איז דאָ געווען שוין זינט די טעג פֿון דער מאַגאַזין־נסיעה, אָנגעצונדן אין דעם צוויי פּרימוסן, געזעסן דרעמלענדיק אויף די זעק, און געטרונקען קאַקאַאָ אָן צוקער, אַזוי געדיכט, אַז צו מאָרגנס זײַנען מיר גאָר איבערגעזעטיקט דערמיט. מיר זײַנען געווען זייער גליקלעך, אַנטשלאָפֿן צווישן יעדן שלונג, און נאָך עטלעכע שעה האָבן מיר אַרומגערעדט פּלענער, אַז מיר וועלן כּלל ניט אַרײַנקריכן אין די זעק. נאָר עמעצער וואָלט געדאַרפֿט אָפּהיטן דעם פּרימוס, ס'זאָל ווײַטער ברענען אויסצומײַדן אָפּגעפֿרוירנקייט, און מיר האָבן זיך ניט געקענט געטרויען צו בלײַבן וואַך. ביל און איך האָבן געפּרוווט זינגען אַ דועט. לסוף האָבן מיר זיך אַרײַנגעוויקלט אין די זעק. מיר האָבן זיי פֿאַרטראָגן בלויז אַ שעה דרײַ און זײַנען מיט דאַנק אויפֿגעשטאַנען דרײַ אַ זייגער אין דער פֿרי, געווען גרייט זיך אײַנצופּאַקן ווען מיר האָבן דערהערט דעם ווינט אָנהייבן צו בלאָזן. ס'איז ניט גוט געווען, זײַנען מיר געזעסן אינעם געצעלט און ווײַטער געדרעמלט. דער ווינט איז שטיל געוואָרן האַלב צען, זײַנען מיר אין וועג אַרײַן עלף אַ זייגער. מיר זײַנען אַרויס אין, ס'האָט אונדז געדאַכט, אַ שׂרפֿה ליכט. ס'איז ערשט געווען איבער אַ יאָר ווען איך בין געקומען צו פֿאַרשטיין, אַז אַ גרויסער טייל פֿון אַזאַ בין־השמשות, וואָס קומט פֿאָר בײַם סוף ווינטער, איז פֿאַרשטעלט געוואָרן פֿון אונדז דורך די בערג, וואָס אונטער זיי זײַנען מיר דורכגעפֿאָרן. איצט, מיט גאָרנישט צווישן אונדז און דעם צפֿון־האָריזאָנט, וואָס הינטער אים ליגט די זון, האָבן מיר געקענט זען ווי ניט פֿריִער שוין חדשים לאַנג, און די מיניעדיקע וואָלקנס דעם טאָג זײַנען געווען גאָר שיין.

מיר האָבן פּשוט געשלעפּט מיט אַלע כּוחות און האָבן אויפֿגעטאָן כּמעט צוויי מײַל אַ שעה: צוויי מײַלן אויף אַ שלעכטלעכן זאַלץ־אויבנאויף, דערנאָך גרויסע כוואַליעס האַרטע סאַסטרוגי און גוט גיין. מיר האָבן געשלאָפֿן אין מיטן גיין. מיר זײַנען געקומען אַכט מײַל ביז 4 אַ זייגער נ"מ און שוין פֿאַרבײַ גלעטשער־צונג. דאָרט האָבן מיר געגעסן אָנבײַסן.

already risen to -43°. We could almost feel it getting warmer as we went round Cape Armitage on the last three miles. We managed to haul our sledge up the ice foot, and dug the drift away from the door. The old hut struck us as fairly warm.

Bill was convinced that we ought not to go into the warm hut at Cape Evans when we arrived there – tomorrow night! We ought to get back to warmth gradually, live in a tent outside, or in the annex for a day or two. But I'm sure we never meant to do it. Just now Hut Point did not prejudice us in favour of such abstinence. It was just as we had left it: there was nothing sent down for us there – no sleeping-bags, nor sugar: but there was plenty of oil. Inside the hut we pitched a dry tent left there since Depot Journey days; set two primuses going in it; sat dozing on our bags; and drank cocoa without sugar so thick that next morning we were gorged with it. We were very happy, falling asleep between each mouthful, and after several hours discussed schemes of not getting into our bags at all. But someone would have to keep the primus going to prevent frost-bite, and we could not trust ourselves to keep awake. Bill and I tried to sing a part-song. Finally we sopped our way into our bags. We only stuck them three hours, and thankfully turned out at 3 a.m., and were ready to pack up when we heard the wind come away. It was no good, so we sat in our tent and dozed again. The wind dropped at 9.30: we were off at II. We walked out into what seemed to us a blaze of light. It was not until the following year that I understood that a great part of such twilight as there is in the latter part of the winter was cut off from us by the mountains under which we travelled. Now, with nothing between us and the northern horizon below which lay the sun, we saw as we had not seen for months, and the iridescent clouds that day were beautiful.

We just pulled for all we were worth and did nearly two miles an hour: for two miles a baddish salt surface, then big undulating hard sastrugi and good going. We slept as we walked. We had done eight miles by 4 p.m. and were past Glacier Tongue. We lunched there.

שטענדיק האָבן מיר זיך דערנענטערט צו דער היים און האָבן געמאַכט גוטע מאַרשן. ווען מיר דורכהאַלטן; ס'איז געווען בלויז אַן ענין פֿון ציִען זיך ווײַטער נאָך עטלעכע טעג: זעקס, פֿינף, פֿיר, ...,אפֿשר איצט דרײַ, אויב מיר זײַנען ניט פֿאַרשנייט. די הויפּט־הײַזקע איז געשטאַנען הינטער דעם באַרגרוקן ווו דער טומאַן פֿורעמט זיך און ווערט אַוועקגעבלאָזן אַ מאָל איבער אַ מאָל, און דאָרט שטייט שלאָס שטיין; אפֿשר וועלן מיר קענען דערזען אָבסערוואַציע־בערגל צו מאָרגנס, און הינטער אים שטייט די אַנטדעקונג־הײַזקע, גוט פֿאַרזאָרגט און באַקוועם; זיי וואָלטן שוין צוגעשיקט טרוקענע שלאָפֿזעק פֿון קאַפּ־עוואַנס כּדי אונדז צו געבן שלום־עליכם דאָרט. מיר האָבן זיך גערעכנט, אַז די צרות זײַנען שוין פֿאַרטיק בײַם באַריער־קאַנט, און זיכער איז ער ניט ווײַט אַוועק. "דו האָסט עס בײַם האַלדז, האַלט אויס, דו האָסט עס בײַם האַלדז" – עס לויפֿט כּסדר אינעם מוח.

און מיר האָבן *טאַקע* אויסגעהאַלטן. ווי גוט זײַנען די זכרונות פֿון אָט די טעג. מיט וויצן וועגן בירדיס בילדהיטל; מיט לידער וואָס מיר האָבן געדענקט פֿונעם גראַמאַפֿאָן; מיט גיכע ווערטער פֿון מיטגעפֿיל וועגן אָפּגעפֿרוירענע פֿיס; מיט ברייטהאַרציקע שמייכלען פֿאַר שוואַכע וויצן; מיט דערמאָנונגען פֿון די גליקלעכע בעטן וואָס קומען. מיר האָבן ניט פֿאַרגעסן דעם "זײַט אַזוי גוט" און "אַ שיינעם דאַנק", וואָס זיי זײַנען אַזוי וויכטיק אין אַזעלכע צושטאַנדן, און די אַלע קליינע פֿאַרבינדונגען מיט לײַטישער ציוויליזאַציע וואָס מיר האָבן מיט זיי געקענט ווײַטער פֿירן. איך וועל שווערן, אַז ס'איז נאָך אַלץ געווען אַ חסד בײַ אונדז ווען מיר האָבן זיך שאַטײַעט אַרײַן. און מיר האָבן זיך באַהערשט – אַפֿילו מיט גאָט.

ס'איז געווען *מיגלעך*, אַז מיר וועלן אָנקומען בײַ הײַזקע־שפּיץ דעם אָוונט; מיר האָבן איצט מער נאַפֿט געברענט: אָט דאָס איין־גאַלאָן בלעכל האָט אונדז גוט געקלעקט. און געברענט מער ליכט אויך; אַ מאָל האָבן מיר מורא געהאַט, אַז זיי וועלן אויסגיין. דער דאָזיקער אינדערפֿרי איז אונדז געווען אַ גיהנום: 57°- אין אונדזער איצטיקן מצבֿ. אָבער ס'איז געווען שטיל, און דער באַריער־קאַנט האָט שוין ניט געקענט זײַן ווײַט.

דער אויבנאויף איז האַרטער געוואָרן; עס זײַנען געווען אַ פּאָר ווינט־געבלאָזענע בראָזדעס; די סקאָרע האָט זיך צו אונדז אויפֿגעהויבן. דאָס שלעפּן דעם שליטן איז גרינגער געוואָרן; מיר האָבן אַלע מאָל געהאַט אַ חשד, אַז דער באַריער גייט דאָ ערגעץ באַרג־אַראָפּ. איצט איז דער האַרטער שניי געווען אויפֿן אויבנאויף, באַווײַזנדיק זיך ווי גרויסע קאַפּויערגעשטעלטע באַסיינען, וואָס אויף זיי האָבן מיר זיך אויסגעגליטשט, און די פֿיס זײַנען וואַרעמער געוואָרן, ווײַל זיי זײַנען ניט אַראָפּ אין ווייכן שניי. פּלוצעם האָבן מיר דערזען אַ ליכטיקן גלאַנץ אינעם פֿינצטערניש אין דער קוווער פֿון אונדזער גאַנג. ס'איז געווען דער באַריער־קאַנט: איצט איז אונדז גוט געווען.

מיר האָבן אָפּגעפֿירט דעם שליטן פֿון אַ זאַוויי אויף דעם ים־אײַז, מיט דעם זעלביקן קאַלטן שטראָם פֿון אַראָפּגיסנדיקער לופֿט, וואָס האָט געהאַט קאַליע געמאַכט די הענט מיט פֿינף וואָכן צוריק; מיר האָבן זיך אַרויסגערוקט פֿון דעם, זיך געלאַגערט און געגעסן; די טעמפּעראַטור האָט

די ווינטער-נסיעה

Always we were getting nearer home: and we were doing good marches. We were going to pull through; it was only a matter of sticking this for a few more days; six, five, four ... three perhaps now, if we were not blizzed. Our main hut was behind that ridge where the mist was always forming and blowing away, and there was Castle Rock: we might even see Observation Hill tomorrow, and the Discovery Hut furnished and trim was behind it; and they would have sent some dry sleeping-bags from Cape Evans to greet us there. We reckoned our troubles over at the Barrier edge, and assuredly it was not far away. "You've got it in the neck, stick it, you've got it in the neck" – it was always running in my head.

And we *did* stick it. How good the memories of those days are. With jokes about Birdie's picture hat: with songs we remembered off the gramophone: with ready words of sympathy for frost-bitten feet: with generous smiles for poor jests: with suggestions of happy beds to come. We did not forget the Please and Thank You, which means much in such circumstances, and all the little links with decent civilization which we could still keep going. I'll swear there was still a grace about us when we staggered in. And we kept our tempers – even with God.

We *might* reach Hut Point tonight: we were burning more oil now, that one-gallon tin had lasted us well: and burning more candle too; at one time we feared they would give out. A hell of a morning we had: -57° in our present state. But it was calm, and the Barrier edge could not be much farther now. The surface was getting harder: there were a few wind-blown furrows, the crust was coming up to us. The sledge was dragging easier: we always suspected the Barrier sloped downwards hereabouts. Now the hard snow was on the surface, peeping out like great inverted basins on which we slipped, and our feet became warmer for not sinking into soft snow. Suddenly we saw a gleam of light in a line of darkness running across our course. It was the Barrier edge: we were all right now.

We ran the sledge off a snow-drift on to the sea-ice, with the same cold stream of air flowing down it which wrecked my hands five weeks ago: pushed out of this, camped and had a meal: the temperature had

איך גלייב ניט, אַז אַבי ווער, ווי קראַנק ער זאָל ניט זײַן, האָט געהאַט אַן ערגערע צײַט ווי מיר האָבן איבערגעלעבט אין די זעק, ציטערנדיק מיט קעלט ביז די רוקנס האָבן זיך שיִער ניט צעבראָכן. איינע פֿון די צוגעגעבענע צרות בײַם צוריקקער איז געווען דער פֿאַרנעצטער מצבֿ פֿון די הענט אין די זעק בײַ נאַכט. מיר האָבן געדאַרפֿט טראָגן די קוליקלעך און האַלב־קוליקלעך, וואָס זײַנען געווען וואָס נאַסער: ווען מיר האָבן זיך אויפֿגעכאַפּט אין דער פֿרי זײַנען זיי געווען ווי אַ וועשינס הענט – ווײַסע, צעקנייטשטע, פֿאַרנעצטע. גאָר ניט קיין געזונטער אָנהייב צו דעם טאָגס אַרבעט. מיר האָבן שטאַרק געוואָלט האָבן עטלעכע זעקלעך סענעגראָז פֿאַר די הענט ווי אויך פֿאַר די פֿיס; איין מעלה פֿון דעם מין זאַך איז דאָס וואָס מע קען פֿון אים אַרויסטרייסלען די פֿײַכטקייט; נאָר מיר האָבן בלויז געהאַט גענוג פֿאַר די נעבעכדיקע פֿיס.

די שוידערס פֿון דעם צוריקקער זײַנען צעשוווּמען אין זכּרון און איך ווייס, אַז דעמאָלט זײַנען זיי צעשוווּמען געווען צום לײַב. איך מיין, אַז דאָס איז חל אויף אונדז אַלע, וואָרן מיר זײַנען געווען גאָר אָפּגעשוואַכט און פֿאַרהאַרטעוועט. דעם טאָג, ווען מיר זײַנען אַראָפּגעקומען בײַ די פּענגווינען, איז מיר געווען אַלץ איינס צי איך בין אַראָפּ אין אַ שפּאַרע צי ניט. מיר האָבן שוין איבערגעלעבט גאָר אַ סך זינט דעמאָלט. איך ווייס, אַז מיר האָבן געשלאָפֿן בײַם מאַרשירן, ווײַל ס'האָט מיך אויפֿגעוועקט ווען איך האָב זיך אָנגעשטויסן אויף בירדי, און בירדי האָט זיך אויפֿגעוועקט ווען ער האָט זיך אָנגעשטויסן אויף מיר. איך מיין, אַז ביל, קערעווענדיק פֿאָרויס, האָט זיך וואַך געהאַלטן. איך ווייס, אַז מיר זײַנען אַנטשלאָפֿן געוואָרן וואַרטנדיק אינעם לפֿי־ערכדיקן וואַרעמען געצעלט מיטן אָנגעצונדענעם פּרימוס – מיט די שיסלען אָדער פּרימוס אין די הענט. איך ווייס, אַז די שלאָפֿזעק זײַנען געווען אַזוי פֿול מיט אײַז, אַז ס'האָט אונדז ניט געאַרט אויב מיר האָבן פֿאַרגאָסן וואַסער אָדער הוש אויף זיי ווו זיי ליגן אויפֿן דילטוך בעת מיר קאָכן אויף זיי מיטן צעמזיקטן קאָכער. זיי זײַנען געווען אַזוי שלעכט, אַז מיר האָבן זיי קיין מאָל ניט אויפֿגעוויקלט אינעם געוויינטלעכן אופֿן ווען מיר זײַנען אַרויס אין דער פֿרי: מיר האָבן געעפֿנט זייערע מײַלער וואָס ווײַטער איידער זיי זײַנען פֿאַרפֿרוירן געוואָרן, און זיי אויפֿגעהויבן מער־ווייניקער פּלאַטשיק אויפֿן שליטן. מיר אַלע דרײַ האָבן געהאָלפֿן אויפֿהייבן יעדן זאַק, וואָס האָט אויסגעזען גאַנץ ענלעך אויף אַ צעקוועטשטער טרונע און מסתּמא איז געווען אַ סך האַרטער. איך ווייס, אַז אויב ס'איז געווען נאָר $40°$- ווען מיר האָבן זיך געלאַגערט אויף אַ נאַכט האָבן מיר גאָר ערנסט געהאַלטן, אַז מיר וועלן האָבן אַ וואַרעמע, און ווען מיר האָבן זיך אויפֿגעכאַפּט אין דער פֿרי, אויב די טעמפּעראַטור איז געווען אין די מינוס זעכציקער, האָבן מיר זיך ניט נאָכגעפֿרעגט וועגן דעם. דער מאַרש אויף אַ טאָג איז געווען חדווהדיק אין פֿאַרגלײַך מיטן אָפּרו בײַ נאַכט, און ביידע זײַנען געווען שרעקלעך. אונדז איז געווען אַזוי שלעכט ווי עס האָט געקענט זײַן און נאָך אַלץ גיין ווײַטער; אָבער איך האָב קיין מאָל ניט געהערט קיין איינציק באַקלאָגנדיק וואָרט, און אויך ניט, מיין איך, קיין איינציקע קללה, און איך האָב געזען מסירת־נפֿש אויסהאַלטן יעדע פּראָבע.

די ווינטער־נסיעה

I do not believe that any man, however sick he is, has a much worse time than we had in those bags, shaking with cold until our backs would almost break. One of the added troubles which came to us on our return was the sodden condition of our hands in our bags at night. We had to wear our mitts and half-mitts, and they were as wet as they could be: when we got up in the morning we had washerwomen's hands – white, crinkled, sodden. That was an unhealthy way to start the day's work. We really wanted some bags of sennegrass for hands as well as feet; one of the blessings of that kind of bag being that you can shake the moisture from it: but we only had enough for our wretched feet.

The horrors of that return journey are blurred to my memory and I know they were blurred to my body at the time. I think this applies to all of us, for we were much weakened and callous. The day we got down to the penguins I had not cared whether I fell into a crevasse or not.

We had been through a great deal since then. I know that we slept on the march; for I woke up when I bumped against Birdie, and Birdie woke when he bumped against me. I think Bill steering out in front managed to keep awake. I know we fell asleep if we waited in the comparatively warm tent when the primus was alight – with our pannikins or the primus in our hands. I know that our sleeping-bags were so full of ice that we did not worry if we spilt water or hoosh over them as they lay on the floor-cloth, when we cooked on them with our maimed cooker. They were so bad that we never rolled them up in the usual way when we got out of them in the morning: we opened their mouths as much as possible before they froze, and hoisted them more or less flat on to the sledge. All three of us helped to raise each bag, which looked rather like a squashed coffin and was probably a good deal harder. I know that if it was only -40° when we camped for the night we considered quite seriously that we were going to have a warm one, and that when we got up in the morning if the temperature was in the minus sixties we did not inquire what it was. The day's march was bliss compared to the night's rest, and both were awful. We were about as bad as men can be and do good travelling: but I never heard a word of complaint, nor, I believe, an oath, and I saw self-sacrifice standing every test.

פֿון קעמלהאָר, און פעלצענע שטיוול. אין דער פֿינצטערלעכער ליכט האָבן מיר בודק געווען די פֿיס נאָך אָפּגעפֿרוירנקייט.

איך מיין, אַז ס'האָט געדויערט ניט ווייניקער ווי אַ שעה, איידער מיר האָבן געהאַט אַ הייסן מאָלצײַט אין מויל אַרײַן: פעמיקאַן און דערנאָך הייס וואַסער וואָס אין אים האָבן מיר אײַנגעזאַפּט די ביסקוויטן. אָנבײַסן איז געווען טיי און ביסקוויטן; פֿרישטיק – פעמיקאַן, ביסקוויטן, און טיי. מיר האָבן זיך ניט געקענט אויסמיטלען מיט מער עסן־זעק – דרײַ זײַנען געווען שוין שלעכט גענוג, און די אַלע רימענס זײַנען געווען ווי דראָטן. דער רימען פֿון דער געצעלט־טיר אָבער איז געווען דאָס ערגסטע, און מע האָט אים געמוזט פֿעסט פֿאַרבינדן, בפֿרט ווען ס'בלאָזט. אין די פֿריִערע טעג האָבן מיר זיך באַמיט אָפּצובערשטן דאָס געפֿריר פֿונעם געצעלט איידער מיר האָבן אים אײַנגעפּאַקט, נאָר שוין לאַנג האָט דאָס אונדז גאָר ניט געאַרט.

דער הוש איז אָנגעקומען אין די פֿיס; מיר האָבן באַהאַנדלט די אײַנפֿרירס; און מיר זײַנען אַלץ וואַרעמער, וואָס מיר האָבן אָנגעטאָן דאָס טרוקענע שוכוואַרג פֿאַרן עסן. דערנאָך האָבן מיר אָנגעהויבן אַרײַנקריכן אין די זעק.

בירדיס זאַק האָט אים געפּאַסט גאָר פֿײַן, כאָטש אפֿשר וואָלט עס געווען אַ ביסל ענג מיט דעם גאַנגאַפּוך אינעווייניק. ער האָט געמוזט האָבן אַ גרעסערן צופֿיר פֿון היץ ווי אַנדערע מענטשן, וואָרן ער האָט קיין מאָל ניט געהאַט קיין אמתע צרות מיט די פֿיס בעת אונדזערע זײַנען געווען כסדר אָפּגעפֿרוירן; ער האָט געשלאָפֿן, איך האָב מורא צו זאָגן וויפֿל, לענגער פֿון אונדז, אַפֿילו אין די לעצטע טעג; ס'איז געווען אַ פֿאַרגעניגן, ליגנדיק וואַך כמעט אַ גאַנצע נאַכט, צו הערן זײַנע כראָפּען. ער האָט אויסגעקערט זײַן זאַק אָפּט מאָל במשך פֿון דער נסיעה, פֿון פעלץ צו פֿעל און פֿון פֿעל צו פעלץ, און אַזוי אַרום איז ער פּטור געוואָרן פֿון אַ סך נעץ, וואָס איז אַרויסגעקומען ווי שניי אָדער טאַקע ווי קנעפּ אײַז. ווען מיר האָבן אויסגעקערט די זעק, איז דער איינציקער אופֿן געווען דאָס צו טאָן תּיכּף אַז מיר זײַנען אַרויס, און אַפֿילו דעמאָלט האָט מען געדאַרפֿט זײַן גיך, איידער דער זאַק ווערט פֿאַרפֿרוירן. פֿאַרלאָזן דאָס געצעלט בײַ נאַכט[א] איז געווען גאָר אַ פֿאַרמעסט אַרײַנצוקריכן צוריק אינעם זאַק איידער ער ווערט פֿאַרהאַרטעוועט. פֿאַרשטייט זיך איז דאָס געווען בײַ די קעלטסטע טעמפּעראַטורן.

מע האָט ניט געקענט אונטערצינדן די זעק און מיר האָבן געפּרוּווט אַרײַנשטעקן דעם פּרימוס אין זיי כּדי זיי צו צעלאָזן, נאָר ס'איז אונדז ניט געראָטן. פֿריִער, ווען ס'איז געווען זייער קאַלט, האָבן מיר אָנגעצונדן דעם פּרימוס אין דער פֿרי בעת מיר זײַנען נאָך אַלץ געלעגן אין די זעק; אין אָוונט האָבן מיר אים געלאָזט ברענען ביז מיר האָבן ערשט אויפֿגעריסן די זעק־מײַלער. נאָר בײַם צוריקקער האָבן מיר ניט געהאַט גענוג נאַפֿט פֿאַר אַזאַ שוווילטאָג, ביז די לעצטע פּאָר טעג.

[א] זעט הערה ב'

camel-hair stockings and fur boots. In the dim light we examined our feet for frost-bite.

I do not think it took us less than an hour to get a hot meal to our lips: pemmican followed by hot water in which we soaked our biscuits. For lunch we had tea and biscuits: for breakfast, pemmican, biscuits and tea. We could not have managed more food bags – three were bad enough, and the lashings of everything were like wire. The lashing of the tent door, however, was the worst, and it had to be tied tightly, especially if it was blowing. In the early days we took great pains to brush rime from the tent before packing it up, but we were long past that now.

The hoosh got down into our feet: we nursed back frostbites: and we were all the warmer for having got our dry foot-gear on before supper. Then we started to get into our bags.

Birdie's bag fitted him beautifully, though perhaps it would have been a little small with an eider-down inside. He must have had a greater heat supply than other men; for he never had serious trouble with his feet, while ours were constantly frost-bitten: he slept, I should be afraid to say how much, longer than we did, even in these last days: it was a pleasure, lying awake practically all night, to hear his snores. He turned his bag inside out from fur to skin, and skin to fur, many times during the journey, and thus got rid of a lot of moisture which came out as snow or actual knobs of ice. When we did turn our bags the only way was to do so directly we turned out, and even then you had to be quick before the bag froze. Getting out of the tent at night it was quite a race to get back to your bag before it hardened. Of course this was in the lowest temperatures.

We could not burn our bags and we tried putting the lighted primus into them to thaw them out, but this was not very successful. Before this time, when it was very cold, we lighted the primus in the morning while we were still in our bags: and in the evening we kept it going until we were just getting or had got the mouths of our bags levered open. But returning we had no oil for such luxuries, until the last day or two.

איר האָבן מיר אַוועקגעלייגט אויף די זעק מיטן פּרימוס, דאָס בלעכל שפּירט, שוועבעלעך, אאַז"וו; אַנדערע טיילן האָבן מיר געלאָזט, מע זאָל זיי שפּעטער אָנשיטן מיט שניי. האַלטנדיק אַ שטעקן אין יעדער האַנט האָבן מיר דרײַ פֿאַרשפּרייט די יאַמשן איבער דער גאַנצער זאַך. "גוט? אַראָפּ!" מאַכט ביל; האָבן מיר זיי צערטלעך אַראָפּגעלאָזט אויפֿן ווייכן שניי, זיי זאָלן ניט צו טיף אײַנזינקען. דאָס אײַז אינעווייניק אויפֿן אונטערשלאַק פֿונעם געצעלט איז מערסטנס געפֿורעמט געוואָרן דורך דער פּאַרע פֿונעם קאָכער. דאָס האָבן מיר פֿרִיער ניט געקענט אָפּשלאָגן אָדער אָפּשפּענדלען, און איצט, דעם אמת געזאָגט, האָט דאָס אונדז גאָר ניט געאַרט. דאָס קליינע לעפֿטערל אינעם שפּיץ, וואָס זאָל אַרויסלאָזן די אָ פּאַרע, האָבן מיר צוגעבונדן כּדי אײַנצוהאַלטן וואָס מער היץ. דערנאָך אַריבער מיטן דרויסנדיקן צודעק און פֿאַר איינעם פֿון אונדז הייבט זיך אָן די דריטע ערגסטע אַרבעט אין אַ טאָג. די ערגסטע אַרבעט איז געווען דאָס אַרײַנקריכן אין די זעק; די צווייטע אָדער זעלביקע ערגסטע איז געווען ליגן אין זיי זעקס שעה (מיר האָבן דאָס פֿאַרמינערט ביז זעקס); דאָס דאָזיקע דריטע ערגסטע איז געווען ראַנגלען זיך מיטן אָנצינדן דעם פּרימוס און קאָכן אַ מאָלצײַט.

ווי קוכער אויף אַ טאָג האָט מען גענומען דאָס צעבראָכענע מעטאַלענע גערעם, אַלץ וואָס בלײַבט פֿונעם לײַכטער, און קוים מיט צרות אַרײַנגעקראָכן דורך דעם קריינדל וואָס פֿורעמט די טיר. דאָס אַרומגעצאַמטע אָרט אינעווייניק אינעם געצעלט האָט געפֿילט קעלטער ווי אין דער דרויסנדיקער לופֿט; מע האָט געפּרוּווט מיט דרײַ, פֿיר שוועבעלע־קעסטלעך און קיין שוועבעלע וויל זיך ניט אָנרײַבן; כּמעט פֿאַרצווייפֿלט, האָט מען געבעטן, זיי זאָלן דערלאַנגען אַ נײַ קעסטל פֿונעם שליטן, און פֿון דעם געפֿונען אַ שוועבעלע וואָס צינדט זיך אָן ווײַל ס'איז נאָך ניט געווען אין דער וואַרעם, אַזוי צו זאָגן, אינעם געצעלט. דאָס ליכט האָט געהאַנגען אויף אַ דראָט פֿונעם שפּיץ געצעלט. ס'וועט זײַן נודנע צו דערציילן וואָס פֿאַר אַן אַרבעט איז געווען דאָס אָנצינדן דעם פּרימוס, און אויפֿבינדן די רימענס פֿון דעם עסן־זאַק פֿאַר דער וואָך. מסתּמא האָבן די אַנדערע צוויי מענטשן שוין אײַנגעגראָבן דאָס געצעלט, רעכט אַוועקגעשטעלט דאָס וואָס בלײַבט אין דרויסן, אָנגעפֿילט און דערלאַנגט אַרײַן דעם קאָכער, אַוועקגעלייגט דעם טערמאָמעטער אונטערן שליטן, און אַזוי ווײַטער. דערצו זײַנען אַלע מאָל געווען אַ פּאָר פֿאַרדינסטלעך וואָס מע האָט געדאַרפֿט טאָן, נאָר איר מעגט זיך פֿאַרלאָזן, אַז זיי זײַנען אַרײַן וואָס גיכער, ווען זיי האָבן דערהערט דאָס צישען פֿונעם פּרימוס און דערזען דעם גלי פֿונעם ליכט אינעווייניק. בירדי האָט געמאַכט אַ דנאָ פֿאַרן קאָכער פֿון אַ ליידיקן ביסקוויט־בלעכל צו פֿאַרנעמען דעם אָרט פֿונעם טייל וואָס איז אַוועקגעבלאָזן געוואָרן. איז דאָס געווען אין אַלגעמיין געראָטן, נאָר מע האָט עס געדאַרפֿט האַלטן פֿעסט – אויף בילס שלאָפֿזאַק, ווײַל די פּלאַטשיקע פֿאַרפֿרוירענע זעק האָבן באַדעקט דעם גאַנצן דיל. דאָס קאָכן איז איצט געוואָרן אַ לענגערער ענין. איינער האָט אויסגעזעצט דעם ביסקוויט און דער קוכער האָט אַוועקגעשטעלט די ראַציע פּעמיקאַן אינעם אינעווייניקסטן קאָכער, וואָס איז שוין האַלב פֿול מיט וואַסער. אַז מע האָט אַ געלעגנהייט האָט מען אויסגעטאָן דאָס טאָג־ און אָנגעטאָן דאָס נאַכט־שוכוואַרג – פֿעלענע זאָקן

were put on the bags with the primus, methylated spirit can, matches and so forth; others left to be filled with snow later. Taking a pole in each hand we three spread the bamboos over the whole. "All right? Down!" from Bill; and we lowered them gently on to the soft snow, that they might not sink too far. The ice on the inner lining of the tent was formed mostly from the steam of the cooker. This we had been unable to beat or chip off in the past, and we were now, truth to tell, past worrying about it. The little ventilator in the top, made to let out this steam, had been tied up in order to keep in all possible heat. Then over the outer cover, and for one of us the third worst job of the day was to begin. The worst job was to get into our bags: the second or equal worst was to lie in them for six hours (we had brought it down to six): this third worst was to get the primus lighted and a meal on the way.

As cook of the day you took the broken metal framework, all that remained of our candlestick, and got yourself with difficulty into the funnel which formed the door. The enclosed space of the tent seemed much colder than the outside air: you tried three or four match-boxes and no match would strike: almost desperate, you asked for a new box to be given you from the sledge and got a light from this because it had not yet been in the warmth, so called, of the tent. The candle hung by a wire from the cap of the tent. It would be tedious to tell of the times we had getting the primus alight, and the lanyards of the weekly food bag unlashed. Probably by now the other two men have dug in the tent; squared up outside; filled and passed in the cooker; set the thermometer under the sledge and so forth. There were always one or two odd jobs which wanted doing as well: but you may be sure they came in as soon as possible when they heard the primus hissing, and saw the glow of light inside. Birdie made a bottom for the cooker out of an empty biscuit tin to take the place of the part which was blown away. On the whole this was a success, but we had to hold it steady – on Bill's sleeping-bag, for the flat frozen bags spread all over the floor space. Cooking was a longer business now. Someone whacked out the biscuit, and the cook put the ration of pemmican into the inner cooker which was by now half full of water. As opportunity offered we got out of our day, and into our night foot-gear – fleecy

די ווינטער־נסיעה

ווינט, ווײניקסטנס ניט מער ווי דאָס קלענסטע ווינטעלע; דער אָטעם האָט געקנאַקלט בעת ער פֿרירט. ס'איז ניט געווען קיין אומנייטיקער שמועס; איך ווייס ניט ווי אַזוי די צונגען זײַנען קיין מאָל ניט פֿאַרפֿרוירן געוואָרן, נאָר אַלע מײַנע ציין, וואָס זייערע נערוון זײַנען שוין לאַנג דערהרגעט געוואָרן, האָבן זיך שטאַרק צעשפּאַלטן. מיר זײַנען געגאַנגען אפֿשר דרײַ שעה זינט עסן אָנבײַסן.

"וואָס טוט זיך מיט די פֿיס, טשערי?" מאַכט ביל.

"זייער קאַלט."

"נו, גוט; בײַ מיר אויך אַזוי." מיר האָבן זיך ניט מטריח געווען צו פֿרעגן בײַ בירדי: ער האָט קיין מאָל ניט געהאַט קיין אָפּגעפֿרוירענעם פֿוס פֿון אָנהייב ביזן סוף.

שפּעטער מיט אַ האַלבער שעה, בעת מיר מאַרשירן, שטעלט ביל די זעלביקע פֿראַגע. איך זאָג אים, אַז דער גאַנצער חוש איז אַוועק; ביל האָט נאָך אַלץ אַ ביסל געפֿיל אין איין פֿוס אָבער דער צווייטער איז פֿאַרלוירן. האָט ער באַשטימט מיר זאָלן זיך שוין לאַגערן; נאָך אַ גרויליקע נאַכט קומט. מיר האָבן זיך אָנגעהויבן אויסשפּאַנען, בעת ביל, איידער ער טוט עפּעס אַנדערש, טוט אויס די פּעלצענע קוליקלעך פֿון די הענט, זאָרגעוודיק אויספֿורעמענדיק די ווייכע טיילן בעת זיי פֿרירן (געוויינטלעך זײַנען די קוליקלעך ניט צעגאַנגען אויף די הענט), און לייגט זיי אַוועק אויפֿן שניי פֿאַר אים – צוויי שוואַרצע פֿינטלעך. זײַנע געהעריקע פּעלצענע קוליקלעך זײַנען פֿאַרלוירן געגאַנגען ווען דער איגלו־דאַך איז אַוועק; אָט די פּאָר זײַנען געווען די דעליקאַטע הינט־הויט־אונטערשלעק וואָס מיר האָבן געבראַכט דערצו, שיינע זאַכן, אַז מע קוקט זיי אָן, דערטאַפּט זיי ווען זיי זײַנען נײַע, אויסגעצייכנט ווען טרוקן פֿאַרן דרייען די שרויפֿן פֿון אַ טעאָדאָליט[א], נאָר צו דעליקאַט פֿאַר רימענס און פּאַסן. פּונקט איצט ווייס איך ניט וואָס ער וואָלט געקענט טאָן אָן זיי.

אַרבעטנדיק מיט די וואָלענע האַלב־קוליקלעך און קוליקלעך שטענדיק אויף די הענט און איבער זיי די פּעלצענע קוליקלעך ווען ס'איז מיגלעך, האָבן מיר ביסלעכווײַז אויפֿגעמאַכט די שנאָלן און פֿאַרשפּרייט דאָס גרינע קאַנווענע דילטוך אויפֿן שניי. אָט דאָס האָט מען צוגעפּאַסט פֿאַרן ניצן ווי אַ זעגל, נאָר מיר האָבן קיין מאָל ניט געקענט אויפֿשטעלן אַ זעגל אויף אָט דער נסיעה. די לאָפּעטע און די יאַמש־שטעקנס, מיטן אונטערשלאַק, דאָס אַליין אונטערגעשלאָגן מיט אײַז, צוגעבונדן צו זיי, האָט מען אײַנגעפּאַקט אויבן אויף דער לאַסט און מיר האָבן זיי איצט אַוועקגעלייגט אויפֿן שניי ביז מע האָט זיי באַדאַרפֿט. דערנאָך איז דאָס טועכץ געווען אויפֿצוהייבן די דרײַ שלאָפֿזעק און זיי אַוועקצולייגן אויפֿן דילטוך, איינס נאָכן צווייטן; זיי האָבן עס באַדעקט, פֿוישנדיק זיך איבער די זײַטן – די עקשנותדיקע טרונעס זײַנען אונדז געגאַנגען אין לעבן. ... איינער פֿון אונדז וואָלט איצט געדאַרפֿט גיין אין אַ זײַט אָנצוּוואַרעמען די פֿינגער. די קאָכער האָט מען אויפֿגעבונדן פֿונעם אייבערל פֿונעם אינסטרומענט־קאַסטן; עטלעכע טיילן פֿון

[א] "theodolite": אַ מין מעסטונגס־אינסטרומענט.

wind, at any rate no more than light airs: our breath crackled as it froze. There was no unnecessary conversation: I don't know why our tongues never got frozen, but all my teeth, the nerves of which had been killed, split to pieces. We had been going perhaps three hours since lunch.

"How are your feet, Cherry?" from Bill.

"Very cold."

"That's all right; so are mine." We didn't worry to ask Birdie: he never had a frost-bitten foot from start to finish. Half an hour later, as we marched, Bill would ask the same question. I tell him that all feeling has gone: Bill still has some feeling in one of his but the other is lost. He settled we had better camp: another ghastly night ahead.

We started to get out of our harnesses, while Bill, before doing anything else, would take the fur mitts from his hands, carefully shape any soft parts as they froze (generally, however, our mitts did not thaw on our hands), and lay them on the snow in front of him – two dark dots. His proper fur mitts were lost when the igloo roof went: these were the delicate dog-skin linings we had in addition, beautiful things to look at and to feel when new, excellent when dry to turn the screws of a theodolite, but too dainty for straps and lanyards. Just now I don't know what he could have done without them.

Working with our woolen half-mitts and mitts on our hands all the time, and our fur mitts over them when possible, we gradually got the buckles undone, and spread the green canvas floor-cloth on the snow. This was also fitted to be used as a sail, but we never could have rigged a sail on this journey. The shovel and the bamboos, with a lining, itself lined with ice, lashed to them, were packed on the top of the load and were now put on the snow until wanted. Our next job was to lift our three sleeping-bags one by one on to the floor-cloth: they covered it, bulging over the sides – those obstinate coffins which were all our life to us. ... One of us is off by now to nurse his fingers back. The cooker was unlashed from the top of the instrument box; some parts of it

רויט, ביז אַ בלאַסן גרין, און ווײַטער ביז צום טיפֿן בלאָען הימל. ס'איז געווען גאָר דער בולטסטער רויט וואָס איך האָב ווענס געזען אינעם הימל.[א]

ס'איז געווען 49°- די נאַכט און מיר זײַנען פֿרי אונטער וועגנס אין אַ קעלט פֿון 47°-. מיטאָגצײַט האָט זיך טעראָר־שפּיץ העכער אויפֿגעהויבן פֿאַר אונדז, ערעבוס גיך געוואָרן מער פֿאַר די אויגן, און מיר האָבן געהאַט דעם ערשטן העל ליכטיקן טאָג, כאָטש די זון וועט זיך באַווײַזן איבערן האָריזאָנט ערשט אין אַ חודש אַרום. איך קען ניט באַשרײַבן ווי אָט די ליכט האָט אונדז צוגענומען אַ שטיין פֿון האַרצן. מיר זײַנען פֿאַרבײַ דעם שפּיץ מחוץ פֿון אונדזער פֿריִערדיקן מאַרשרוט, און האָבן געזען דאָרט ווו מיר זײַנען געווען שלעכט פֿאַרשנייט דרײַ טעג אויף דער נסיעה אַרויס.

דער מינימום איז געווען 66°- די אַנדערע נאַכט און מיר זײַנען צוריקגעקומען אין דעם ווינטלאָזן ווינקל פֿונעם באַריער, מיט זײַן ווייכן שניי, נידעריקע טעמפּעראַטורן, נעפּלען און טומאַנען, און אָנהאַלטיקע אָפּזעצונגען פֿון די אינעווייניקסטע סקאָרעס. שבת און זונטיק, דעם 29סטן און 30סטן, האָבן מיר זיך געטאָפּטשעט ווײַטער איבער דער וויסטעניש, גאַנץ פֿאַראײַזיקט ווי געוויינטלעך, נאָר דער שלאָס שטיין[ב] איז אַלץ גרעסער געוואָרן. פֿון צײַט צו צײַט האָט אונדז געדאַכט, אַז ס'קומט אַ טומאַן אָדער ווינט, נאָר ס'האָט זיך אַלע מאָל אויסגעלײַטערט. מיר זײַנען שוואַך געוואָרן, ווי שוואַך האָבן מיר געקענט פֿאַרשטיין נאָר איצט, אָבער מיר האָבן געמאַכט גוטע מאַרשן, כאָטש פּאַמעלעכע – טעג ווען מיר זײַנען געגאַנגען 4½, 7¼, 6¾, 6½, 7½ מײַלן. בײַ דער נסיעה אַרויס האָבן מיר אַריבערגעטראָגן, געגאַנגען פֿאָרויס אפֿשר 1½ מײַל אַ טאָג אין דעם אָרט. דער אויבנאויף וואָס פֿאַר אים האָבן מיר געהאַט געציטערט איז ניט געווען אַזוי זאַמדיק צי ווייך ווי פֿריִער, און די אָפּזעצונגען נאָך בולטער. זיי קומען אַרויס ווען אַ סקאָרע פֿאַלט אַראָפּ אונטער די פֿיס. געוויינטלעך נעמט דאָס אַרײַן אַ שטח פֿון אַ יאַרד צוואַנציק אַרום, און דער אויבנאויף פֿאַלט אַראָפּ דורך אַ לופֿט־אָפּשטאַנד פֿון עפּעס אַ צאָל צווײ־דרײַ, מיט אַ ווייכן זיפֿץ, וואָס דאָס אַלץ רופֿט אַרויס ערשט דעם געדאַנק, אַז ס'זײַנען דאָ שפּאַרעס אַרום. אין דעם געגנט ווו מיר גייען איצט זײַנען זיי געווען גאָר בולטער ווי אַנדערש ווו, און אין איינעם אַ טאָג, בעת ביל איז געווען אינעם געצעלט אָנצינדנדיק דעם פּרימוס, האָב איך אַרײַנגעשטעקט דעם פֿוס אין אַ לאָך וואָס איך האָב געהאַט אויסגעגראָבן. דאָס האָט אַרויסגערופֿן אַ גרויסע אָפּזעצונג: שליטן, געצעלט, און מיר אַלע זײַנען אַראָפּגעפֿאַלן אפֿשר אַ פֿוס, און דער קלאַנג דערפֿון האָט געשאַלט אויף מײַלן און מײַלן; מיר האָבן אים אויסגעהערט ביז מיר זײַנען צו קאַלט געוואָרן. ס'האָט געמוזט געדויערן גאַנצע דרײַ מינוט.

אין די הפסקות פֿון מאַרש האָבן מיר זיך אָפּגעשטעלט אין דעם געשפּאַן, די שטריקן פֿון זיי לייגנדיק לויז אינעם שיטיקן שניי. מיר זײַנען געשטאַנען, סאָפּענדיק מיט די רוקנס אָנגעשפּאַרט אין דער באַרגיקער מאַסע פֿאַרפֿרוירן געצײַג וואָס איז אונדזער לאַסט. ס'איז ניט געווען קיין

[א] מײַן אייגן טאָגביכל.

[ב] Castle Rock: זעט די קאַרטע אין פֿיגור 2

red to light green, and so into a deep blue sky. It is the most vivid red I have ever seen in the sky.'[א]

It was -49° in the night and we were away early in -47°. By midday we were rising Terror Point, opening Erebus rapidly, and got the first really light day, though the sun would not appear over the horizon for another month. I cannot describe what a relief the light was to us. We crossed the point outside our former track, and saw inside us the ridges where we had been blizzed for three days on our outward journey,

The minimum was -66° the next night and we were now back in the windless bight of Barrier with its soft snow, low temperatures, fogs and mists, and lingering settlements of the inside crusts. Saturday and Sunday, the 29th and 30th, we plugged on across this waste, iced up as usual but always with Castle Rock getting bigger. Sometimes it looked like fog or wind, but it always cleared away. We were getting weak, how weak we can only realize now, but we got in good marches, though slow – days when we did 4½, 7¼, 6¾, 6½, 7½ miles. On our outward journey we had been relaying and getting forward about 1½ miles a day at this point. The surface which we had dreaded so much was not so sandy or soft as when we had come out, and the settlements were more marked. These are caused by a crust falling under your feet. Generally the area involved is some twenty yards or so round you, and the surface falls through an air space for two or three inches with a soft "crush" which may at first make you think there are crevasses about. In the region where we now travelled they were much more pronounced than elsewhere, and one day, when Bill was inside the tent lighting the primus, I put my foot into a hole that I had dug. This started a big settlement: sledge, tent and all of us dropped about a foot, and the noise of it ran away for miles and miles: we listened to it until we began to get too cold. It must have lasted a full three minutes.

In the pauses of our marching we halted in our harness, the ropes of which lay slack in the powdery snow. We stood panting with our backs against the mountainous mass of frozen gear which was our load. There was no

---

[א] My own diary.

ראַטעווען עמעצן פֿון אַ שפּאַרע, און ס'איז געווען אַ ווונדערלעך שטיקל חריפֿות, ווי דער וואָס האָט דאָס אויסגעטראַכט, אויפֿן מאָמענט, ווי ווײַט איך ווייס, איז געווען אַ פֿאַרפֿרוירענער מענטש, אַליין אַרײַן אין אַ שפּאַרע[א].

פֿאַרנט האָבן מיר געקענט זען נאָך אַ קאָם, און מיר האָבן ניט געוווּסט וויפֿל ליגן נאָך הינטער אים. ס'האָט אויסגעזען גאָר שלעכט. ביל איז געגאַנגען ווײַט פֿאָרויס צוגעבונדן צום אַלפּינשטריק און מיר זײַנען רעכט אַרויס פֿון דער דאָזיקער צרה. דער אופֿן, מיטן פֿאַרגייער אויף אַ לאַנגן שטריק אַפֿריִער, האָבן מיר מסכּים געווען, איז זייער נוציק. פֿון דעם מאָמענט אָן איז אַלץ בעסער געוואָרן און אונדז איז אַלצדינג געגאַנגען גלאַט ביזן סוף. נאָכדעם וואָס מיר זײַנען אָנגעקומען אויפֿן ים־אײַז איז די גאַנצע איבערלעבונג שוין פֿאַרטיק אין עטלעכע טעג אַרום, הײַזקע־שפּיץ האָט זיך תּמיד אָנגעזען, און ס'איז געווען טאָגליכט. מיר האָט אַלע מאָל געפֿילט ווי די גאַנצע ריי געשעענישן האָט זיך גורם געווען דורך אַ ריי אויסערגעוויינטלעכע צופֿאַלן, און נאָך אַ געוויסער סטאַדיע האָבן מיר גאָר ניט געקענט קאָנטראָלירן ווי עס וועט זיך פֿירן. אונטער וועגנס קיין קאַפּ־קראָזיער, ווען די לבֿנה האָט זיך פּלוצעם באַוויזן פֿון הינטער די וואָלקנס און אַנטפּלעקט פֿאַר אונדז אַ גרויסע שפּאַרע וואָס וואָלט אונדז מיטן שליטן גרינג אַראָפּגעשלונגען, האָב איך זיך געפֿילט, אַז נאָך אַזאַ גאולה וועלן מיר ניט אונטערגיין. נאָכדעם וואָס מיר האָבן פֿאַרלוירן דאָס געצעלט און ס'איז געווען אַ סבֿרא, אַז מיר וועלן עס קיין מאָל ניט געפֿינען, בעת מיר ליגן אין די זעק איבערוואַרטנדיק די זאַווערוכע, האָב איך אײַנגעזען, אַז מיר זײַנען פּנים־אל־פּנים מיט אַ לאַנגן קאַמף אַקעגן די קעלט, וואָס מיר וואָלטן דערפֿון ניט געקענט אַרויסקומען מיטן לעבן. איך קען ניט באַשרײַבן ווי אומבאַהאָלפֿן איך האָב געהאַלטן מיר קענען זיך ראַטעווען, און ווי אַזוי מיר זײַנען אַרויס פֿון אַזאַ ריי גאָר שרעקלעכע געשעענישן. ווען מיר האָבן אָנגעהויבן גיין צוריק, האָב איך זיך געפֿילט, אַז ס'וועט בעסער ווערן און דעם טאָג האָב איך געהאַט אַ בולטע השגה, אַז מיר וועלן דורכגיין נאָך איין שלעכטע פּרוּוונג און דערנאָך וועלן מיר קענען האָפֿן, אַז ס'וועט ווערן בעסער.

דורכן גיין לענג־אויס דער דאָלענע זײַנען מיר אַרויס פֿון די דריקקאַמען, געגאַנגען ווײַטער דעם גאַנצן טאָג אַרויף און אַראָפּ און ניט געטראָפֿן קיין שפּאַרעס. באמת מער ניט קיין שפּאַרעס און מער ניט קיין דריק. איך מיין, אַז ס'איז געווען אָט דעם טאָג ווען אַ ווונדערלעכער גלי ציט זיך איבערן באַריער ראַנד פֿון קאַפּ־קראָזיער; אונטן איז דאָס געווען דער שלאָגיקסטער פּאָמס וואָס מע קען זיך פֿאָרשטעלן, צעשטאַפּלענדיק זיך אַרויף דורך די אַלע שאַטירונגען פֿון

[א] זיכער האָט מען דאָס פֿריִער אויסגעטראַכט אָבער ס'איז זיי ניט באַקאַנט.

of getting people out of crevasses, and it was a wonderful piece of presence of mind that it was invented, so far as I know, on the spur of the moment by a frozen man hanging in one himself.

In front of us we could see another ridge, and we did not know how many lay beyond that. Things looked pretty bad. Bill took a long lead on the Alpine rope and we got down our present difficulty all right. This method of the leader being on a long trace in front we all agreed to be very useful. From this moment our luck changed and everything went for us to the end. When we went out on the sea-ice the whole experience was over in a few days, Hut Point was always in sight, and there was daylight. I always had the feeling that the whole series of events had been brought about by an extraordinary run of accidents, and that after a certain stage it was quite beyond our power to guide the course of them. When on the way to Cape Crozier the moon suddenly came out of the cloud to show us a great crevasse which would have taken us all with our sledge without any difficulty, I felt that we were not to go under this trip after such a deliverance. When we had lost our tent and there was a very great balance of probability that we should never find it again, and we were lying out the blizzard in our bags, I saw that we were face to face with a long fight against cold which we could not have survived. I cannot write how helpless I believed we were to help ourselves, and how we were brought out of a very terrible series of experiences. When we started back I had a feeling that things were going to change for the better, and this day I had a distinct idea that we were to have one more bad experience and that after that we could hope for better things.

By running along the hollow we cleared the pressure ridges, and continued all day up and down, but met no crevasses. Indeed, we met no more crevasses and no more pressure. I think it was upon this day that a wonderful glow stretched over the Barrier edge from Cape Crozier: at the base it was the most vivid crimson it is possible to imagine, shading upwards through every shade of

אונדז און דעם באַרג. נאָך אַ ווײַלע האָבן מיר געפּרוּווט אַריבערגיין דעם דאָזיקן קאַם, נאָר מיר האָבן זיך געמוזט צוריקקערן צוליב שפּאַרעס, איך מיט ביל ביידע שטעקנדיק אַרײַן אַ פֿוס. מיר זײַנען ווײַטער געגאַנגען אַ מינוט צוואַנציק און געפֿונען אַ נידעריקן אָרט, זיך געדרייט אים אַרויפֿצוקריכן באַלכסון, און דערגרייכט דעם שפּיץ. פּונקט נאָך דעם שפּיץ איז בירדי גלײַך אַראָפּגעפֿאַלן אין אַ שפּאַרע אַרײַן, וואָס איז בערך ברייט גענוג אים אַראָפּצושלינגען. ער איז געווען דאָרט ווו מע זעט ניט און ניט צו דערגרייכן פֿונעם אויבנאויף, העגנענדיק אין זײַן געשפּאַן. ביל איז געגאַנגען נאָך זײַן געשפּאַן און איך צו דעם פֿאָדערבאָרט פֿונעם שליטן; ביל האָט מיר געזאָגט איך זאָל קריגן דעם אַלפּינשטריק און בירדי האָט אונדז פֿון אונטן געזאָגן וואָס מיר זאָלן טאָן. מיר האָבן אים גאָר ניט געקענט אַרויסציִען ווי ער שטייט און גייט, ווײַל די שפּאַרע־זײַטן זײַנען געווען ווייך און ער האָט ניט געקענט זיך העלפֿן.[א]

"מײַן קאַסקע איז אַזוי פֿאַראײַזיקט געוואָרן," האָט באַוערס געשריבן,

אַז מײַן קאָפּ איז געווען אַרומגעצאַמט אין אַ האַרטער פּײַדע אײַז און איך האָב ניט געקענט אַראָפּקוקן אָן אײַנבייגן דעם גאַנצן קערפּער. דעריבער האָט ביל זיך ספּאָטיקעט מיט איין פֿוס אין אַ שפּאַרע, בין איך אויך אַרײַן מיט ביידע פֿיס [פּונקט ווען איך האָב געשריגן אַ וואָרענונג[ב]], די בריק איז אײַנגעפֿאַלן און אַראָפּ בין איך. צום גליק זײַנען די געשפּאַנען בכּיוון געמאַכט, זיי זאָלן קענען אויסהאַלטן אַזאַ זאַך, און דאָרט בין איך געהאַנגען מיטן תּהום אונטן און די אײַז־געסקאָרעוועטע זײַטן בײַ יעדער האַנט, אַזוי שמאָל, אַז ס'וואָלט געווען גאָר גרינג זי אַריבערצוטרעטן אויב איך האָב נאָר געקענט זען. ביל האָט געזאָגט, "וואָס ווילט איר?" איך האָב געבעטן פֿאַרן אַלפּינשטריק מיט אַ באָלין־קנופּ[ג] פֿאַר מײַן פֿוס. אַרויפֿציִען די באָלין־קנופּ און מײַן געשפּאַן אַ מאָל איבער אַ באָל האָבן זיי מיר אַרויסגעשלעפּט.[ד]

דערווײַל האָב איך פֿון אויבן זיך אַוועקגעלייגט איבער דער שפּאַרע און דערלאַנגט בירדי די באָלין־קנופּ; ער האָט אין איר אַרײַנגעשטעקט דעם פֿוס; דערנאָך האָט ער דעם פֿוס אויפֿגעהויבן, מאַכנדיק לויז דעם שטריק; איך האָב געהאַלטן דעם שטריק בעת ער האָט זיך אויפֿגעהויבן בײַם צווייטן פֿוס, אַזוי אַרום זאָל ביל האָבן עפּעס לויז בײַם געשפּאַן; ביל האָט דעמאָלט געהאַלטן דאָס געשפּאַן, דערלאָזנדיק בירדי אויפֿצוהייבן דעם פֿוס און מיר געבן ווידער עפּעס לויז. מיר האָבן אים אַרויסגעשלעפּט צאָל נאָך צאָל, בעת די פֿינגער זײַנען אָפּגעפֿרוירן געוואָרן, ווײַל די טעמפּעראַטור איז געווען 46°-. שפּעטער האָבן מיר אָפֿט גענוצט דעם אופֿן

[א] מײַן אייגן טאָגביכל

[ב] ווילסאָן

[ג] "bowline": אַ מין קניפּל, גוט באַקאַנט בײַ מאַטראָסן.

[ד] באַוערס

די ווינטער־נסיעה

us and the mountain. After a while we tried to cross this one, but had to turn back for crevasses, both Bill and I putting a leg down. We went on for about twenty minutes and found a lower place, and turned to rise up it diagonally, and reached the top. Just over the top Birdie went right down a crevasse, which was about wide enough to take him. He was out of sight and out of reach from the surface, hanging in his harness. Bill went for his harness, I went for the bow of the sledge: Bill told me to get the Alpine rope and Birdie directed from below what we could do. We could not possibly haul him up as he was, for the sides of the crevasse were soft and he could not help himself.[א]

"My helmet was so frozen up," wrote Bowers,

that my head was encased in a solid block of ice, and I could not look down without inclining my whole body. As a result Bill stumbled one foot into a crevasse and I landed in it with both mine [even as I shouted a warning[ב]], the bridge gave way and down I went. Fortunately our sledge harness is made with a view to resisting this sort of thing, and there I hung with the bottomless pit below and the ice-crusted sides alongside, so narrow that to step over it would have been quite easy had I been able to see it. Bill said, "What do you want?" I asked for an Alpine rope with a bowline for my foot: and taking up first the bowline and then my harness they got me out.[ג]

Meanwhile on the surface I layover the crevasse and gave Birdie the bowline: he put it on his foot: then he raised his foot, giving me some slack: I held the rope while he raised himself on his foot, thus giving Bill some slack on the harness: Bill then held the harness, allowing Birdie to raise his foot and give me some slack again. We got him up inch by inch, our fingers getting bitten, for the temperature was -46°. Afterwards we often used this way

---

[א] My own diary.
[ב] Wilson.
[ג] Bowers.

> זיי זײַנען קען מען ניט פֿאַסקענען. מיר האָבן קיין מאָל ניט געוווּסט צי מיר קומען נאָענט צו אַ שטאָציקן שיפּוע צי אַ לאַנגן שיפּוע פֿון טעראָר, מײַלן ווײַט אַוועק, און מיט דער צײַט זײַנען מיר ווײַטער געגאַנגען מיט די אויערן, און מיט דעם געפֿיל פֿונעם שניי אונטער די פֿיס, וואָרן אי דער קלאַנג אי דער צוריר דערקלערן קלאָר וועגן דער סכּנה פֿון שפּאַלטן אָדער אַ גוטן וועג. מיר זײַנען ווײַטער געגאַנגען אַזוי אינעם פֿינצטערניש, האָפֿנדיק, אַז ווייניקסטנס גייען מיר אין דער ריכטיקער ריכטונג.[א']

דעמאָלט האָבן מיר זיך געלאַגערט, נאָך אַרײַנקומען אין מיטן אַ סך שפּאַרעס, גאָר פֿאַרבלאָנדזשעט. ביל האָט געזאָגט, "יעדן פֿאַל מיין איך, אַז מיר זײַנען ווײַט אַוועק פֿון דעם דריק." נאָר עס זײַנען געקומען די גאַנצע נאַכט דריקקנאַלן, גלײַך ווי עמעצער גיט אַ כמאַל אויף אַ לײדיקן צובער.

ס'איז געווען בירדיס בילדהיטל[ב'] וואָס ברענגט צרות צו מאָרגנס. "וואָס האַלט איר פֿון אָט *דעם* פֿאַר אַ היטל, סער?" האָב איך אים געהערט זאָגן צו סקאָט אַ פּאָר טעג איידער מיר גייען אָפּ, האַלטנדיק עס אין דער האַנט ווי לוציל שטעלט אויס די נײַסטע מאָדע. סקאָט האָט דאָס באַטראַכט שטילערהייט אַ ווײַלע; "איכ'ל אײַך ענטפֿערן ווען איר קומט צוריק, בירדי," האָט ער געזאָגט. ס'איז געווען אַ קאָמפּליצירטער ענין מיט אַלערליי נאָזהיטערס און קנעפּלעך און שטריקלעך; ער האָט געמיינט, אַז ער וואָלט געקענט דאָס אַלץ אַראַנזשירן צוליב דעם ווינט ווי מע אַראַנזשירט די זעגלען אויף אַ שיפֿל. מיר פֿלעגן פֿאַרברענגען אַ לאַנגע צײַט מיט אונדזערע געניי־עטויִען פֿאַר דער אָ נסיעה און פֿאַר אַנדערע, ווײַל יעדער האָט זײַן אייגענעם שטייגער, ווי אַזוי איבערצומאַכן די קליידער דאָס בעסטע. בײַם סוף האָבן עטלעכע אויסגעזען ציכטיק, ווי ביל; אַנדערע בײַטלדיק, ווי סקאָט אָדער דער מאַטראָס עוואַנס; אַנדערע האַרט און טויגעוודיק, ווי אָטס און באַוערס; אַ געציילטע אפֿשר מער גראָב ווי טויגעוודיק, וועל איך קיינעם ניט זידלען. סײַ ווי סײַ איז בירדיס היטל אומפּאַסיק געוואָרן באַלד ווי ס'איז פֿאַרדעקט מיט אײַז.

> ווען ס'האָט זיך אַ ביסל געטאָגט אין דער פֿרי האָבן מיר דערזען, אַז מיר זײַנען אַ ביסל אויף צפֿון פֿון די צוויי שטיקלעך מאָרענע אויף טעראָר. כאָטש מיר האָבן דאָס ניט געוווּסט, זײַנען מיר אויפֿן אָרט וווּ דער דריק שטויסט זיך אָן אין טעראָר, האָבן מיר שווער געקענט זען, אַז מיר זײַנען פּונקט אַנטקעגן עפּעס. מיר האָבן אָנגעהויבן פּרוּוון אַרויסקומען, נאָר באַלד האָט זיך אַ ריזיקער קאַם אויפֿגעהויבן ווי אַ גרויס בערגל אויף רעכטס, פֿאַרשטעלנדיק די מאָרענע און אַ העלפֿט פֿון טעראָר. ביל האָט געזאָגט, אַז די איינציקע עצה איז צו גיין ווײַטער פֿאָרויס, האָפֿנדיק אַז ס'וועט זיך אַראָפּלאָזן; שטענדיק איז אָבער געווען אַ שלעכט געפֿיל, אַז אפֿשר וועלן קומען אַבי וויפֿל קאַמען צווישן

[א'] ווילסאָן אין *סקאָטס לעצטע עקספּעדיציע*, ב. ii, ז. 58.

[ב'] "picture hat": אַ מין פֿרויענהיטל, מיט אַ ברייטן ראַנד, געוויינטלעך שוואַרץ, מיט שטרויס־פֿעדערן. דאָ איז דאָס איראָניש געמיינט.

was impossible to judge. We never knew whether we were approaching a steep slope at close quarters or a long slope of Terror, miles away, and eventually we travelled on by the ear, and by the feel of the snow under our feet, for both the sound and the touch told one much of the chances of crevasses or of safe going. We continued thus in the dark in the hope that we were at any rate in the right direction.[א]

And then we camped after getting into a bunch of crevasses, completely lost. Bill said, "At any rate I think we are well clear of the pressure." But there were pressure pops all night, as though someone was whacking an empty tub.

It was Birdie's picture hat which made the trouble next day. "What do you think of *that* for a hat, sir?" I heard him say to Scott a few days before we started, holding it out much as Lucille displays her latest Paris model. Scott looked at it quietly for a time: "I'll tell you when you come back, Birdie," he said. It was a complicated affair with all kinds of nose-guards and buttons and lanyards: he thought he was going to set it to suit the wind much as he would set the sails of a ship. We spent a long time with our housewifes before this and other trips, for everybody has their own ideas as to how to alter their clothing for the best. When finished some looked neat, like Bill: others baggy, like Scott or Seaman Evans: others rough and ready, like Oates and Bowers: a few perhaps more rough than ready, and I will not mention names. Anyway Birdie's hat became improper immediately it was well iced up.

When we got a little light in the morning we found we were a little north of the two patches of moraine on Terror. Though we did not know it, we were on the point where the pressure runs up against Terror, and we could dimly see that we were right up against something. We started to try and clear it, but soon had an enormous ridge, blotting out the moraine and half Terror, rising like a great hill on our right. Bill said the only thing was to go right on and hope it would lower; all the time, however, there was a bad feeling that we might be putting any number of ridges between

---

[א] Wilson in *Scott's Last Expedition*, vol. ii, p. 58.

אײַנשלאָפֿן מיט זײַן שיסל אין דער האַנט, געלאָזט דאָס אַראָפּפֿאַלן און אַ מאָל האָט ער געהאַלטן דעם פּרימוס.

בילס זאַק איז ווערט פֿאַרפֿאַלן; ס'איז געווען באמת צו קליין פֿאַרן גאַנגאַפּוך און צעשפּאַלט זיך אומעטום: גרויסע לאַנגע לעכער. ער האָט קיין מאָל ניט וויסיק געשלאָפֿן שוין נעכט; ער האָט טאַקע אַ ביסל געשלאָפֿן, ווײַל מיר האָבן אים געהערט. אַחוץ דער דאָזיקער נאַכט און דער קומעדיקער, ווען בירדיס גאַנגאַפּוך איז נאָך אַלץ היפּש טרוקן, האָב איך קיין מאָל ניט וויסיק געשלאָפֿן; אַחוץ דעם, וואָס איך פֿלעג זיך אויפֿכאַפּן פֿינף אָדער זעקס נעכט אין אַ ריי מיטן זעלביקן קאָשמאַר – מיר ווערן גאַנץ פֿאַרזאַווייעוועט און ביל און בירדי שטעקן אַרײַן דאָס געצײַג אין מײַן זאַק, אויפֿשנײַדן אים כּדי דאָס צו טאָן, אָדער עפּעס אַזוינס – איך האָב ניט געוווּסט, צי איך האָב געשלאָפֿן צי ניט[א].

"מיר זײַנען קוים אָנגעקומען בײַם גרוב," האָט באַוערס געשריבן,

ווען ס'האָט זיך ווידער אָנגעהויבן אַ צאָרנדיקער ווינט און מיר האָבן זיך געמוזט לאַגערן. די גאַנצע נאַכט האָט דאָס געצעלט זיך געשלאָגן מיט אַ קלאַנג ווי ביקס־שיסערײַ, צוליב די צוויי פֿלאָקנס וואָס זיי זײַנען צעבראָכן געוואָרן בײַם עק און פּאַסן מער ניט. מיר האָט זיך געדאַכט, אַז ס'וועט זיך אין גאַנצן צעשטיקלען און איך האָב עס געפּרוווט צובינדן וואָס פֿעסטער, צופֿעסטיקן דעם שפּיץ צו אַ שנור אַרום מײַן אייגענעם שלאָפֿזאַק. דער ווינט האָט זיך אײַנגעשטילט נאָך אָנדערטהאַלבן טעג, האָבן מיר זיך געלאָזט אין וועג אַרײַן, גייענדיק אַ מײַל פֿינף־זעקס איידער מיר זײַנען געקומען אין מיטן שפּאַלטן.[ב]

מיר האָבן זיך געטאָפּטשעט פֿאָרויס דעם גאַנצן טאָג (דעם 26סטן יולי) אין שרעקלעכער ליכט, פֿאַרבלאָנדזשעט צווישן דריק און אויף די שיפּועים פֿון טעראָר. די טעמפּעראַטור איז אַראָפּגעפֿאַלן פֿון °21- ביז °45-.

עטלעכע מאָל זײַנען [מיר] אַרײַנגעטראָטן אין פֿויל־געדעקטע שפּאַלטן בײַ גלאַטן ווינט־געקערטן אײַז. פֿונדעסטוועגן האָבן מיר זיך ווײַטער געצויגן, טאָפּנדיק דעם וועג דורכן האַלטן תּמיד אַוועק פֿון די האַרטע אײַז־שיפּועים און בלײַבן אויפֿן געסקאָרעוועטן טיפֿן שניי, וואָס כאַראַקטעריזירט די טאָלן צווישן די דריקקאַמען, וואָס אין זיי, האָב איך געמיינט, זײַנען מיר נאָך אַ מאָל פֿאַרפּלאָנטערט אין דעם פֿינצטערניש. מיר האָבן ניט געהאַט קיין ליכט, קיין אָריענטירן אונדז צו פֿירן, אַחוץ נעפּלדיקע און אומקלאָרע סילועטן פֿון די שיפּועים פֿאָרויס, וואָס בײַטן זיך כּסדר, און וואָס זיי זײַנען און ווי ווײַט אַוועק

[א] מײַן אייגן טאָגביכל
[ב] באַוערס

די ווינטער־נסיעה

to fall asleep with his pannikin in his hand and let it fall: and sometimes he had the primus.

Bill's bag was getting hopeless: it was really too small for an eider-down and was splitting all over the place: great long holes. He never consciously slept for nights: he did sleep a bit, for we heard him. Except for this night, and the next when Birdie's eider-down was still fairly dry, I never consciously slept; except that I used to wake for five or six nights running with the same nightmare – that we were drifted up, and that Bill and Birdie were passing the gear into my bag, cutting it open to do so, or some other variation, – I did not know that I had been asleep at all.[א]

"We had hardly reached the pit," wrote Bowers,

when a furious wind came on again and we had to camp. All that night the tent flapped like the noise of musketry, owing to two poles having been broken at the ends and the fit spoilt. I thought it would end matters by going altogether and lashed it down as much as I could, attaching the apex to a line round my own bag. The wind abated after 1½ days and we set out, doing five or six miles before we found ourselves among crevasses.[ב]

We had plugged ahead all that day (26 July) in a terrible light, blundering in among pressure and up on to the slopes of Terror. The temperature dropped from -21° to -45°.

Several times [we] stepped into rotten-lidded crevasses in smooth wind-swept ice. We continued, however, feeling our way along by keeping always off hard ice-slopes and on the crustier deeper snow which characterizes the hollows of the pressure ridges, which I believed we had once more fouled in the dark. We had no light, and no landmarks to guide us, except vague and indistinct silhouetted slopes ahead, which were always altering and whose distance and character it

---

[א] My own diary.
[ב] Bowers.

ווען מיר האָבן זיך אויפֿגעכאַפּט, אַזוי באַלד ווי מיגלעך, ווי יעדע נאַכט, וואָרן די זעק זײַנען כּמעט אוממיגלעך, האָט געבלאָזן גאַנץ שטאַרק און אויסגעזען ווי זאַווערוכעוודיק. מיר האָבן געהאַט אַ סך צו טאָן, אַ שעה צוויי־דרײַ אַרבעט, אײַנפּאַקן די שליטנס און מאַכן אַ מאַגאַזין מיט אַלץ וואָס מיר האָבן ניט געוואָלט מיטנעמען, אין אַ ווינקל פֿון דעם איגלו. מיר האָבן איבערגעלאָזט דעם צווייטן שליטן און אַ צעטל צוגעבונדן צום הענטל פֿון דער קירקע.

> מיר האָבן זיך געלאָזט אין וועג שיפּוע־אַראָפּ אין אַ ווינט וואָס פֿאַרשטאַרקט זיך כּסדר און 15°-. מײַן טועכץ איז געווען צו באַלאַנסירן דעם שליטן פֿון הינטן; איך בין אַזוי פֿולשטענדיק אויסגעמאַטערט געווען, אַז איך האָב געמיינט, איך וואָלט ניט געקענט שלעפּן ווירקעוודיק. בירדי איז געווען ווײַט דער קראַפֿטיקסטער צווישן אונדז. צוליב דעם אָנשטרענג און דעם פֿעלן פֿון שלאָף בין איך געפֿאַלן פֿון די פֿיס, און ביל האָט אויסגעזען זייער שלעכט. אונטן האָבן מיר זיך געדרייט מיטן פּנים צו דער באַריער און מיטן רוקן צו די פּענגווינען, נאָר נאָך אפֿשר אַ מײַל האָט עס אויסגעזען אַזוי דראָענדיק אויף דרום, אַז מיר האָבן זיך געלאַגערט אין אַ שטאַרקן ווינט, די הענט פֿרירנדיק איינע נאָך דער אַנדערער. מיר האָבן גאָרנישט ניט געהאַט אַחוץ די האַרטסטע ווינט־געקערטע סאַסטרוגי, און ס'איז געווען אַ לאַנגער צימעס; ס'איז דאָרט געווען נאָר דאָס קלענסטע שטיקל זאַווײַ, און מיר האָבן מורא געהאַט, אַז די אײַזיקע שנייפֿײַדעס וועלן אָנרײַבן דאָס געצעלט. בירדי האָט צוגעבונדן דאָס פֿולע ביסקוויטן־בלעכל צו דער טיר, ער זאָל ניט פֿאָכען, און אויך גענומען דאָס וואָס ער רופֿט דעם געצעלט־אַראָפּציִער[א] פֿונעם מיצל און אים צוגעבונדן צו זיך אַרום דעם זאַק: אויב דאָס געצעלט גייט אַוועק, גייט ער מיט.
>
> איך האָב זיך געפֿילט נאָענט צו אײַנבראָך, און איך האָב אָנגענומען בירדיס גאַגאַפּוך.
>
> דאָס איז געווען גאָר מוסר־נפֿשדיק פֿון אים, מער ווי איך קען באַשרײַבן. איך האָב זיך גאָר געפֿילט ווי אַ בעסטיע, וואָס איך האָב דאָס גענומען, אָבער איך בין געוואָרן אָן אַ נוץ סײַדן איך קען שלאָפֿן אַ ביסל, וואָס מײַן גרויסער זאַק דערלאָזט ניט. ביל און בירדי האָבן געהאַלטן אין איין זאָגן, אַז איך זאָל וויייניקער טאָן, אַז איך טו מער ווי מײַן חלק פֿון דער אַרבעט; נאָר מיר דאַכט זיך, אַז איך בין געוואָרן אַלץ שוואַכער און שוואַכער. בירדי איז געבליבן גאָר אַ גבֿר; ער האָט געשלאָפֿן ס'רובֿ נאַכט; פֿאַר אים איז די צרה געווען אַרײַנצוקריכן אין זײַן זאַק אָן אײַנשלאָפֿן. ער האָט געפֿירט די וועטער־לאָגהעפֿט אומפֿאַרמאַטערלעך, נאָר עטלעכע נעכט איז דאָס דורכגעפֿאַלן צײַטנווײַז, ווײַל ער האָט ניט געקענט בלײַבן וואַך. ער פֿלעגט

[א] "tent downhaul": דאָס "אַראָפּציִער" איז אַ קאַלקע פֿאַר דעם ים־טערמין, דאָ אָנגעווענדט אויף געצעלטן.

די ווינטער־נסיעה

When we got up, as soon as we could, as we did every night, for our bags were nearly impossible, it was blowing fairly hard and looked like blizzing. We had a lot to do, two or three hours' work, packing sledges and making a depot of what we did not want, in a corner of the igloo. We left the second sledge, and a note tied to the handle of the pickaxe.

We started down the slope in a wind which was rising all the time and -15°. My job was to balance the sledge behind: was so utterly done I don't believe I could have pulled effectively. Birdie was much the strongest of us. The strain and want of sleep was getting me in the neck, and Bill looked very bad. At the bottom we turned our faces to the Barrier, our backs to the penguins, but after doing about a mile it looked so threatening in the south that we camped in a big wind, our hands going one after the other. We had nothing but the hardest wind-swept sastrugi, and it was a long business: there was only the smallest amount of drift, and we were afraid the icy snow blocks would chafe the tent. Birdie lashed the full biscuit tin to the door to prevent its flapping, and also got what he called the tent downhaul round the cap and then tied it about himself outside his bag: if the tent went he was going too.

I was feeling as if I should crack, and accepted Birdie's eiderdown.

It was wonderfully self-sacrificing of him: more than I can write. I felt a brute to take it, but I was getting useless unless I got some sleep which my big bag would not allow. Bill and Birdie kept on telling me to do less: that I was doing more than my share of the work: but I think that I was getting more and more weak. Birdie kept wonderfully strong: he slept most of the night: the difficulty for him was to get into his bag without going to sleep. He kept the meteorological log untiringly, but some of these nights he had to give it up for the time because he could not keep awake. He used

ווי בירדי האָט זיך געפֿילט, אָבער איך האָב זיך געפֿילט אַזוי שוואַך, אַז דאָס איז געווען די מאַטערדיקסטע אַרבעט. ס'האָט אויסגעזען, אַז די זאַווערוכע קומט פּונקט אויף אונדז.

מיר האָבן געגעסן נאָך אַ מאָלצײַט, און מיר האָבן אים באַדאַרפֿט; און בעת דער גוטער הוש לויפֿט אַראָפּ אין די פּיס און הענט און אַרויף אין די באַקן און אויערן און מוחות, האָבן מיר אַרומגערעדט וואָס ווײַטער צו טאָן. בירדי איז געווען אַ בעלן נאָך אַ פּרווו צו טאָן בײַ די קייסער־פּענגווינען. טײַערער בירדי! ער וואָלט קיין מאָל ניט צוגעגעבן, אַז ער איז צעשלאָגן געוואָרן – איך ווייס ניט צי ער איז טאַקע ווען עס איז אַזוי געווען! "איך מיין, אַז ער (ווילסאָן) האָט זיך געפֿילט, אַז ער האָט אונדז געבראַכט אין אַ שלעכטן ווינקל און באַשטימט בײַ זיך צוריקצוקערן גראָד אַהיים, כאָטש איך בין גרייט אויף אַ צווייטן פּרווו בײַם נעסט־שטח. פֿונדעסטוועגן האָב איך זיך געשטעלט אונטער זײַן באַפֿעל פֿרײַוויליק פֿאַר דער דאָזיקער נסיעה, און דערפֿאַר האָבן מיר זיך געלאָזט אין וועג אַהיים אויף מאָרגן."[א] באמת האָט ניט געקענט זײַן קיין שום שׂכלדיקער ספֿק: מיר מוזן צוריקקערן, און מיר זײַנען שוין געווען זייער מסופּק, צי מיר וועלן קענען אַ מאָל אַרײַנקריכן אין די שלאָפֿזעק אין זייער נידעריקע טעמפּעראַטורן, אַזוי גרויליק זײַנען זיי געוואָרן.

איך ווייס ניט ווען דאָס איז געשען, נאָר איך געדענק דאָס אַראָפּגיין דעם שיפּוע אַראָפּ – איך ווייס ניט פֿאַר וואָס, אפֿשר אַ פּרווו צו טאָן געפֿינען דעם גרונט פֿונעם קאָכער – און טראַכטן, אַז ס'איז פֿאַראַן גאָרנישט אויף דער גאָרער וועלט וואָס אַ מענטש אין אַזאַ מצבֿ וואָלט ניט אָפּגעגעבן אויף אַ גוטן וואַרעמען שלאָף. ער וואָלט אָפּגעגעבן דאָס גאַנצע פֿאַרמעגן; ער וואָלט אָפּגעגעבן – וויפֿל? – יאָרן פֿון זײַן לעבן. איינס, צוויי, וויניקסטנס – אפֿשר פֿינף? יאָ – איך וואָלט אָפּגעגעבן פֿינף. איך געדענק די סאַסטרוגי[ב], דעם אויסבליק אויף דעם קויפּ, דעם אומקלאָרן נעפּלדיקן שוואַרצן שמיר פֿונעם ים העט ווײַט אונטן; די קליינע שטיקלעך גרינע קאַנווע וואָס פֿלאַטערן אינעם ווינט אויף דער שניי־אייבערפֿלאַך; דאָס קאַלטע לײַדן פֿון דאָס אַלץ; און די שוואַכקייט וואָס בײַסט מיר אין האַרצן.

עטלעכע טעג האָט בירדי מיר צוגערעדט, איך זאָל ניצן זײַן גאַגאַפּוך־אונטערשלאַק – זײַן שיינער טרוקענער זאַק פֿונעם פֿײַנסטן פּוך – וואָס ער האָט דאָס קיין מאָל ניט אַרײַנגערוקט אין זײַן אייגענעם פעלצזעק. איך האָב זיך געהאַט אָפּגעזאָגט דערפֿון; איך וואָלט זיך געפֿילט ווי אַ בעסטיע דאָס צוצונעמען.

מיר האָבן אײַנגעפּאַקט דעם טאַנק, זיך אָנגעגרייט פֿאַרן צוריקקער אין דער פֿרי און זיך געלייגט שלאָפֿן, גאָר אויסגעמאַטערט. ס'איז געווען נאָר °12- די נאַכט, נאָר דער גראָבער פֿינגער פֿונעם לינקן פֿוס איז מיר אָפּגעפֿרוירן געוואָרן אינעם זאַק, וואָס איך האָב אים געפּרוווט ניצן אָן דעם גאַגאַפּוכענעם אונטערשלאַק, און דער זאַק איז מיר תּמיד געווען צו גרויס. ס'האָט געדאַרפֿט געדויערן עטלעכע שעה אים צוריקצוברענגען, דורכן שלאָגן איין פֿוס אינעם צווייטן.

[א] באַוערס

[ב] sastrugus, -i: (פֿון רוסיש) אוזאָרן פֿון כוואַליעס געפֿורעמט דורכן ווינט אויפֿן האַרט געפּאַקטע שניי.

how Birdie was feeling, but I felt so weak that it was the greatest labour. The blizzard looked right on top of us.

We had another meal, and we wanted it: and as the good hoosh ran down into our feet and hands, and up into our cheeks and ears and brains, we discussed what we would do next. Birdie was all for another go at the Emperor penguins. Dear Birdie, he never would admit that he was beaten - I don't know that he ever really was! "I think he (Wilson) thought he had landed us in a bad corner and was determined to go straight home, though I was for one other tap at the Rookery. However, I had placed myself under his orders for this trip voluntarily, and so we started the next day for home."[א] There could really be no common-sense doubt: we had to go back, and we were already very doubtful whether we should ever manage to get into our sleeping-bags in very low temperature, so ghastly had they become.

I don't know when it was, but I remember walking down that slope – I don't know why, perhaps to try and find the bottom of the cooker – and thinking that there was nothing on earth that a man under such circumstances would not give for a good warm sleep. He would give everything he possessed: he would give – how many – years of his life. One or two at any rate – perhaps five? Yes – I would give five. I remember the sastrugi, the view of the Knoll, the dim hazy black smudge of the sea far away below: the tiny bits of green canvas that twittered in the wind on the surface of the snow: the cold misery of it all, and the weakness which was biting into my heart.

For days Birdie had been urging me to use his eider-down lining – his beautiful dry bag of the finest down – which he had never slipped into his own fur bag. I had refused: I felt that I should be a beast to take it.

We packed the tank ready for a start back in the morning and turned in, utterly worn out. It was only -12° that night, but my left big-toe was frost-bitten in my bag which I was trying to use without an eider-down lining, and my bag was always too big for me. It must have taken several hours to get it back, by beating one foot against the other.

[א] Bowers.

דער הימל אויף דרום איז געווען וואָס שוואַרצער און בייזער. ס'האָט אויסגעזען ווי די זאַווערוכע וועט בײַ אונדז ווידער אָנקומען אין אַ רגע.

איך בין נאָך ביל נאָכגעגאַנגען שיפּוע־אַראָפּ. מיר האָבן גאָרנישט ניט געקענט געפֿינען. נאָר בײַם זוכן האָבן מיר דערהערט אַ געשריי אין ערגעץ אונטן און אויף רעכטס. מיר זײַנען געקומען אויף אַ שיפּוע, אַראָפּגעפֿאַלן, און אָנגעהויבן זיך אַראָפּצוגליטשן, גאָר ניט אָפּצושטעלן, און האָבן זיך אָנגעשטויסן אין בירדי מיט דעם געצעלט, דער אויסנווייניקסטער שיכט נאָך אַלץ אויף די יאַמש־שטעקנס. מע האָט בײַ אונדז צוגענומען דאָס לעבן און אים צוריקגעגעבן.

מיר זײַנען געווען אַזוי דאַנקבאַר, אַז מיר האָבן ניט געזאָגט קיין איינציק וואָרט.

ס'האָט געמוזט זײַן, אַז דאָס געצעלט ווערט געכאַפּט אין דער לופֿטן, זיך פֿאַרמאַכט בעת עס פֿליט אַרויף. די יאַמש־שטעקנס, מיט דעם אינעווייניקסטן שיכט צוגעבונדן צו זיי, האָבן זיך פֿאַרוויקלט אין דער אויסנווייניקסטער דעקונג, און דאָס אַלץ האָט זיך אויפֿגעהויבן ווי אַ פֿאַרמאַכטער שירעם. דאָס איז געווען אונדזער גאולה. אויב ס'האָט זיך געעפֿנט אין דער לופֿטן, וואָלט עס דווקא צעשטערט געוואָרן. ווי ס'איז געווען, מיט די מאַסע צוגעפֿרוירן אײַז אויף אים, האָט עס געדאַרפֿט וואָגן כּמעט 100 פֿונטן. ס'האָט זיך אַראָפּגעלאָזט ווײַט עפּעס אַ האַלבע מײַל, צופֿוסנס פֿון אַ שטאָציקן שיפּוע; און ס'איז אַראָפּ אין אַ דאָלענע, נאָך אַלץ פֿאַרמאַכט. דער הויפּט־כּוח פֿונעם ווינט האָט איבער אים געבלאָזן, און אָט איז עס געווען, מיט די יאַמש־שטעקנס און פֿאַרפֿעסטיקונגען פֿאַרקרימט און אָנגעשטרענגט, מיט צעבראָכענע עקן בײַ צוויי שטעקנס, נאָר מיט ניט־געריסענעם זײַדנס.

אויב דאָס געצעלט זאָל ווידער אַנטלויפֿן, וועלן מיר מיט אים מיטגיין. מיר זײַנען אַרויפֿגעגאַנגען צוריק שיפּוע־אַרויף מיט אים, טראָגנדיק עס פֿײַערלעך און מיט אָפּשײַ, ווי מיט אַן אַנטיק, ווי מיט עפּעס ניט אין גאַנצן פֿון דער אָ וועלט. און מיר האָבן עס אַרײַנגעגראָבן ווי קיין געצעלט פֿריִער איז ניט אַרײַנגעגראָבן געוואָרן; ניט לעבן דעם איגלו, נאָר אויפֿן אַלטן אָרט ווײַטער אַראָפּ, ווו מיר זײַנען געהאַט צו ערשט אָנגעקומען. און בעת ביל האָט דאָס געטאָן, זײַנען איך מיט בירדי צוריק אין דעם איגלו, גראָבן, קראַצן, און אַוועקשאַרן די זאַווייי אינעווייניק ביז מיר האָבן געפֿונען כּמעט דאָס גאַנצע געצײַג. ס'איז געווען אַ וווּנדער, וואָס מיר האָבן אַזוי ווייניק פֿאַרלוירן ווען דער דאַך איז אַוועק. ס'רובֿ געצײַג האָבן מיר געהאַט געהאַנגען אויפֿן שליטן וואָס איז אַ טייל פֿונעם דאַך, אָדער אָנגעפּאַקט אין די לעכער פֿון דער כאַלופּע כּדי צו פּרוּוון מאַכן זי שניי־באַוואָרנט, און די אַלע זאַכן האָבן געדאַרפֿט אַרײַנגעבלאָזן געוואָרן אויפֿן גרונט פֿון דער כאַלופּע דורכן ווינט פֿון דרום און דעם צוריק־געדריי פֿון צפֿון. דערנאָך זײַנען זיי אַלע פֿאַרשאָטן געוואָרן מיט שניי. פֿאַרשטייט זיך, אַז אַ געצײַלטע קוליקלעך און זאַכן זײַנען אַוועקגעבלאָזן געוואָרן און פֿאַרלוירן, נאָר די איינציקע וויכטיקע זאַך איז געווען בילס פּעלצענע קוליקלעך, וואָס מע האָט זיי אָנגעשטאָפּט אין אַ לאָך צווישן די שטיינער פֿון דער כאַלופּע. מיר האָבן אָנגעלאָדן דעם שליטן און אים אַראָפּגעשטופּט שיפּוע־אַראָפּ. איך ווייס ניט

The sky to the south was as black and sinister as it could possibly be. It looked as though the blizzard would be on us again in a moment.

I followed Bill down the slope. We could find nothing. But, as we searched, we heard a shout somewhere below and to the right. We got on a slope, slipped, and went sliding down quite unable to stop ourselves, and came upon Birdie with the tent, the outer lining still on the bamboos. Our lives had been taken away and given back to us.

We were so thankful we said nothing.

The tent must have been gripped up into the air, shutting as it rose. The bamboos, with the inner lining lashed to them, had entangled the outer cover, and the whole went up together like a shut umbrella. This was our salvation. If it had opened in the air nothing could have prevented its destruction. As it was, with all the accumulated ice upon it, it must have weighed the best part of 100 lbs. It had been dropped about half a mile away, at the bottom of a steep slope: and it fell in a hollow, still shut up. The main force of the wind had passed over it, and there it was, with the bamboos and fastenings wrenched and strained, and the ends of two of the poles broken, but the silk untorn.

If that tent went again we were going with it. We made our way back up the slope with it, carrying it solemnly and reverently, precious as though it were something not quite of the earth. And we dug it in as tent was never dug in before; not by the igloo, but in the old place farther down where we had first arrived. And while Bill was doing this Birdie and I went back to the igloo and dug and scratched and shook away the drift inside until we had found nearly all our gear. It is wonderful how little we lost when the roof went. Most of our gear was hung on the sledge, which was part of the roof, or was packed into the holes of the hut to try and make it drift-proof, and the things must have been blown inwards into the bottom of the hut by the wind from the south and the back draught from the north. Then they were all drifted up. Of course a certain number of mitts and socks were blown away and lost, but the only important things were Bill's fur mitts; which were stuffed into a hole in the rocks of the hut. We loaded up the sledge and pushed it down the slope. I don't know

געהערט, ניט געפּילט, ניט געזען אַ ווינט ווי דער. איך האָב זיך געוווּנדערט ווי אַזוי ס'האָט ניט אַוועקגעטראָגן די וועלט.

פֿרי פֿאַרטאָג מאָנטיק איז געקומען פֿון צײַט צו צײַט אַ ווונק אײַנשטיל. געווײַנטלעך אין אַ גרויסער ווינטער־זאַווערוכע, נאָך עטלעכע טעג און נעכט מיט אַזאַ בהלה אין די אויערן, זײַנען די אײַנשטילן ערגער ווי דער טומל: "דאָס געפּיל פֿון ניט־פֿילן"[א]. דאָס מאָל געדענק איך ניט דאָס באַמערקן. זיבן אָדער אַכט שעה זײַנען פֿאַרבײַ, און כאָטש עס בלאָזט נאָך אַלץ האָבן מיר זיך גרינגער געקענט הערן איינער דעם אַנדערן. שוין צוויי טעג און צוויי נעכט אָן שום מאָלצײַט.

מיר האָבן באַשלאָסן אַרויסצוקריכן פֿון די זעק און גיין זוכן דאָס געצעלט. אַזוי האָבן מיר געטאָן, ביטער קאַלט און גאָר אויף צרות, כאָטש איך מיין, אַז קיינער האָט דאָס ניט באַוויזן. אינעם פֿינצטערניש האָבן מיר געקענט זען זייער ווייניק, און קיין שום שפּור פֿונעם געצעלט. מיר זײַנען צוריק מיטן ווינט אין פּנים, זיך פֿאַרזאָרגנדיק מיט די פּנימער און הענט, און האָבן אָפּגעמאַכט, אַז מיר דאַרפֿן פּרווון עפּעס קאָכן ווי ניט איז. מיר האָבן זיך געבריהט דעם משונהדיקסטן מאָלצײַט וואָס מע האָט אַ מאָל געגעסן אויף צפֿון צי אויף דרום. מיר האָבן אײַנגעשפּאַרט דאָס דילטוך אונטער די זעק, אַרײַנגעקראָכן אין די זעק, און איבערגעצויגן דאָס דילטוך איבער די קעפּ. צווישן אונדז האָבן מיר ווי ניט איז אָנגעצונדן דעם פּרימוס און מיט דער האַנט באַלאַנסירט אויף אים דעם קאָכער, אָן די צוויי אַוועקגעבלאָזענע שטיקלעך. דער פֿלאַם האָט געצאַנקט אין די צונג. גאָר פּאַמעלעך איז דער שניי אינעם קאָכער צעגאַנגען, האָבן מיר אַרײַנגעוואָרפֿן אַ היפּשע מאָסע פּעמיקאַן, און דער ריח דערפֿון איז געווען בעסער ווי אַבי וואָס אויף דער וועלט. מיט דער צײַט האָבן מיר געהאַט אי טיי אי פּעמיקאַן, וואָס איז פֿול מיט האָר פֿון די זעק, פּענגווינען־פֿעדערן, שמוץ, און רים, נאָר מלא־טעם. דער טראָן וואָס איז געבליבן אינעם קאָכער איז פֿאַרברענט געוואָרן און האָט דער טיי געגעבן אַ פֿאַרברענטן טעם. מיר האָבן דעם מאָלצײַט קיין מאָל ניט פֿאַרגעסן; איך האָב זיך מחיה געווען מיט אָט דעם מאָלצײַט אויף וויפֿל מע קען מיט אַזאַ מאָלצײַט, און דער פֿאַרברענטער טעם וועט אים שטענדיק צוריקשטעלן אין געדאַנק.

ס'איז געווען נאָך אַלץ פֿינצטער און מיר האָבן זיך ווידער אַנידערגעלייגט אין די זעק, נאָר באַלד האָט זיך באַוויזן אַ קליינער גלי ליכט, און מיר זײַנען אַרויס נאָך אַ מאָל אַ זוך צו טאָן נאָכן געצעלט. בירדי איז אַוועק איידער ביל און איך. אומבאַהאָלפֿן האָב איך אַרויסגעצויגן מיט זיך דעם גאַגאַפּוך[ב] פֿונעם זאַק אויף די פֿיס, גאָר דורכגעווייקט; ס'איז געווען אוממיגלעך דאָס ווידער אַרײַנצושטעקן און איך האָב עס געלאָזט פֿרירן; ס'איז באַלד פּונקט ווי אַ שטיין געוואָרן.

[א] קיטס [Keats: “the feel of not to feel it”].

[ב] "eider-down": לויט הירש פערלאָוון איז דער מין קאַטשקע "די גאַגאַ (ס)". אַזאַ שלאָפֿזאַק האָט צוויי טיילן: אינעווייניק איז אַ זאַק פֿון פּוך, אויסנווייניק — קאַריבו (רעניפֿער) פֿעל. נאַסער פּוך וואַרעמט גאָר ניט.

heard or felt or seen a wind like this. I wondered why it did not carry away the earth.

In the early hours of Monday there was an occasional hint of a lull. Ordinarily in a big winter blizzard, when you have lived for several days and nights with that turmoil in your ears, the lulls are more trying than the noise: "the feel of not to feel it".[א] I do not remember noticing that now. Seven or eight more hours passed, and though it was still blowing we could make ourselves heard to one another without great difficulty. It was two days and two nights since we had had a meal.

We decided to get out of our bags and make a search for the tent. We did so, bitterly cold and utterly miserable, though I do not think any of us showed it. In the darkness we could see very little, and no trace whatever of the tent. We returned against the wind, nursing our faces and hands. and settled that we must try and cook a meal somehow. We managed about the weirdest meal eaten north or south. We got the floor-cloth wedged under our bags, then got into our bags and drew the floor-cloth over our heads. Between us we got the primus alight somehow, and by hand we balanced the cooker on top of it, minus the two members which had been blown away. The flame flickered in the draughts. Very slowly the snow in the cooker melted, we threw in a plentiful supply of pemmican, and the smell of it was better than anything on earth. In time we got both tea and pemmican, which was full of hairs from our bags, penguin feathers, dirt and debris, but delicious. The blubber left in the cooker got burnt and gave the tea a burnt taste. None of us ever forgot that meal: I enjoyed it as much as such a meal could be enjoyed, and that burnt taste will always bring back the memory.

It was still dark and we lay down in our bags again, but soon a little glow of light began to come up, and we turned out to have a further search for the tent. Birdie went off before Bill and me. Clumsily I dragged my eider-down out of my bag on my feet, all sopping wet: it was impossible to get it back and I let it freeze: it was soon just like a rock.

[א] Keats.

פֿאַרן איבערטרײַבן, אַז ער האָט נוטה געווען אונטערצושאַצן. איך מיין, אַז ס'האָט געבלאָזן אַ גאַנצער הוראַגאַן. אַ מאָל וואַך, אַ מאָל דרעמלענדיק, איז דאָס ניט געווען קיין זייער אומבאַקוועמע צײַט אויף וויפֿל איך קען געדענקען. איך האָב געוווּסט, אַז פּאַרטיעס וואָס זײַנען געקומען קיין קאַפּ־קראָזיער פֿרילינגצײַט האָבן איבערגעלעבט זאַווערוכעס וואָס האָבן געדויערט אַכט, צען טעג. נאָר דאָס האָט אונדז ניט געאַרט ווי, מיין איך, ביל: איך בין געווען געליימט. אומבאַשטימלעך האָב איך זיך דערמאָנט, אַז פּירי[א] איז איבערגעקומען אַ זאַווערוכע אונטערן פֿרײַען הימל; נאָר איז דאָס געווען זומערצײַט?

עס איז געווען פֿרי אין דער פֿרי שבת (דעם 22סטן יולי), ווען מיר האָבן זיך דערוווּסט פֿונעם אָנוווער פֿונעם געצעלט. אין עפּעס אַ צײַט במשך פֿון דעם אינדערפֿרי האָבן מיר געגעסן דעם לעצטן מאָלצײַט. דער דאַך איז אַנטלאָפֿן מער־ווייניקער מיטאָגצײַט זונטיק און מיר האָבן ניט געגעסן אין דער צײַט ווײַל אונדז איז געבליבן אַזוי ווייניק נאַפֿט; אויך האָבן מיר זיך ניט געקענט אַרויסרוקן פֿון די זעק אַחוץ בײַ דער שטרענגסטער נייטיקייט[ב]. ביז זונטיק אין אָוונט האָבן מיר ניט געגעסן שוין אַ זעקס און דרײַסיק שעה.

די שטיינער וואָס זײַנען אויף אונדז אַראָפּגעפֿאַלן ווען דער דאַך איז אַוועק האָבן קיין שאָדנס ניט אָפּגעטאָן, און כאָטש מיר האָבן ניט געקענט אַרויסקומען פֿון די זעק זיי צו באַוועגן, האָבן מיר זיך יאָ געקענט אַרײַנפּאַסן צווישן זיי אָן שוועריקייטן. ערנסטער איז געווען דער געבלאָזענער שניי וואָס הייבט זיך אָן אָנצוקויפּן אַרום און אַרום און איבער אונדז. עס האָט געהאָלפֿן אונדז וואַרעמען, פֿאַרשטייט זיך, נאָר אין דער זעלבער צײַט אין די לפֿי־ערך הויכע טעמפּעראַטורן זײַנען די זעק געוואָרן ווײַט מער אָנגעזעטיקט ווי פֿריִער. אויב מיר געפֿינען ניט דאָס געצעלט (און דער אָפּזוך וואָלט זײַן אַ נס), זײַנען אָט די זעק און דאָס דילטוך פֿונעם געצעלט, וואָס מיר ליגן אויף אים, געווען אַלץ וואָס מיר האָבן פֿאַרמאָגט פֿאַר דעם קאַמף צוריק איבערן באַריער, וואָס האָט געקענט האָבן, דאַכט זיך מיר, נאָר איין סוף.

דערווײַל האָבן מיר געדאַרפֿט וואַרטן. ס'איז געווען כּמעט 70 מײַלן אַהיים און ס'האָט אונדז געדויערט כּמעט גאַנצע דרײַ וואָכן אַהערצוקומען. אין די ניט אַזוי צרהדיקע מאָמענטן, האָבן מיר געפּרוּווט אויסטראַכטן אופֿנים צוריקצוגיין, נאָר איך געדענק זייער ווייניק וועגן אָט דער צײַט. זונטיק אין דער פֿרי איז פּאַמעלעך געוואָרן זונטיק נאָכמיטאָג – זונטיק בײַ נאַכט – מאָנטיק אין דער פֿרי. ביז דעמאָלט האָט די זאַווערוכע געווילדעוועט מיט רציחהדיקן צאָרן; די ווינטן פֿון גאָר דער וועלט זײַנען דאָרט געווען, און זיי זײַנען אַלע גאָר משוגע געוואָרן. מיר האָבן געהאַט איבערגעלעבט שלעכטע ווינטן בײַ קאַפּ־עוואַנס דאָס יאָר, און גאָר ערגער דעם קומעדיקן ווינטער ווען אָפֿן וואַסער שטייט פֿאַר דער טיר. אָבער איך האָב קיין מאָל ניט

[א] Admiral Peary: אַן אַמעריקאַנישער אויספֿאָרשער, וואָס האָט געטענהט, אַז ער איז געווען דער ערשטער צו דערגרייכן דעם צפֿון־פּאָלוס אין 1909. הײַנט האַלט מען דאָס פֿאַר אַ ליגן.

[ב] זעט הערה ב׳

of overestimating that he was inclined to underrate. I think it was blowing a full hurricane. Sometimes awake, sometimes dozing, we had not a very uncomfortable time so far as I can remember. I knew that parties which had come to Cape Crozier in the spring had experienced blizzards which lasted eight or ten days. But this did not worry us as much as I think it did Bill: I was numb. I vaguely called to mind that Peary had survived a blizzard in the open: but wasn't that in the summer?

It was in the early morning of Saturday (22 July) that we discovered the loss of the tent. Some time during that morning we had had our last meal. The roof went about noon on Sunday and we had had no meal in the interval because our supply of oil was so low; nor could we move out of our bags except as a last necessity. By Sunday night we had been without a meal for some thirty-six hours.

The rocks which fell upon us when the roof went did no damage, and though we could not get out of our bags to move them, we could fit ourselves into them without difficulty. More serious was the drift which began to pile up all round and over us. It helped to keep us warm of course, but at the same time in these comparatively high temperatures it saturated our bags even worse than they were before. If we did not find the tent (and its recovery would be a miracle) these bags and the floor-cloth of the tent on which we were lying were all we had in that fight back across the Barrier which could, I suppose, have only had one end.

Meanwhile we had to wait. It was nearly 70 miles home and it had taken us the best part of three weeks to come. In our less miserable moments we tried to think out ways of getting back, but I do not remember very much about that time. Sunday morning faded into Sunday afternoon, – into Sunday night, – into Monday morning. Till then the blizzard had raged with monstrous fury; the winds of the world. were there, and they had all gone mad. We had bad winds at Cape Evans this year, and we had far worse the next winter when the open water was at our doors. But I have never

פּנים־אל־פּנים מיט דעם אמתן טויט טראַכט מען ניט וועגן די ענינים וואָס פּײַניקן די זינדיקע אין די מאמרים און פֿילן אָן די הייליקע מיט חדווה. איך האָב זיך געקענט חקירהן וועגן מײַנע שאַנסן פֿון אָנקומען אין גן־עדן, אָבער דעם אמת געזאָגט האָט דאָס מיך ניט געאַרט. איך וואָלט ניט געקענט ווײַנען אַפֿילו זאָל איך אַ פּרווו טאָן. ס'האָט זיך מיר ניט געוואָלט איבערגיין איבער דאָס שלעכטס פֿון מײַן עבֿר. נאָר דער עבֿר האָט אויסגעזען עפּעס געגאַנגען אין ניוועץ. גוטע כּוונות, זאָגט מען, עפֿענען דעם וועג קיין גיהנום; פֿאַרלוירענע געלעגנהייטן עפֿענען דעם וועג קיין גן־עדן.

איך האָב געוואָלט די יאָרן צוריק נאָך אַ מאָל. אַזאַ הנאה וואָלט איך געהאַט מיט זיי: סאַראַ גלאָריעדיקע הנאה! ס'איז געווען אַ שאָד. גערעכט איז געווען דער פּערסער ווען ער זאָגט, אַז ווען מיר קומען צום טויט, דערמאָנענדיק זיך אין גאָטס רחמנות, וועלן מיר גריזשען די עלנבויגנס מיט חרטה איבער די זאַכן וואָס מיר האָבן ניט געטאָן צוליב פּחד פֿאַר דעם יום־הדין.

און איך האָב געוואָלט פֿערשקעס מיט סירעפּ – שטאַרק געוואָלט. מיר האָבן זיי געהאַט געגעסן אין דער הײַזקע, זיסער און מעדנימדיקער ווי איר קענט זיך פֿאָרשטעלן. און ס'האָט אונדז געפֿעלט צוקער שוין אַ חודש. יאָ – בפֿרט דער סירעפּ.

אַזוי האָב איך זיך אומגלייבּיק פֿירגענומען צו שטאַרבן, בײַ זיך באַשלאָסן, אַז איך וועל ניט פּרווון בלײַבן וואַרעם, אַז ס'וועט אפֿשר ניט לאַנג געדויערן, האָבנדיק אין זינען, אַז איך וואָלט פּרווון קריגן אַ ביסל מאָרפֿין פֿונעם מעדיצין־קאַסטן טאָמער ס'ווערט זייער שלעכט. ניט אויף אַ האָר גיבוריש, און אין גאַנצן אמת! יאָ, באַקוועמער, וואַרעמער לייענער, מענטשן שרעקן זיך ניט פֿאַרן טויט; זיי שרעקן זיך פֿאַר די יסורים פֿונעם שטאַרבן.

און דעמאָלט, גאַנץ נאַטירלעך און בלי־ספֿק אַנטוישנדיק פֿאַר די וואָס האָבן געוואָלט לייענען וועגן מײַן גסיסה (ווײַל ווער וואָלט ניט געוואָלט געבן הנאה דורך זײַן טויט?), בין איך אַנטשלאָפֿן געוואָרן. איך נעם אָן, אַז די טעמפּעראַטור איז געווען גאַנץ הויך במשך פֿון דער אָ גרויסער זאַווערוכע, און אַבי וואָס נאָענט צו נול איז בײַ אונדז געווען זייער הויך. דאָס מיט דעם שניי, וואָס בלאָזט איבער און באַדעקט אונדז, האָבן געמאַכט אַ באַקוועמען נאַסן סאָרט בעקאַסן[א]־זומפּ אין די שלאָפֿזעק, און איך בין זיכער, אַז מיר אַלע האָבן אַ סך געדרעמלט. ס'זײַנען געווען אַזוי פֿיל דאגות, אַז ס'איז ניט געווען קיין נוץ דאגהן; און מיר זײַנען געווען ביז גאָר מיד. מיר זײַנען געווען הונגעריק, ווײַל דער לעצטער מאָלצײַט וואָס מיר האָבן געגעסן איז געווען אַ טאָג פֿריִער אין דער פֿרי, נאָר דער הונגער איז ניט געווען זייער דרינגלעך.

און אַזוי זײַנען מיר געלעגן, נאַס און טאַקע נישקשהדיק וואַרעם, שעה נאָך שעה, בעת דער ווינט האָט געדרעוועט אַרום און אַרום, רק געבלאָזן שטורעם־כּוח און שטאַרקער אין פֿלאָשן ביז צום עפּעס אומבאַשרײַבלעך. שטורעם־כּוח איז כּוח־11 און כּוח־12[ב] איז דאָס שטאַרקסטע וואָס מע קען אָנלאָגן; באָוערס האָט דאָס אָנגעלאָגט ווי כּוח־11, נאָר ער האָט תּמיד מורא געהאַט

[א] לויט הירש פּערלאָווס פּראַכטיק ביכל: איז snipe דער בעקאַס (ן)

[ב] כּוח־11: "שטורעם, 75 מײַל אַ שעה"; כּוח־12: "הוראַגאַן, 92 מײַל אַ שעה"

Face to face with real death one does not think of the things that torment the bad people in the tracts, and fill the good people with bliss. I might have speculated on my chances of going to Heaven; but candidly I did not care. I could not have wept if I had tried. I had no wish to review the evils of my past. But the past did seem to have been a bit wasted. The road to Hell may ~ paved with good intentions: the road to Heaven is paved with lost opportunities.

I wanted those years over again. What fun I would have with them: what glorious fun! It was a pity. Well has the Persian said that when we come to die we, remembering that God is merciful, will gnaw our elbows with remorse for thinking of the things we have not done for fear of the Day of Judgement.

And I wanted peaches and syrup – badly. We had them at the hut, sweeter and more luscious than you can imagine. And we have been without sugar for a month. Yes – especially the syrup.

Thus impiously I set out to die, making up my mind that I was not going to try and keep warm, that it might not take too long, and thinking I would try and get some morphine from the medical case if it got very bad. Not a bit heroic, and entirely true! Yes! comfortable, warm reader. Men do not fear death, they fear the pain of dying.

And then quite naturally and no doubt disappointingly to those who would like to read of my last agonies (for who would not give pleasure by his death?) I fell asleep. I expect the temperature was pretty high during this great blizzard, and anything near zero was very high to us. That and the snow which drifted over us made a pleasant wet kind of snipe marsh inside our sleeping-bags, and I am sure we all dozed a good bit. There was so much to worry about that there was not the least use in worrying: and we were so very tired. We were hungry, for the last meal we had had was in the morning of the day before, but hunger was not very pressing.

And so we lay, wet and quite fairly warm, hour after hour while the wind roared round us, blowing storm force continually and rising in the gusts to something indescribable. Storm force is force 11, and force 12 is the biggest wind which can be logged: Bowers logged it force 11, but he was always so afraid

געדאָרשט. עטלעכע סטענגעס קאַנווע זײַנען נאָך אַלץ געבליבן אין די ווענט איבער די קעפּ, האָבן זיי געמאַכט זאַלפּן ווי נאַגאַן־שיסערײַ שעה נאָך שעה. די קאַנווע האָט זיך ניט אַרויסגעצויגן פֿון די ווענט, ניט קיין צאָל. דער ווינט האָט געמאַכט דעם זעלבן קלאַנג ווי אַן עקספּרעסבאַן בײַם פֿאָרן גיך־גיך דורך אַ טונעל אויב מע האָט געעפֿנט בײדע פֿענצטער.

מיר איז גרינג צו גלייבן, אַז ניט דער ניט יענער פֿון מײַנע באַלייטערס האָט זיך מיאש געווען אויף אַ רגע. זיי האָבן געדאַרפֿט זײַן דערשראָקן, אָבער זיי זײַנען קיין מאָל ניט געווען באַאומרויִקט. פֿון מײַנעט וועגן האָב איך אין גאַנצן קיין מאָל ניט געהאַט קיין אויסקוק, און ווען דער דאַך איז אַוועק האָב איך זיך געפֿילט, אַז אָט איז דער סוף. וואָס דען זאָל איך מיינען? ס'האָט אונדז געדויערט טעג אָנצוקומען אַהער אין פֿינצטערניש און קעלט וואָס קיין מענטש אויף דער וועלט האָט קיין מאָל ניט איבערגעלעבט. מיר זײַנען געווען אונטער וועגנס פֿיר וואָכן אין צושטאַנדן, וואָס אין אַזוינע איז קיינער פֿריִער ניט געבליבן מער ווי אַ געציילטע טעג, אויב אַזוי לאַנג. במשך פֿון די טעג האָבן מיר זעלטן געשלאָפֿן אַחוץ פֿון הוילער קערפּערלעכער אויסשעפּונג, ווי אַ מענטש שלאָפֿט אויף אַן עינוי; יעדער מינוט האָבן מיר געקעמפֿט נאָך די קלענסטע נייטיקייטן פֿון קיום אַליין, און שטענדיק אין פֿינצטערניש. מיר האָבן זיך געמיטלט ווײַטער גיין דורך עקסטרעמער אָפּגעהיטנקייט פֿון די פֿיס און הענט און קערפּערס, דורכן ברענען נאַפֿט, און דורך אַ סך הייסער פֿעטער שפּײַז. איצט האָבן מיר קיין געצעלט ניט געהאַט, בלויז איין בלעכל נאַפֿט געבליבן פֿון זעקס, און נאָר אַ טייל פֿונעם קאָכער. ווען ס'האָט אונדז אָפּגעגליקט און ס'איז ניט געווען צו קאַלט, האָבן מיר שיִער ניט געקענט אויסדרינגען וואַסער פֿון די קליידער, און פֿון קט זײַנען מיר אַרויס פֿון די שלאָפֿזעק, זײַנען מיר פֿאַרפֿרוירן געוואָרן אין האַרטע בויגנס פֿאַנצעראײַז. אין קאַלטע טעמפּעראַטורן, מיט די אַלע מעלות פֿון אַ געצעלט איבערן קאָפּ, האָבן מיר שוין געאַרבעט מער ווי אַ שעה רציחהדיק קעמפֿן און קאָרטש זיך אַרײַנצוקריכן אין די שלאָפֿזעק – אַזוי פֿאַרפֿרוירן זײַנען זיי געווען און אַזוי לאַנג האָט געדויערט דאָס צעגיין אַ וועג אַרײַן. ניין! אָן דעם געצעלט זײַנען מיר שוין טויטע.

און ס'האָט זיך געדאַכט אַז ס'איז ניט געווען איין שאַנס אין אַ מיליאָן, מיר וועלן ווידער זען דאָס געצעלט. מיר זײַנען געווען 900 פֿיס אַרויף אויף דער באַרגזײַט, און דער ווינט האָט געבלאָזן וואָס שטאַרקער גלײַך צו דעם ים. קודם־כּל איז געווען אַ שטאָציקער שיפּוע, אַזוי האַרט, אַז אַ קירקע וואָלט אויף אים קוים געמאַכט אַן אָפּדרוק, אַזוי גליטשיק, אַז אויב מע הייבט אָן אַראָפּגיין אין פֿינעסקאָ וואָלט ער זיך ניט געקענט אָפּשטעלן; דאָס האָט זיך געענדיקט אין אַ גרויסער אײַזקאַלע עטלעכע הונדערטער פֿיס אין דער הייך, און דערנאָך מײַלן פֿון דריקקאַמען, צעשפּאַלטן און קאַפּויערגעפֿאַלן, וואָס אין זיי וואָלט מען גיכער זוכן אַ מאַרגעריטקע ווי אַ געצעלט; און דערנאָך דער אָפֿענער ים. גיכער פֿאַר אַלץ, אָבער, איז אַז דאָס געצעלט איז אַרויפֿגענומען געוואָרן אין דער לופֿטן און אַראָפּגעלאָזט ערגעץ ווו אין דעם ים ווײַט אויפֿן וועג קיין נײַ־זעלאַנד. קלאָר אין זיך, אַז דאָס געצעלט איז אַוועק.

thirsty. A few ribbons of canvas still remained in the wall over our heads, and these produced volleys of cracks like pistol shots hour after hour. The canvas never drew out from the walls, not an inch. The wind made just the same noise as an express train running fast through a tunnel if you have both the windows down.

I can well believe that neither of my companions gave up hope for an instant. They must have been frightened, but they were never disturbed. As for me I never had any hope at all; and when the roof went I felt that this was the end. What else could I think? We had spent days in reaching this place through the darkness in cold such as had never been experienced by human beings. We had been out for four weeks under conditions in which no man had existed previously for more than a few days, if that. During this time we had seldom slept except from sheer physical exhaustion, as men sleep on the rack; and every minute of it we had been fighting for the bed-rock necessaries of bare existence, and always in the dark. We had kept ourselves going by enormous care of our feet and hands and bodies, by burning oil, and by having plenty of hot fatty food. Now we had no tent, one tin of oil left out of six, and only part of our cooker. When we were lucky and not too cold we could almost wring water from our clothes, and directly we got out of our sleeping-bags we were frozen into solid sheets of armoured ice. In cold temperatures with all the advantages of a tent over our heads we were already taking more than an hour of fierce struggling and cramp to get into our sleeping-bags – so frozen were they and so long did it take us to thaw our way in. No! Without the tent we were dead men.

And there seemed not one chance in a million that we should ever see our tent again. We were 900 feet up on the mountain side, and the wind blew about as hard as a wind can blow straight out to sea. First there was a steep slope, so hard that a pick made little impression upon it, so slippery that if you started down in finnesko you never could stop: this ended in a great ice-cliff some hundreds of feet high, and then came miles of pressure ridges, crevassed and tumbled, in which you might as well look for a daisy as a tent: and after that the open sea. The chances, however, were that the tent had just been taken up into the air and dropped somewhere in this sea well on the way to New Zealand. Obviously the tent was gone.

אײַנגעבויט אין די ווענט זײַנען אויף אונדז אַראָפּגעפֿאַלן, און אַ פּלאַכטע געבלאָזענער שניי איז אַרײַן.

בירדי איז געשפּרונגען נאָך זײַן שלאָפֿזאַק און סוף־כּל־סוף אַרײַנגעקראָכן אין אים אַרײַן, צוזאַמען מיט אַ מוראדיק סך שניי. ביל דאָס גלײַכן – נאָר אים איז געווען בעסער; איך בין שוין האַלב אַרײַן אין מײַן זאַק, איז מיר געווען גוט, האָב איך אַ דריי געטאָן ביל צו העלפֿן. "קריגט זיך אַרײַן אין דעם אייגענעם," האָט ער געשריגן, און ווען איך האָב אים ווײַטער געפּרוּווט העלפֿן, האָט ער זיך אָנגעשפּאַרט ביז זײַן מויל איז לעבן מײַן אויער. "איך בעט אײַך, טשערי," האָט ער געזאָגט, און זײַן קול איז געווען שרעקלעך באַזאָרגט. איך ווייס, אַז ער האָט זיך געפֿילט גאָר אַחריותדיק, מורא געהאַט, אַז ער האָט אונדז געבראַכט ביז אָט דעם גרויליקן סוף.

וואָס איך האָב דערנאָך געזען איז באָוערס קאָפּ איבער בילס קערפּער. "אונדז איז גוט," האָט ער געשריגן, און מיר האָבן געענטפֿערט אויף יאָ. ניט קוקנדיק דערויף, וואָס מיר האָבן געוווּסט, אַז מיר האָבן דאָס געזאָגט בלויז ווײַל מיר ווייסן שוין, אַז אונדז איז ניט גוט, איז דער אַרויסזאָג געווען אַ העלפֿיקער. דערנאָך האָבן מיר זיך איבערגעדרייט אין די זעק וואָס ווײַטער, ביז דער אונטן איז אויבן און די קליאַפּעס זײַנען מער־ווייניקער אונטן. זײַנען מיר געלעגן און געטראַכט, און אָפּט מאָל געזונגען.

איך בין זיך משער, האָט ווילסאָן געשריבן, אַז מיר אַלע האָבן געפּרוּווט אויסטראַכטן פּלענער ווי אַזוי זיך צוריקצוקערן אָן אַ געצעלט; די איינציקע זאַך וואָס בלײַבט אונדז איז געווען דאָס דילטוך, וואָס אויף אים זײַנען מיר אַזש געלעגן. פֿאַרשטייט זיך, האָבן מיר ניט געקענט רעדן אַצינד, נאָר שפּעטער, נאָך דעם ווי די זאַווערוכע איז פֿאַרטיק, האָבן מיר אַרומגערעדט די מיגלעכקייט פֿון גראָבן אַלע נאַכט אַ לאָך אינעם שניי און אים פֿאַרדעקן מיטן דילטוך. איך מיין, אַז מיר האָבן קיין השגה ניט געהאַט, אַז מיר קענען טאַקע זיך צוריקקערן אין אַזעלכע טעמפּעראַטורן אינעם איצטיקן מצבֿ אײַז מיט אַזאַ "געצעלט", נאָר קיינער האָט קיין מאָל ניט געגעבן קיין רמז דערוועגן. בירדי און ביל האָבן געזונגען זייער אַ סך לידער און קלויסטערלידער; שטיקלעך פֿון זיי האָבן מיר דערגרייכט פֿון צײַט צו צײַט, און איך האָב צוגעבאָמקעט, שוואַכערהייט, מיין איך. געוויס זײַנען מיר געוואָרן גאָר פֿאַרזאָרגט. "איך האָב באַשלאָסן בײַ זיך וואַרעם צו בלײַבן," האָט באָוערס געשריבן. "און אונטער מײַן דעקונג פֿון רים האָב איך געטאַפּט מיט די פֿיס און געזונגען די אַלע לידער און קלויסטערלידער וואָס איך האָב זיי געקענט, די צײַט זאָל פֿאַרבײַגיין. איך האָב געקענט ווען ניט ווען בריקען ביל און אַז ער באַוועגט זיך נאָך, האָב איך געוווּסט, אַז ער בלײַבט יאָ אַ לעבעדיקער – אַזאַ געבוירן־טאָג פֿאַר אים!" בירדי איז געווען מער פֿאַרדעקט מיט שניי ווי אונדז, נאָר פֿון צײַט צו צײַט האָבן מיר אַלע געדאַרפֿט זיך אַרויפֿבייגן אָפּצושאַרפֿן דעם שניי פֿון די זעק. דורכן עפֿענען די קליאַפּעס פֿון די זעק האָבן מיר געקענט קריגן קליינע שטיקלעך ווייכער שניי, וואָס מיר האָבן דאָס געקוועטשט און אַרײַנגעשטעקט אין מויל אַרײַן, ס'זאָל זיך צעגיין. ווען די הענט האָבן זיך ווידער אָנגעוואַרעמט, האָבן מיר נאָך אַ ביסל געקראָגן; אַזוי האָבן מיר זיך ניט שטאַרק

built into our walls fell upon us, and a sheet of drift came in.

Birdie dived for his sleeping-bag and eventually got in, together with a terrible lot of drift. Bill also – but he was better off: I was already half into mine and all right, so I turned to help Bill. "Get into your own," he shouted, and when I continued to try and help him, he leaned over until his mouth was against my ear. "*Please*, Cherry," he said, and his voice was terribly anxious. I know he felt responsible: feared it was he who had brought us to this ghastly end.

The next I knew was Bowers's head across Bill's body. "We're all right," he yelled, and we answered in the affirmative. Despite the fact that we knew we only said so because we knew we were all wrong, this statement was helpful. Then we turned our bags over as far as possible, so that the bottom of the bag was uppermost and the flaps were more or less beneath us. And we lay and thought, and sometimes we sang.

I suppose, wrote Wilson, we were all revolving plans to get back without a tent: and the one thing we had left was the floor-cloth upon which we were actually lying. Of course we could not speak at present, but later after the blizzard had stopped we discussed the possibility of digging a hole in the snow each night and covering it over with the floor-cloth. I do not think we had any idea that we could really get back in those temperatures in our present state of ice by such means, but no one ever hinted at such a thing. Birdie and Bill sang quite a lot of songs and hymns, snatches of which reached me every now and then, and I chimed in, somewhat feebly I suspect. Of course we were getting pretty badly drifted up. "I was resolved to keep warm," wrote Bowers. "and beneath my debris covering I paddled my feet and sang all the songs and hymns I knew to pass the time. I could occasionally thump Bill, and as he still moved I knew he was alive all right – what a birthday for him!" Birdie was more drifted up than we, but at times we all had to hummock ourselves up to heave the snow off our bags. By opening the flaps of our bags we could get small pinches of soft drift which we pressed together and put into our mouths to melt. When our hands warmed up again we got some more; so we did not get very

ס'האָט גאָר נישט געהאָלפֿן. דער איגלו איז געווען אַ וואַקוום וואָס פּילט זיך אָן וואָס גיכער; און ווען שניי קומט ניט אַרײַן, האָט אַ פֿײַנער שוואַרצער מאָרענע־שטויב אים פֿאַרביטן, פֿאַרדעקט אונדז און אַלצדינג. אַ גאַנצן מעת־לעת האָבן מיר געוואַרט ביז דער דאַך זאָל זיך אָוועקבלאָזן; ס'איז איצט געוואָרן אַזוי שלעכט, אַז מיר האָבן זיך ניט דערוועגט אָפּצובינדן די טיר.

מיט אַ סך שעהען צוריק האָט ביל אונדז געזאָגט, אַז דער בעסטער שאַנס, טאָמער ווערט דער דאַך אַוועקגעבלאָזן, וואָלט געווען, אַז מיר זאָלן זיך איבערדרייען אין די שלאָפֿזעק ביז מיר ליגן אויף די עפֿענונגען, לאָזן זיך אײַנגעפֿרירן ווערן אינעם זאַווי.

בהדרגה איז דער מצבֿ געוואָרן מער פֿאַרצווייפֿלט. דער מהלך צווישן דער שטײַף־אַרויסגעזויגטער קאַנווע און דעם שליטן, וואָס אויף אים האָט זי געדאַרפֿט ליגן, איז גרעסער געוואָרן, וואָס דאָס האָט געמוזט זײַן צוליב דעם אויסציִען פֿון דער קאַנווע אַליין און דעם אָנוואַר פֿון די שנייפֿײַדעס אויבן; עס איז ניט אַרויסגעקומען פֿון די ווענט. די קראַכן ווען זי פֿאַלט אַראָפּ און דערנאָך ווידער טראַסקעט אַרויף זײַנען הילכיקער געוואָרן. ס'איז אַרײַנגעקומען נאָך מער שניי דורך די ווענט, כאָטש די אַלע פּרײַע קוליקלעך, זאָקן, און קלענערע קליידער האָבן מיר אָנגעפּאַקט אין די ערגסטע ערטער; די פּיזשאַמע־רעקלעך האָבן מיר אָנגעשטאָפּט צווישן דעם דאַך און די שטיינער איבער דער טיר. די שטיינער האָבן זיך אויפֿגעהויבן און געטרייסלט, ביז מיר האָבן געמיינט זיי מוזן אַראָפּפֿאַלן.

מיר האָבן גערעדט מיט געשרייען, און שוין לאַנג צוריק האָט איינער פֿון אונדז פֿאָרגעלייגט פּרוּוון צובינדן דעם באַרגשטריק איבערן דאַך פֿון דרויסן. נאָר באָוערס האָט געזאָגט, אַז ס'וועט זײַן דורכויס אוממיגלעך אין אַזאַ ווינט. "מע וואָלט ניט געקענט הייסן מאַטראָסן אויפֿן ים פּרוּוון אַזאַ זאַך," האָט ער געזאָגט. ער איז כּסדר אַרויף און אַרויס פֿון זײַן זאַק, פֿאַרשטאָפּן די לעכער, אָנשפּאַרן זיך קעגן שטיקלעך דאַך כּדי צו פּרוּוון אָפּשטעלן דעם פֿאָכען וכדומה. ער איז געווען פּראַכטיק.

און דעמאָלט איז עס אַוועק.

בירדי איז געווען לעבן דער טיר, ווו די קאַנווע, וואָס בייגט זיך איבערן אייבערבאַלקן, ניצט זיך אָפּ ערגער ווי ערגעץ אַנדערש. ביל איז שיִער ניט אַרויס פֿון זאַק דריקן אויף אַ טייל מיט עפּעס אַ לאַנגן שטעקן. איך ווייס ניט וואָס איך האָב געטאָן נאָר איך בין געווען האַלב אַרויס פֿון זאַק.

דער אויבן פֿון דער טיר האָט זיך געעפֿנט אין קליינע שניטן און די דאָזיקע גרינע ווילעסדען־קאַנווע האָט זיך צעפֿאָכעט אין הונדערטער שטיקלעך גיכער ווי איר קענט דאָס לייענען. דער ליאַרעם פֿון דעם אַלעם איז געווען אומבאַשרײַבלעך. אַפֿילו איבערן ווילדן דונער פֿון אָט דעם אומגעהײַערן ווינט אויפֿן באַרג איז געקומען דאָס קאַטעווען פֿון דער קאַנווע, בשעת זי צעשמײַסט זיך אין קליינטשיקע פּאַסמעס. דו אייבערשטע שטיינער וואָס מיר האָבן

it was no real good. Our igloo was a vacuum which was filling itself up as soon as possible: and when snow was not coming in a fine black moraine dust took its place, covering us and everything. For twenty-four hours we waited for the roof to go: things were so bad now that we dare not unlash the door.

Many hours ago Bill had told us that if the roof went he considered that our best chance would be to rollover in our sleeping-bags until we were lying on the openings, and get frozen and drifted in.

Gradually the situation got more desperate. The distance between the taut-sucked canvas and the sledge on which it should have been resting became greater, and this must have been due to the stretching of the canvas itself and the loss of the snow blocks on the top: it was not drawing out of the walls. The crashes as it dropped and banged out again were louder. There was more snow coming through the walls, though all our loose mitts, socks and smaller clothing were stuffed into the worst places: our pajama jackets were stuffed between the roof and the rocks over the door. The rocks were lifting and shaking here till we thought they would fall.

We talked by shouting, and long before this one of us proposed to try and get the Alpine rope lashed down over the roof from outside. But Bowers said it was an absolute impossibility in that wind. "You could never ask men at sea to try such a thing," he said. He was up and out of his bag continually, stopping up holes, pressing against bits of roof to try and prevent the flapping and so forth. He was magnificent.

And then it went.

Birdie was over by the door, where the canvas which was bent over the lintel board was working worse than anywhere else. Bill was practically out of his bag pressing against some part with a long stick of some kind. I don't know what I was doing but I was half out of and half in my bag.

The top of the door opened in little slits and that green Willesden canvas flapped into hundreds of little fragments in fewer seconds than it takes to read this. The uproar of it all was indescribable. Even above the savage thunder of that great wind on the mountain came the lash of the canvas as it was whipped to little tiny strips. The highest rocks which we had

נאָך דעם ווי מיר האָבן ביל דערלאַנגט אַלץ וואָס מיר האָבן געקענט געפֿינען, זײַנען מיר ווידער אַרײַן אין דעם איגלו, אָנגעהויבן צונויפֿזאַמלען די אַלע זאַכן, אונדזערע זייער צעפּאַטלטע מוחות בתוכם.

בלי־ספֿק, אַז מיר זײַנען געווען צווישן פֿײַער און וואַסער און ס'איז ניט אין גאַנצן אונדזער שולד. מיר האָבן געדאַרפֿט אַוועקשטעלן דעם איגלו מער־ווייניקער ווו מיר האָבן געקענט געפֿינען שטיינער אים אויסצובויען. גאָר נאַטירלעך האָבן מיר פֿאַרזאָרגט אי דאָס געצעלט אי דעם איגלו מיט אַזוי פֿיל אָפּדאַך ווי מיגלעך קעגן דעם גאַנצן כּוח ווינט. איז, דאַכט זיך איצט, זײַנען מיר געווען אין אַזאַ סכּנה ניט ווײַל זיי זײַנען אין דעם ווינט, נאָר ווײַל זיי זײַנען ניט גענוג אין דעם ווינט. דער הויפּטכּוח פֿונעם הוראַגאַן, אָפּגענייגט איבער דעם קאַם אויף הינטן, איז איבערגעפֿלויגן איבער די קעפּ און אַ פּנים געמאַכט מיט זײַן זויגונג אַ וואַקוום אונטן. דאָס געצעלט איז אָדער אַרויפֿגעזויגט געוואָרן אין דעם אַרײַן אָדער אַוועקגעבלאָזן ווײַל אַ טייל פֿון אים געפֿינט זיך אין דעם ווינט און אַ טייל ניט. דער דאַך פֿון דעם איגלו איז אַרויפֿגעריסן געוואָרן און דערנאָך אַראָפּגעלאָזט מיט גרויסע טראַסקן; דער בלאָזנדיקער שניי שיט אַרײַן, ניט ווײַל עס בלאָזט זיך אַרײַן פֿון דרויסן, נאָר ווײַל עס ווערט אַרײַנגעזויגט פֿון אינעווייניק; דער וואָגט ווינט־אַראָפּ, ניט ווינט־אַרויף, איז געווען דער ערגסטער. שוין איז אַלצדינג באַדעקט געוואָרן מיט אַ צאָל זעקס, אַכט שניי.

אין גיכן האָבן מיר זיך באַאומרויִקט וועגן דעם איגלו. אַ ווײַלע האָבן די שווערע שנייפּײַדעס וואָס מיר האָבן אַרויפֿגעוואָרפֿן אויפֿן קאַנווענעם דאַך אים געהאַלטן אויפֿן אָרט. נאָר איצט האָט זיך געדאַכט, האָט דער הוראַגאַן זיי ביסלעכווײַז אָפּגערוקט. די שפּאַנונג איז געוואָרן קוים אויסצוהאַלטן; דאָס וואַרטן אין מיטן אַזאַ טומל האָט אונדז משוגע געמאַכט. מינוטנווײַז, שעהענווײַז – די אָ שנייפּײַדעס זײַנען שוין אַראָפּגעפֿאַלן סײַ ווי סײַ, און דער דאַך האָט זיך צעשלאָגן אַרויף און אַראָפּ – ניטאָ קיין קאַנווע אויף דער וועלט וואָס קען דאָס לאַנג פֿאַרטראָגן.

מיר האָבן געהאַט אַ מאָלצײַט דעם שבת אינדערפֿרי, דעם לעצטן אויף זייער אַ לאַנגער צײַט, ווי עס האָט זיך געמאַכט. מחמת נאַפֿט איז אונדז געווען אַזוי וויכטיק, האָבן מיר געפּרוּווט ניצן דעם טראַן־אויוון, נאָר נאָך עטלעכע פּרעלימינאַרע ספּאַזמעס, איז ער צעבראָכן געוואָרן אין די הענט צוליב עפּעס אַ לייטעכץ וואָס האָט זיך געשמאָלצן; און גאָר אַ גוטע זאַך, האָב איך געמיינט, ווײַל ס'איז געווען ווײַט מער סכּנהדיק ווי נוציק. מיר האָבן געענדיקט קאָכן דעם מאָלצײַט אויפֿן פּרימוס. צוויי שטיקלעך פֿונעם קאָכער זײַנען פֿאַרשווונדן געוואָרן דורכן ווינט, האָבן מיר אים געדאַרפֿט באַלאַנסירן אויפֿן פּרימוס אויף וויפֿל מיר קענען. מיר האָבן דעמאָלט אָפּגערעדט, ציליב דוחק אין נאַפֿט, אַז מיר וועלן אָפּלייגן עסן וואָס לענגער. לעולם האָט דאָס דער אייבערשטער באַשטימט פֿאַר אונדז.

מיר האָבן געאַרבעט מעשים צו פֿאַרשטעקן די ערטער וואָס דורך זיי קומט אַרײַן דער געבלאָזענער שניי, אויסשטאָפּן די לעכער מיט זאָקן, קוליקלעך, און אַנדערע קליידער. אָבער

Having passed everything we could find in to Bill, we got back into the igloo, and started to collect things together, including our very disheveled minds.

There was no doubt that we were in the devil of a mess, and it was not altogether our fault. We had had to put our igloo more or less where we could get rocks with which to build it. Very naturally we had given both our tent and igloo all the shelter we could from the full force of the wind, and now it seemed we were in danger not because they were in the wind, but because they were not sufficiently in it. The main force of the hurricane, deflected by the ridge behind, fled over our heads and appeared to form by suction a vacuum below. Our tent had either been sucked upwards into this, or had been blown away because some of it was in the wind while some of it was not. The roof of our igloo was being wrenched upwards and then dropped back with great crashes: the drift was spouting in, not it seemed because it was blown in from outside, but because it was sucked in from within: the lee, not the weather, wall was the worst. Already everything was six or eight inches under snow.

Very soon we began to be alarmed about the igloo. For some time the heavy snow blocks we had heaved up on to the canvas roof kept it weighted down. But it seemed that they were being gradually moved off by the hurricane. The tension became well-nigh unendurable: the waiting in all that welter of noise was maddening. Minute after minute, hour after hour – those snow blocks were off now anyway, and the roof was smashed up and down – no canvas ever made could stand it indefinitely.

We got a meal that Saturday morning, our last for a very long time as it happened. Oil being of such importance to us we tried to use the blubber stove, but after several preliminary spasms it came to pieces in our hands, some solder having melted; and a very good thing too, I thought, for it was more dangerous than useful. We finished cooking our meal on the primus. Two bits of the cooker having been blown away we had to balance it on the primus as best we could. We then settled that in view of the shortage of oil we would not have another meal for as long as possible. As a matter of fact God settled that for us.

We did all we could to stop up the places where the drift was coming in, plugging the holes with our socks, mitts and other clothing. But

איז ניט געווען קיין שטיקל אומרויִקייט. דאָס געצעלט איז גוט אײַנגעגראָבן, און אויך פֿעסט געהאַלטן פֿון שטיינער און דעם שווערן טאַנק פֿונעם שליטן, וואָס מיר האָבן זיי געלייגט אויפֿן קאַנט צוליב גרעסערער זיכערקייט. מיר האָבן געמיינט, אַז ס'איז ניטאָ קיין כּוח אויף דער וועלט וואָס וואָלט געקענט רירן די דיקע ווענט פֿון אונדזער איגלו אָדער אַרויסציִען דעם קאַנווענעם דאַך פֿונעם מיטן אָנשיט, וואָס אין אים איז ער אײַנגעפּאַקט און צוגעבונדן.

"ס'מוז זיך פֿאַרבעסערן," האָט ביל געזאָגט.

איך ווייס ניט וויפֿל איז דער זייגער ווען איך האָב זיך אויפֿגעכאַפּט. ס'איז געווען שטיל, מיט דער אַבסאָלוטער שטילקייט וואָס קען זײַן אָדער גאָר באַרויִקנדיק אָדער גאָר שרעקלעך, ווי די אומשטאַנדן פֿאָדערן. איז דעמאָלט געקומען אַ כליפּ ווינט, און ווידער אין גאַנצן שטיל. מיט צען מינוט שפּעטער האָט עס געבלאָזן עלעהיי די וועלט פֿאַרגייט זיך אין היסטעריע. די וועלט האָט זיך צעבראָכן אויף שטיקלעך; די אומבאַשרײַבלעכע רציחה און דעם בריל קען מען זיך ניט פֿאָרשטעלן.

"ביל, ביל, דאָס געצעלט איז ניטאָ," איז געווען די נאָענסטע זאַך וואָס איך געדענק – פֿון דעם וואָס באַוערס שרײַט צו אונדז אָבער און ווידער דורך דער טיר. ס'איז שטענדיק אַזוי, אַז אָט די אינדערפֿרײַיִקע שאָקן שלאָגן דאָס שטאַרקסטע; אונדזערע טעמפּע מוחות האָבן זיך געגעבן צו וויסן אַז אפֿשר קומט פֿאָר אַ ספּעציעל הײַנטיקער מין פּטירה. יאַזדע נאָך יאַזדע האָבן איך און בירדי געקעמפֿט איבער די עטלעכע יאַרדן צווישן דעם געצעלט און דער איגלו־טיר. איך האָב קיין מאָל ניט פֿאַרשטאַנען ווי אַזוי אַזוי פֿיל פֿונעם געצײַג, וואָס איז געהאַט געווען אינעם געצעלט, איז געבליבן, אַפֿילו ווינט־אַראָפּ פֿון דעם איגלו. דער אָרט ווו דאָס געצעלט איז געהאַט געשטאַנען איז אָנגעוואָרפֿן געוואָרן מיט געצײַג, און שפּעטער, ווען מיר האָבן זיך אָפּגעגעבן אַ חשבון, האָבן מיר אַלצדינג געפֿונען אַחוץ דעם אונטערשטן טייל קאָכער און דעם אייבערל פֿונעם אויסנווייניקסטן קאָכער. אָט די צוויי שטיקער זײַנען אַוועק אויף אייביק. דאָס פּלאָנימדיקסטע פֿון אַלץ איז געווען, אַז די פֿינעסקאָ זײַנען געלעגן פּונקט ווו מיר האָבן זיי איבערגעלאָזט, וואָס האָט פּונקט באַדאַרפֿט זײַן אויפֿן באָדן אינעם טייל פֿונעם געצעלט וואָס געפֿינט זיך ווינט־אַראָפּ פֿון דעם איגלו. אויך איז דאָרט געווען בירדיס זעקל פּערזענלעך געצײַג, מיט אַ בלעכל זיסוואַרג.

בירדי האָט מיטגעבראַכט צוויי בלעכלעך זיסוואַרג. איינס האָבן מיר געגעסן צו פּראַווען אונדזער אָנקום בײַ דעם קויפּ; אָט דאָס איז געווען דאָס צווייטע, וואָס פֿון אים האָבן מיר גאָר ניט געוווּסט, און וואָס האָט געזאָלט זײַן פֿאַר בילס געבוירן־טאָג, צו מאָרגנס. מיר האָבן, אָבער, דאָס אָנגעהויבן עסן דעם שבת, און דאָס בלעכל איז פֿאַר ביל שפּעטער געקומען צו נוץ.

אויף צונויפֿקלײַבן דאָס דאָזיקע געצײַג, האָבן מיר באַקעמפֿט מיט האַרטע ווענט שוואַרצן שניי, וואָס שטראָמען אונדז פֿאַרבײַ, פּרוּוונדיק אונדז שלײַדערן שיפּוע־אַראָפּ. נאָך דעם ווי מע האָט אָנגעהויבן גיין אַראָפּ, איז ניטאָ וואָס האָט אים געקענט אָפּשטעלן. איך האָב געזען ווי בירדי ווערט איין מאָל אַנידערגעוואָרפֿן, נאָר ער האָט זיך צוריקגעקרעלט פּונקט צו דער צײַט.

felt no particular uneasiness. Our tent was well dug in, and was also held down by rocks and the heavy tank off the sledge which were placed on the skirting as additional security. We felt that no power on earth could move the thick walls of our igloo, nor drag the canvas roof I,: from the middle of the embankment into which it was packed and lashed.

"Things must improve," said Bill.

I do not know what time it was when I woke up. It was calm, with that absolute silence which can be so soothing or so terrible as circumstances dictate. Then there came a sob of wind, and all was still again. Ten minutes and it was blowing as though the world was having a fit of hysterics. The earth was torn in pieces: the indescribable fury and roar of it all cannot be imagined.

"Bill, Bill, the tent has gone," was the next I remember from Bowers shouting at us again and again through the door. It is always these early morning shocks which hit one hardest: our slow minds suggested that this might mean a peculiarly lingering form of death. Journey after journey Birdie and I fought our way across the few yards which had separated the tent from the igloo door. I have never understood why so much of our gear which was in the tent remained, even in the lee of the igloo. The place where the, tent had been was littered with gear, and when we came to reckon up afterwards we had everything except the bottom piece of the cooker, and the top of the outer cooker. We never saw these again. The most wonderful thing of all was that our finnesko were lying where they were left, which happened to be on the ground in the part of the tent which was under the lee of the igloo. Also Birdie's bag of personal gear was there, and a tin of sweets.

Birdie brought two tins of sweets away with him. One we had to celebrate our arrival at the Knoll: this was the second, of which we knew nothing, and which was for Bill's birthday, the next day. We started eating them on Saturday, however, and the tin came in useful to Bill afterwards.

To get that gear in we fought against solid walls of black snow which flowed past us and tried to hurl us down the slope. Once started nothing could have stopped us. I saw Birdie knocked over once, but he clawed his way back just in time.

גערײכט, אַז ער וועט אויפֿפֿלאַמען און אָפּברענען דאָס געצעלט. ברענענדיק שטאַרק האָט ער אונדז נישקשהדיק צעוואַרעמט, די היץ אײַנגעהאַלטן דורכן פֿאַרטאָפּלטן אונטערשלאַק פֿונעם געצעלט.

עס האָט ניט אויסגעמאַכט, אַחוץ אַ רוטין, וואָס מיר האָבן קיין מאָל ניט געקענט אויפֿהיטן, צי מיר הייבן אָן אַרײַנצושמעלצן אין די פֿאַרפֿרוירענע שלאָפֿזעק פֿיר אַ זייגער פֿאַר מיטאָג אָדער פֿיר אַ זייגער נאָך מיטאָג. איך מיין, אַז מיר האָבן זיך מסתּמא אַוועקגעלייגט שלאָפֿן נאָך מיטאָג דעם פֿרײַטיק, לאָזנדיק דעם קאָכער, די פּינעסקאָ, אַ שלל מיט שוכוואַרג, באַוערס פערזענלעכן זעקל, און אַ סך אַנדערע זאַכן אינעם געצעלט. מיר דאַכט זיך, אַז מיר האָבן געלאָזט דאָרטן דעם טראָן־אויוון אויך, וואָרן ס'איז געווען גאָרניט כּדאַי צו פּרוּוון אָנוואַרעמען דעם איגלו. דאָס דילטוך פֿונעם געצעלט איז געווען אונטער די שלאָפֿזעק אין דעם איגלו.

"ס'מוז זיך פֿאַרבעסערן," האָט ביל געזאָגט. נאָך אַלעמען איז געווען אַ סך וואָס דערפֿאַר זאָלן מיר זאָגן אַ דאַנק. איך האַלט אַז קיינער האָט ניט געקענט אויסבויען אַ בעסערן איגלו מיט די האַרטע שנייפֿײַדעס און שטיינער וואָס זײַנען אַלץ וואָס מיר האָבן געהאַט; ביסלעכווײַז האָבן מיר זי פֿעסט געמאַכט, ער זאָל ניט אַרײַנלאָזן קיין ווינט. דער טראָן־אויוון האָט געאַרבעט, און מיר האָבן געהאַט ברענוואַרג פֿאַר אים; מיר האָבן אויך אָפּגעזוכט אַ וועג אַראָפּ צו די פּענגווינען און געהאַט דרײַ גאַנצע כאָטש פֿאַרפֿרוירענע אייער; די צוויי וואָס זײַנען געווען אין מײַנע קוליקלעך זײַנען צעבראָכן געוואָרן ווען איך בין אומגעפֿאַלן ווײַל איך האָב ניט געקענט טראָגן די ברילן. דערצו איז געוואָרן לענגער דאָס בין־השמשות פֿון דער זון אונטערן האָריזאָנט מיטאָגצײַט.

נאָר מיר זײַנען שוין געווען אין וועג צוויי מאָל אַזוי לאַנג ווינטערצײַט ווי די לענגסטע פֿריִערדיקע נסיעות פֿרילינגצײַט. די מענטשן אויף יענע נסיעות האָבן געהאַט טאָגליכט און מיר — פֿינצטערניש; זיי האָבן קיין מאָל ניט געהאַט אַזעלכע נידעריקע טעמפּעראַטורן, געוויינטלעך גאָרנישט אַזוי קאַלט; און זיי האָבן זיך ניט געראַנגלט אין אַזאַ שווער לאַנד. דאָס נאָענסטע צו געזונטן שלאָף וואָס מיר האָבן געהאַט אויף כּמעט אַ חודש איז אונדז געקומען בײַ די זאַווערוכעס, ווען די טעמפּעראַטור האָט דערלאָזט, אַז די וואַרעמקייט פֿון די קערפּערס צעלאָזט אין וואַסער אַרײַן אַ טייל פֿונעם אײַז אין די קליידער און שלאָפֿזעק. דער אָפּניץ אויף די מוחות איז געווען זייער גרויס. אַוודאי זײַנען מיר שוואַכער געוואָרן. אונדז איז געבליבן קוים מער ווי איין בלעכל נאַפֿט פֿאַרן צוריקקער, און מיר האָבן שוין געוווּסט פֿון די צושטאַנדן וואָס מיר דאַרפֿן איבערלעבן בײַ יענער נסיעה איבערן באַריער: אַפֿילו מיט פֿרישע מענטשן און פֿריש געצײַג איז דאָס געווען כּמעט ניט צו דערלײַדן.

איז, מיר האָבן פֿאַרבראַכט אַ האַלבע שעה אָדער מער בײַם אַרײַנקריכן אין די זעק. צירוס־וואָלקנס האָבן זיך באַוועגט פֿון צפֿון, פֿאַרשטעלט די שטערן; ס'האָט אויסגעזען אַ ביסל נעפּלדיק און געדיכט אויף דרום. נאָר ס'איז אַלע מאָל שווער צו פּסקענען וועגן דעם וועטער אין דער פֿינצטער. ס'איז געווען ווייניק ווינט און די טעמפּעראַטור אין די מינוס צוואַנציקער. אונדז

it to flare up and burn the tent. But the heat it gave, as it burned furiously, with the double lining of the tent to contain it, was considerable.

It did not matter, except for a routine which we never managed to keep, whether we started to thaw our way into our frozen sleeping-bags at 4 in the morning or 4 in the afternoon. I think we must have turned in during the afternoon of that Friday, leaving the cooker, our finnesko, a deal of our foot-gear, Bowers's bag of personal gear, and many other things in the tent. I expect we left the blubber stove there too, for it was quite useless at present to try and warm the igloo. The tent floor-cloth was under our sleeping-bags in the igloo.

"Things must improve," said Bill. After all there was much for which to be thankful. I don't think anybody could have made a better igloo with the hard snow blocks and rocks which were all we had: we would get it air-tight by degrees. The blubber stove was working, and we had fuel for it: we had also found a way down to the penguins and had three complete, though frozen eggs: the two which had been in my mitts smashed when I fell about because I could not wear spectacles. Also the twilight given by the sun below the horizon at noon was getting longer.

But already we had been out twice as long in winter as the longest previous journeys in spring. The men who made those journeys had daylight where we had darkness, they had never had such low temperatures, generally nothing approaching them, and they had seldom worked in such difficult country. The nearest approach to healthy sleep we had had for nearly a month was when during blizzards the temperature allowed the warmth of our bodies to thaw some of the ice in our clothing and sleeping-bags into water. The wear and tear on our minds was very great. We were certainly weaker. We had a little more than a tin of oil to get back on, and we knew the conditions we had to face on that journey across the Barrier: even with fresh men and fresh gear it had been almost unendurable.

And so we spent half an hour or more getting into our bags. Cirrus cloud was moving across the face of the stars from the north, it looked rather hazy and thick to the south. but it is always difficult to judge weather in the dark. There was little wind and the temperature was in the minus twenties. We

ווי ניט איז האָבן מיר זיך געספּראַוועט מיט קאָכן וואָס צו עסן, און דערנאָך האָט בירדי אָנגעצונדן דעם אויוון, נאָר ס'איז געווען גאָר אָן אַ נוץ צו פּרוּוון אָנוואַרעמען דאָס שטיבל. איך בין אַרויס שנײַדן די גרינע קאַנווע מחוץ דער טיר, כּדי אַרײַנצושטעקן דאָס דאַכטוך אונטער די שטיינער, און דערנאָך האָב איך דאָס פֿעסט אָנגעפּאַקט מיט שניי, אויף וויפֿל איך האָב געקענט, און דערמיט פֿאַרשטעלט ס'רובֿ בלאָזנדיקער שניי וואָס קומט אַרײַן.

ס'איז אויסערגעוויינטלעך ווי אָפּט מלאָכים און נאַראָנים פֿירן זיך אויף דאָס זעלבע אין לעבן, און איך האָב קיין מאָל ניט געקענט באַשטימען וואָסערע מיר זײַנען געווען אויף אָט דער נסיעה. איך האָב קיין מאָל ניט געהערט קיין אײנציק בייז וואָרט; בלויז איין מאָל (דעם זעלביקן טאָג ווען איך האָב ניט געקענט אַרויפֿציִען ביל סקאַלע־אַרויף פֿונעם פּענגווין־נעסט־שטח) האָב איך געהערט אַן אומגעדולדיקס, און די דאָזיקע קרעכצן זײַנען געווען נאָר עפּעס נאָענט צו באַקלאָגן זיך. ס'רובֿ מענטשן וואָלטן געוויינט. "מיר דאַכט זיך, אַז מיר זײַנען נעכטן אָנגעקומען גאָר אויף דעם נידעריקסטן" איז פֿאַר ביל שטאַרק לשון. "איך בין געווען אַ ניט־בכּוחער אַ קליינע ווײַלע," האָט ער געשריבן אין זײַן באַריכט צו סקאָט[א]. מע האָט אויסגעפּרוּווט דעם אויסהאַלט־כּוח אויף דער נסיעה אונדזערער בײַ אײנציקע אומשטאַנדן, און שטענדיק האָבן די צוויי מענטשן, מיטן גאַנצן יאָך אַחריות, וואָס איך האָב אַליין ניט געהאַט, באַוויזן די אָ מעלה וואָס איז אפֿשר די אײנציקע וואָס מע קען זאָגן אויף געוויס, אַז זי וועט אַרויסברענגען הצלחה: די שליטה איבער זיך.

מיר האָבן פֿאַרבראַכט דעם צווייטן טאָג – דעם 21סטן יולי – זאַמלען יעדער שטיקל ווייכן שניי וואָס מיר האָבן געקענט געפֿינען און דאָס אײַנפּאַקן אין די שפּאַלטן צווישן די האַרטע שנייפֿײַדעס. ס'איז געווען קוים אַ פּיצל, אָבער מיר האָבן ניט געקענט זען קיין שפּאַלטן ווען מיר זײַנען פֿאַרטיק געווען. כּדי אַנטקעגנצווּווירקן ווי דער ווינט הייבט אויף דעם דאַך, האָבן מיר אויסגעשניטן עטלעכע גרויסע האַרטע פּלאַטשיקע שנייפֿײַדעס און זיי אַוועקגעלייגט אויפֿן קאַנווענעם דאַך, עס זאָל אים האַלטן פֿעסט אויפֿן שליטן וואָס פֿורעמט דעם קווערבאַלקן. מיר האָבן אויך אויפֿגעשלאָגן דאָס געצעלט אין דרויסן פֿון דער איגלו־טיר. דאָס געצעלט און דער איגלו זײַנעןביידע דערפֿאַר געווען אַן אַכט, ניין הונדערט פֿיס אַרויף אויף טעראָר; ביידע זײַנען געווען אונטער אַ שטיינערנעם אַרויסבראָך, וואָס פֿון אים פֿאַלט דער באַרג אַראָפּ שטאָציק ביז צום באַריער הינטער אונדז, פֿון וואַנען עס קומען די זאַווערוכעס. פֿאַר אונדז פֿאַלט אַראָפּ דער שיפּוע אַ מײַל אָדער ווײַטער ביז צום אײַזסקאַלעס, אַזוי ווינט־געשלאָגן אַז מיר האָבן געדאַרפֿט אָנטאָן די קראַמפּאָנס כּדי צו גיין אויף אים. דער גרעסטער טייל פֿונעם געצעלט איז געלעגן ווינט־אַראָפּ פֿון דעם איגלו, נאָר זײַן שפּיץ איז געווען העכער פֿונעם איגלו־דאַך, און אַ טייל פֿונעם געצעלט גופֿא האָט אַרויסגעשטאַרצט ווײַטער פֿונעם איגלו־וואַנט.

די נאַכט האָבן מיר אַרײַנגעבראַכט אַ סך פֿונעם געצײַג אַרײַן אינעם געצעלט און אָנגעצונדן דעם טראָן־אויוון. איך האָב קיין מאָל ניט געטרויט דעם אויוון, און אַלע רגע האָב איך זיך

[א] *סקאָטס לעצטע עקספּעדיציע*, ב.ii, ז. 28.

We managed to cook a meal somehow, and Birdie got the stove going afterwards, but it was quite useless to try and warm the place. I got out and cut the green canvas outside the door, so as to get the roof cloth in under the stones, and then packed it down as well as I could with snow, and so blocked most of the drift coming in.

It is extraordinary how often angels and fools do the same thing in this life, and I have never been able to settle which we were on this journey. I never heard an angry word: once only (when this same day I could not pull Bill up the cliff out of the penguin rookery) I heard an impatient one: and these groans were the nearest approach to complaint. Most men would have howled. "I think we reached bed-rock last night," was strong language for Bill. "I was incapacitated for a short time," he says in his report to Scott.[א] Endurance was tested on this journey under unique circumstances, and always these two men with all the burden of responsibility which did not fall upon myself, displayed that quality which is perhaps the only one which may be said with certainty to make for success, self-control.

We spent the next day – it was 21 July – in collecting every scrap of soft snow we could find and packing it into the crevasses between our hard snow blocks. It was a pitifully small amount but we could see no cracks when we had finished. To counteract the lifting tendency the wind had on our roof we cut some great flat hard snow blocks and laid them on the canvas top to steady it against the sledge which formed the ridge support. We also pitched our tent outside the igloo door. Both tent and igloo were therefore eight or nine hundred feet up Terror: both were below an outcrop of rocks from which the mountain fell steeply to the Barrier behind us, and from this direction came the blizzards. In front of us the slope fell for a mile or more down to the ice-cliffs, so wind-swept that we had to wear crampons to walk upon it. Most of the tent was in the lee of the igloo, but the cap of it came over the igloo roof, while a segment of the tent itself jutted out beyond the igloo wall.

That night we took much of our gear into the tent and lighted the blubber stove. I always mistrusted that stove, and every moment I expected

---

[א] *Scott's Last Expedition*, vol. ii, p. 42.

געוואָרן ערגער. דער וועטער איז געדיכט געוואָרן און ס'האָט ניט אויסגעזען זייער שיין ווען מיר האָבן אָנגעהויבן אַרויפֿגיין צו געפֿינען דאָס געצעלט. באַלד האָט געבלאָזן כּוח־4 און באַלד זײַנען מיר אין גאַנצן פֿאַרבלאָנדזשעט געוואָרן. מיר זײַנען אָנגעקומען פּונקט אויבן פֿון דעם שטחל שטיינער וואָס באַצייכנט אונדזער איגלו און האָבן אים נאָר געפֿונען נאָך אַ סך אַרומזוכן.

איך האָב געהערט אַ מעשׂה וועגן אַן ענגלישן אָפֿיציר אין די דאַרדאַנעלעס וואָס ער איז איבערגעלאָזט געוואָרן, אַ בלינדער, אין קיינעמס־לאַנד צווישן די ענגלישע און טערקישע אַקאָפּעס. גייענדיק נאָר בײַ נאַכט אָן שום חוש אים צו באַווײַזן וועלכע זײַנען די אייגענע אַקאָפּעס זײַנע, האָבן אויף אים געשאָסן טערק און ענגלענדער גלײַך, בעת ער קריכט אויף זײַן גרוילקן וועג אַהין און אַהער. אַזוי האָט ער פֿאַרבראַכט טעג און נעכט ביז איינער אַ נאַכט, ווען ער קריכט צו צו די ענגלישע אַקאָפּעס, וואָס שיסן אויף אים ווי געוויינטלעך. "גאָט, וואָס קען איך טאָן!" האָט עמעצער אים געהערט זאָגן, איז ער געראַטעוועט געוואָרן.

אַזאַ עקסטקייט יסורים קען מען ניט מעסטן; משוגעת צי טויט קען אפֿשר העלפֿן. נאָר דאָס ווייס איך: מיר אויף דער אָ נסיעה האָבן שוין אָנגעהויבן האַלטן דעם טויט פֿאַר אַ פֿרײַנד. בעת מיר האָבן צוריקגעטאַפּט די נאַכט, אָן שלאָף, פֿאַראײַזיקט, פֿאַלנדיק פֿון די פֿיס אין דעם פֿינצטערניש און דעם ווינט און דער זאַווערוכע, וואָלטן אַ שפּאַרע אויסגעזען ווי אַ חבֿרישע מתּנה.

"עס דאַרף זיך פֿאַרבעסערן," האָט ביל צו מאָרגנס געזאָגט, "מיר דאַכט זיך, אַז מיר זײַנען נעכטן אָנגעקומען גאָר אויף דעם נידעריקסטן." ס'איז ניט געווען אמת, ווײַט ניט אַזוי.

ס'איז געווען אַזוי.

מיר האָבן זיך באַזעצט אין דעם איגלו דאָס ערשטע מאָל, וואָרן מיר האָבן געדאַרפֿט אײַנשפּאָרן נאַפֿט דורך ניצן דעם טראַן־אויוון, אויב מיר וועלן האָבן אַ ביסל פֿאַרן צוריקקער, און מיר האָבן ניט געוואָלט באַדעקן דאָס געצעלט מיט דעם אייליקן שוואַרצן שמוץ וואָס קומט דווקא מיטן ברענען טראָן. די זאַווערוכע האָט געבלאָזן די גאַנצע נאַכט, באַדעקט אונדז מיט זאַווערוכע וואָס קומט אַרײַן דורך הונדערטער לעכצן; אין אָט דעם שטאַרק ווינט־געשאַרטן אָרט האָבן מיר ניט געקענט געפֿינען קיין ווייכן שניי אײַנצופּאַקן צווישן די פֿײַדעס האַרטער שניי. בעת מיר צערעפּטלען טראָן פֿון איינער אַ פּענגווין־פֿעל, האָט דער פֿײַנער געבלאָזענער שניי פֿאַרדעקט אַלץ וואָס מיר פֿאַרמאָגן.

כאָטש דאָס איז געווען אומבאַקוועם איז עס ניט קיין גרויסע דאגה. אַ טייל פֿון דעם בלאָזנדיקן שניי וואָס די זאַווערוכע ברענגט האָט זיך אָנגעקויפּט ווינד־אַראָפּ פֿון דער כאַלופּע און די פֿעלדזן וואָס אונטער זיי האָבן מיר זי אויסגעבויט, קענען מיר דאָס ניצן צו מאַכן די כאַלופּע וועטער־באַוואָרנטער. מיט גרויס שוועריקייט האָבן מיר אָנגעצונדן דעם טראָן־אויוון, האָט ער אַ שפּריץ געטאָן מיט אַ טראָפּן זידנדיקן אייל אין בילס אויג אַרײַן. די גאַנצע נאַכט איז ער געלעגן באַשטימפּערלעך אין גרויס ווייטיק, גאָר ניט קענענדיק דערשטיקן די קרעכצן; שפּעטער האָט ער אונדז אויסגעזאָגט, אַז ער האָט געמיינט דאָס אויג איז גאַנץ קאַליע געמאַכט.

it began to get worse. The weather was getting thick and things did not look very nice when we started up to find our tent. Soon it was blowing force 4, and soon we missed our way entirely. We got right up above the patch of rocks which marked our igloo and only found it after a good deal of search.

I have heard tell of an English officer at the Dardanelles who was left, blinded, in No Man's land between the English and Turkish trenches. Moving only at night, and having no sense to tell him which were his own trenches, he was fired at by Turk and English alike as he groped his ghastly way to and from them. Thus he spent days and nights until, one night, he crawled towards the English trenches, to be fired at as usual. "Oh God! what can I do!" someone heard him say, and he was brought in.

Such extremity of suffering cannot be measured: madness or death may give relief. But this I know: we on this journey were already beginning to think of death as a friend. As we groped our way back that night, sleepless, icy, and dog-tired in the dark and the wind and the drift, a crevasse seemed almost a friendly gift.

"Things must improve," said Bill next day, "I think we reached bed-rock last night." We hadn't, by a long way.

It was like this.

We moved into the igloo for the first time, for we had to save oil by using our blubber stove if we were to have any left to travel home with, and we did not wish to cover our tent with the oily black filth which the use of blubber necessitates. The blizzard blew all night, and we were covered with drift which came in through hundreds of leaks: in this wind-swept place we had found no soft snow with which we could pack our hard snow blocks. As we flensed some blubber from one of our penguin skins the powdery drift covered everything we had.

Though uncomfortable this was nothing to worry about overmuch. Some of the drift which the blizzard was bringing would collect to leeward of our hut and the rocks below which it was built, and they could be used to make our hut more weather-proof. Then with great difficulty we got the blubber stove to start, and it spouted a blob of boiling oil into Bill's eye. For the rest of the night he lay, quite unable to stifle his groans, obviously in very great pain: he told us afterwards that he thought his eye was gone.

העלדזער מיט רימענס פֿון לאָמפּנקנויט) און דערנאָך די פֿעלן, אָבער ס'איז מיר אין גאַנצן דורכגעפֿאַלן מיטן העלפֿן ביל. "ציט," האָט ער גערופֿן פֿון אונטן; "איך צי," האָב איך געזאָגט. "נאָר דער שנור איז גאָר לויז דאָ," האָט ער געשריגן. און ווען ער איז אָנגעקומען אויבן דורך אַרויפֿקריכן אויף באַווערסעס פּלייצעס און מיר האָבן ביידע געשלעפּט וואָס שטאַרקער, איז בירדיס עק שנור נאָך אַלץ געווען לויז אין די הענט. גלײַך ווען מיר האָבן אָנגעשטרענגט דעם שנור האָט ער זיך געשניטן אינעם אײַזקאַנט און זיך פֿאַרהאַקט – אַ געוויינטלעכע מניעה בײַם אַרבעטן צווישן שפּאַרעס. מיר האָבן געפּרוווט פֿירן דעם שנור איבער אַן אײַזהאַק אָן דערפֿאָלג, און אַלץ האָט אָנגעהויבן ווערן ערנסט ווען בירדי, וואָס ער האָט זיך אַרויסגעלאָזט זוכן און דערווײַל אַרײַנגעשטעקט אַ פֿוס דורך אַ שפּאַלט אין ים אַרײַן, האָט געפֿונען אַן אָרט וווּ די סקאַלע הענגט ניט אַריבער. ער האָט אײַנגעשניטן טרעפּ פֿאַר זיך אַליין, האָבן מיר געשלעפּט, און לסוף זײַנען מיר אַלע צוזאַמען אויבן – זײַן פֿוס שוין אײַנגעפּאַקט אין אַ גאַנצענער מאַסע אײַז.

מיר האָבן גענומען די פֿיס אויף די פּלייצעס אויף וויפֿל ס'איז מיגלעך צוריק: פֿינף אייער אין די פּעלצענע קוליקלעך, בירדי מיט צוויי פֿעלן צו אים צוגעבונדן און נאָכגעשלעפּט אויף הינטן, און איך אַליין מיט איינער אַזוינער. מיר זײַנען געווען צו זיך צוגעבונדן מיטן שטריק, און דאָס אַרויפֿקריכן קאַם־אַרויף און זיך דורכקוועטשן דורך די לעכער איז געווען זייער שווער. אין איין אָרט מיט אַ שטאָציקן שיפּוע פֿון רים און שניי האָב איך איבערגעלאָזט דעם אײַזהאַק אויפֿן האַלבן וועג אויבן; אין אַ צווייטן איז געווען צו טונקל צו זען אונדזערע פֿריִערדיקע אײַזהאַק־טרעפּ, און איך האָב ניט געקענט זען גאָרנישט, האָב איך זיך אַראָפּגעלאָזט, זאָל זײַן מיט מזל. מיט אומענדיקער גערולד האָט ביל געזאָגט, "טשערי, איר *מוזט* זיך אויסלערנען ווי מע ניצט אַן אײַזהאַק." בעתן רעשט נסיעה זײַנען מײַנע ווינטקליידער געווען קרוע־בלוע.

מיר האָבן געפֿונען דעם שליטן, און ניט פֿאַר דער צײַט, און איצט זײַנען אונדז דרײַ אייער געבליבן, מער־ווייניקער גאַנצע. די ביידע מײַנע האָבן געפּלאַצט אין די קוליקלעך; דאָס ערשטע האָב איך אויסגעליידיקט, דאָס צווייטע געלאָזט אין קוליקל, געהאַלטן פֿאַרן קאָכער; ס'איז ניט אַהין אָנגעקומען, נאָר בײַם צוריקקער אַהיים זײַנען מיר די קוליקלעך גיכער צעגאַנגען ווי בירדיס (ביל האָט קיינע ניט געהאַט[א]) און איך מיין, אַז דאָס פֿעטס אינעם איי האָט זיי עפּעס גוטס געטאָן. ווען מיר זײַנען אָנגעקומען אין די דאָלענעס אונטערן קאַם וווּ מיר האָבן געדאַרפֿט אַריבערגיין, איז געווען צו טונקל צו טאָן אַבי וואָס אַחוץ אויסטאַפּן דעם וועג. אַזוי זײַנען מיר אַריבער איבער אַ סך שפּאַרעס, געפֿונען דעם קאַם, און איבער אים אַריבערגעקראָכן. אויף העכער האָבן מיר געקענט זען בעסער, נאָר ס'איז באַלד אוממיגלעך געוואָרן נאָכצוגיין אונדזערע אייגענע שפּורן, און מיר האָבן זיך געטאָפּטשעט פֿאָרויס און צום גליק געפֿונען דעם שיפּוע וואָס מיר זײַנען אויף אים אַראָפּגעקומען. דעם גאַנצן טאָג האָט געבלאָזן אַ פֿאַסקודנער קאַלטער ווינט מיט אַ טעמפּעראַטור צווישן -20° און -30°, וואָס מיר האָבן אים שטאַרק דערפֿילט. איצט איז

[א] אין אַזאַ קעלט האָט ביל געדאַרפֿט האָבן קוליקלעך; אפֿשר מיינט איר אַז ביל האָט געהאַט אַן אַנדער מין האַנט־דעקונג.

necks with lampwick lanyards) and then the skins, but failed to help Bill at all. "Pull," he cried, from the bottom: "I am pulling," I said. "But the line's quite slack down here," he shouted. And when he had reached the top by climbing up on Bowers's shoulders, and we were both pulling all we knew Birdie's end of the rope was still slack in his hands. Directly we put on a strain the rope cut into the ice edge and jammed – a very common difficulty when working among crevasses. We tried to run the rope over an ice-axe without success, and things began to look serious when Birdie, who had been running about prospecting and had meanwhile put one leg through a crack into the sea, found a place where the cliff did not overhang. He cut steps for himself, we hauled, and at last we were all together on the top – his foot being by now surrounded by a solid mass of ice.

We legged it back as hard as we could go: five eggs in our fur mitts, Birdie with two skins tied to him and trailing behind, and myself with one. We were roped up, and climbing the ridges and getting through the holes was very difficult. In one place where there was a steep rubble and snow slope down I left the ice-axe half-way up; in another it was too dark to see our former ice-axe footsteps, and I could see nothing, and so just let myself go and trusted to luck. With infinite patience Bill said: "Cherry, you must learn how to use an ice-axe." For the rest of the trip my wind-clothes were in rags.

We found the sledge, and none too soon; and now had three eggs left, more or less whole. Both mine had burst in my mitts: the first I emptied out, the second I left in my mitt to put into the cooker; it never got there, but on the return journey I had my mitts far more easily thawed out than Birdie's (Bill had none) and I believe the grease in the egg did them good. When we got into the hollows under the ridge where we had to cross, it was too dark to do anything but feel our way. We did so over many crevasses, found the ridge and crept over it. Higher up we could see more, but to follow our tracks soon became impossible, and we plugged straight ahead and luckily found the slope down which we had come. All day it had been blowing a nasty cold wind with a temperature between -20° and -30°, which we felt a good deal. Now

זעלביקער סיבה. ס'איז אינטערעסאַנט, וואָס אַזאַ פּרימיטיווער[א] פֿויגל זאָל האָבן אַזאַ לאַנגע קינדשאַפֿט.

נאָר אַזוי אינטערעסאַנט ווי ס'מוז זײַן, די לעבנס־געשיכטע פֿון די אָ פֿייגל, זײַנען מיר ניט געגאַנגען דרײַ וואָך זיי צו זען זיצן אויף די אייער. מיר האָבן געוואָלט די עמבריאָנען, און געוואָלט זיי וואָס ייִנגער, און פֿריש און אומגעפֿרוירן, אַזוי אַז די מומחים אין דער היים זאָלן זיי קענען צעשנײַדן אין מיקראָסקאָפּישע שניטן און געוויר ווערן פֿון זיי די פֿריִערדיקע געשיכטע פֿון פֿייגל במשך פֿון די עוואָלוציאָנערע צײַטן. און דערפֿאַר האָבן ביל און בירדי גיך געזאַמלט פֿינף אייער, וואָס מיר האָבן זיי געהאָפֿט טראָגן בשלום אין די פּעלצענע קוליקלעך אין דעם איגלו אויף באַרג טעראָר, ווו מיר קענען זיי קאָנסערווירן אײַנגעלייגט אינעם אַלקאָהאָל, וואָס מיר האָבן געבראַכט אויף דעם צוועק. מיר האָבן אויך געדאַרפֿט קריגן אייל פֿאַרן טראָן־אויוון, האָבן זיי דערהרגעט און אָפּגעשונדן דרײַ פֿייגל – איין קייסער וועגט ביז 91 פֿונט.

דער ראָס־ים איז אין גאַנצן פֿאַרפֿרוירן געוואָרן, און עס זײַנען ניט געווען קיין ים־הינט ווו מע זעט. עס זײַנען געווען בלויז 100 קייסאָרים אין פֿאַרגלײַך מיט 2000 אין 1902 און 1903. ביל האָט גערעכנט, אַז יעדער פֿערטער אָדער פֿינפֿטער פֿויגל האָט אַן איי, אָבער דאָס איז געווען נאָר אַ בערכדיקע אָפּשאַצונג, ווײַל מיר האָבן ניט געוואָלט שטערן זיי אומזיסט. ס'איז אַ רעטעניש, פֿאַר וואָס עס זײַנען דאָ אַזוי ווינציק פֿייגל, נאָר ס'האָט אויסגעזען ווי דאָס אײַז האָט זיך געפֿורעמט מיט ניט לאַנג צוריק. זײַנען די געציילטע פֿייגל די ערשטע אָנגעקומענע? איז אַ פֿריִערדיקער נעסט־שטח אַוועקגעבלאָזן געוואָרן אין ים אַרײַן און איז דאָס דער אָנהייב פֿון אַ צווייטן פּרווו? ווערט אָט די בוכטע ים־אײַז אומזיכער?

די וואָס האָבן פֿריִער אַנטדעקט די קייסאָרים מיט זייערע פּויקעלעך האָבן געזען די פּענגווינען פּילעווען טויטע און פֿאַרפֿרוירענע פּויקעלעך אויב זיי האָבן ניט געקענט קריגן אַ לעבעדיקס. זיי האָבן אויך געפֿונען צעלייגטע אייער, וואָס זיי האָבן זיי געמוזט אויסוואַרעמען, נאָך דעם ווען זיי זײַנען פֿאַרפֿרוירן געוואָרן. איצט האָבן מיר זיך דערוווּסט, אַז די אָ פֿייגל זײַנען אַזוי להוט צו זיצן אויף וואָס עס איז, אַז עטלעכע וואָס אָן אייער זיצן אויף אײַז! עטלעכע מאָל האָבן ביל און בירדי אויפֿגעהויבן אייער און געפֿונען, אַז זיי זײַנען הרודעס אײַז, פֿאַרקײַלעכט און בערך די ריכטיקע גרייס, שמוציק און האַרט. איין מאָל האָט אַ פֿויגל אָפּגעלאָזט אַן אײַז־איי בעת זיי קוקן אָן, און נאָך אַ מאָל איז אַ פֿויגל צוריקגעקומען און אַרײַנגעשטעקט אַ צווייט אײַז־איי אין זיך, אָבער תּיכּף אים אַוועקוואַרפֿן לטובֿת אַן אמת איי, ווען מע דערלאַנגט עס.

בשעת מעשׂה איז אַ גאַנצע ריי קייסאָרים אַרומגעקומען אונטער דער סקאַלע וואָס דערויף איך שטיי. די ליכט איז שוין זייער שלעכט געוואָרן, און ס'איז געווען גוט וואָס די באַלייטערס קומען גיך צוריק; מיר האָבן געדאַרפֿט טאָן אַלצדינג מיט גרויס אײַלעניש. איך האָב אַרויפֿגעשלעפּט די אייער אין זייערע קוליקלעך (וואָס מיר האָבן זיי צונויפֿגעהאָפֿטן אַרום די

[א] אַז פּענגווינען זײַנען פּרימיטיווע פֿייגל האָבן געהאַלטן די ביאָלאָגן אין יענער צײַט; ס'איז אַ טעות. זעט אויך הערה א'.

the same reason. It is of interest that such a primitive bird should have so long a childhood.

But interesting as the life history of these birds must be, we had not travelled for three weeks to see them sitting on their eggs. We wanted the embryos, and we wanted them as young as possible, and fresh and unfrozen, that specialists at home might cut them into microscopic sections and learn from them the previous history of birds throughout the evolutionary ages. And so Bill and Birdie rapidly collected five eggs, which we hoped to carry safely in our fur mitts to our igloo upon Mount Terror, where we could pickle them in the alcohol we had brought for the purpose. We also wanted oil for our blubber stove, and they killed and skinned three birds – an Emperor weighs up to 6½ stones.

The Ross Sea was frozen over, and there were no seal in sight. There were only 100 Emperors as compared- with 2000 in 1902 and 1903. Bill reckoned that every fourth or fifth bird had an egg, but this was only a rough estimate, for we did not want to disturb them unnecessarily. It is a mystery why there should have been so few birds, but it certainly looked as though the ice had not formed very long. Were these the first arrivals? Had a previous rookery been blown out to sea and was this the beginning of a second attempt? Is this bay of sea-ice becoming unsafe?

Those who previously discovered the Emperors with their chicks saw the penguins nursing dead and frozen chicks if they were unable to obtain a live one. They also found decomposed eggs which they must have incubated after they had been frozen. Now we found that these birds were so anxious to sit on something that some of those which had no eggs were sitting on ice! Several times Bill and Birdie picked up eggs to find them lumps of ice, rounded and about the right size, dirty and hard. Once a bird dropped an ice nest egg as they watched, and again a bird returned and tucked another into itself, immediately forsaking it for a real one, however, when one was offered.

Meanwhile a whole procession of Emperors came round under the cliff on which I stood. The light was already very bad and it was well that my companions were quick in returning: we had to do everything in a great hurry. I hauled up the eggs in their mitts (which we fastened together round our

צײַט אויף אַזאַ געלעגנהייט. אין די בילדנע פֿייגל זעט מען, אַז דער מוטערישער צד פֿריטשמעליעט דווקא די אַנדערע אַספּעקטן פֿון לעבן. אַזוי איז דער קאַמף נאָך קיום, אַז זיי קענען לעבן נאָר דורך אַ גוזמא מוטערשאַפֿט, און מע וואָלט וועלן וויסן צי אַזאַ לעבן רופֿט אַרויס גליק אָדער באַפֿרידיקונג.

די מאַנשאַפֿט פֿון דער *אַנטדעקונג* האָט געפֿונען דעם דאָזיקן נעסט־שטח פּונקט דאָ ווו מיר שטייען[א]. זיי האָבן געמאַכט נסיעות פֿרי אין פֿרילינג נאָר ניט אָנגעקומען גענוג פֿרי צו קריגן אייער, געפֿונען נאָר עלטערן מיט פּויקעלעך. זיי האָבן אַרויסגעדרונגען, אַז דער קייסער איז אַ פֿידערבכדיקער פֿויגל, וואָס ער מאַכט, אויף וואָס פֿאַר אַ סיבה, די נעסטן פּונקט אין מיטן אַנטאַרקטישן ווינטער, אין אַ טעמפּעראַטור עפּעס קעלטער פֿון זיבעציק גראַד פֿראָסט[ב], מיט זאַווערוכעס בלאָזן, שטענדיק בלאָזן, אויף זײַנע איבערגעגעבענע פּלייצעס. און זיי האָבן אים געפֿונען האַלטנדיק זײַן טײַער פּויקעלע באַלאַנסירט אויף זײַנע גרויסע פֿיס, קוועטשנדיק עס מוטעריש צי פֿאָטעריש (וואָרן ביידע געשלעכטער פֿאַרמעסטן זיך נאָך דער זכיה) אַנטקעגן אַ ליסע שטיקל הויט אויף דער ברוסט. און ווען ער מוז גיין סוף־כל־סוף קריגן עפּעס עסן אין די אָפֿענע שפּאַרונעס דערבײַ, לייגט ער פּשוט אַוועק דאָס קינד אויפֿן אײַז, און צוואַנציק קייסאָרים אָן פּויקעלעך אײַלן זיך עס צו קריגן. און זיי צעקריגן זיך איבער אים, און צערײַסן אים אַזוי, אַז אָפֿט מאָל שטאַרבט עס. און אויב עס איז בכּוח, וועל עס אַרײַנקריכן אין אַבי וואָס אַן אײַזשפּאַלט כּדי צו אַנטלויפֿן פֿון אַזוי פֿיל ליבהאַרציקייט, און דאָרט ווערט עס פֿאַרפֿרוירן. פּונקט אַזוי האָט מען געפֿונען אַ סך צעבראָכענע און צעפֿוילטע אייער, און ס'איז קלאָר, אַז די שטאַרביקייט איז זייער גרויס. עטלעכע אָבער בלײַבן לעבן, און זומער קומט; און ווען עס קומט אָן צו בלאָזן אַ גרויסע זאַווערוכע (זיי פֿאַרשטייען גוט דעם וועטער), נעמען די עלטערן די קינדער מײַלן איבערן ים־אײַז, ביז צו דער שוועל פֿונעם אָפֿענעם ים. דאָרט זיצן זיי ביז עס קומט אַ ווינט, און דער ים־אויפֿלויף הייבט זיך אָן און צעשפּרייט די קריִעס; און פֿאָרן פֿאָרן זיי אַוועק אינעם בלענדנדיקן צעבלאָזענעם שניי זיך צו פֿאַרבינדן מיטן פּאַק־אײַז גופֿא, מיט אַ פּריוואַט שיפֿל פֿאַר זיך אַליין.

מע דאַרף מסכּים זײַן, אַז אַזאַ פֿויגל איז אַן אינטערעסאַנטע חיה, און ווען מיר האָבן, מיט זיבן חדשים צוריק, גערודערט אַ שיפֿל אונטער אָט די גרויסע שוואַרצע סקאַלעס[ג] און געפֿונען אַן אומטרייסטעוודיק קייסער־פּויקעלע נאָך אַלץ אין פּוך, האָבן מיר קלאָר פֿאַרשטאַנען, פֿאַר וואָס דער קייסער דאַרף לייגן אין מיטן ווינטער. וואָרן, אויב אַן איי פֿון יוני בלײַבט נאָך אָן פֿעדערן אָנהייב יאַנואַר, וועט דאָס זעלביקע איי, געלייגט אין זומער, לאָזן זײַן אַרויסקום אָן שום תּכליתדיקער דעקונג דעם קומעדיקן ווינטער. אַזוי איז עס, אַז דער קייסער־פּענגווין ווערט געצוווּנגען פֿירנעמען אַלערליי אָפּקומענישן מחמת זײַנע קינדער בלײַבן בײַ וואַקסן אַזוי פּאַמעלעך, פּונקט ווי מיר זײַנען געבונדן אין אונדזערע מענטשלעכע באַציִונגען, צוליב דער

[א] זעט סקאָט, *די נסיעה פֿון דער אַנטדעקונג*, ב. ii, זז. 5, 6, 490. (Scott, *The Voyage of the Discovery*, v. ii, pp. 5, 6, 490)

[ב] ד"ה, 38°- פֿאַר.

[ג] ער דערציילט וועגן דעם פֿריִער אינעם בוך, אויף ז. 125.

די ווינטער־נסיעה

time for the opportunity. In these poor birds the maternal side seems to have necessarily swamped the other functions of life. Such is the struggle for existence that they can only live by a glut of maternity, and it would be interesting to know whether such a life leads to happiness or satisfaction.

The men of the Discovery found this rookery where we now stood.[א] They made journeys in the early spring but never arrived early enough to get eggs and only found parents and chicks. They concluded that the Emperor was an impossible kind of bird who, for some reason or other, nests in the middle of the Antarctic winter with the temperature anywhere below seventy degrees of frost, and the blizzards blowing, always blowing, against his devoted back. And they found him holding his precious chick balanced upon his big feet, and pressing it maternally, or paternally (for both sexes squabble for the privilege) against a bald patch in his breast, And when at last he simply must go and eat something in the open leads nearby, he just puts the child down on the ice, and twenty chickless Emperors rush to pick it up. And they fight over it, and so tear it that sometimes it will die, And, if it can, it will crawl into any ice-crack to escape from so much kindness, and there it will freeze. Likewise many broken and addled eggs were found, and it is clear that the mortality is very great. But some survive, and summer comes; and when a big blizzard is going to blow (they know all about the weather), the parents take the children out for miles across the sea-ice, until they reach the threshold of the open sea, And there they sit until the wind comes, and the swell rises, and breaks that ice-floe off; and away they go in the blinding drift to join the main pack-ice, with a private yacht all to themselves.

You must agree that a bird like this is an interesting beast, and when, seven months ago, we rowed a boat under those great black cliffs[ב] and found a disconsolate Emperor Chick still In the down, we knew definitely why the Emperor has to nest in mid-winter. For if a June egg was still without feathers in the beginning of January, the same egg laid in the summer would leave its produce without practical covering for the following winter. Thus the Emperor penguin is compelled to undertake all kinds of hardships because his children insist on developing so slowly, very much as we are tied in our human relationships for

---

[א] See Scott, The Voyage of the Discovery, vol. ii, pp. 5, 6, 490.
[ב] See p. 125.

אָט־אָט האָב איך זיך געפֿונען אַרויסקוקן פֿון דער צווייטער זײַט אַרויס, מיט אַ טיפֿער בערע אונטן, מיט דער שטיינוואַנט אויף איין זײַט, און דעם אײַז אויף דער צווייטער. "לייגט דעם רוקן אַנטקעגן דעם אײַז און די פֿיס אַנטקעגן דעם שטיין און הייבט זיך ווײַטער," האָט ביל געזאָגט, שטייענדיק שוין אויף פֿעסטן אײַז בײַם ווײַטערדיקן עק אין אַ שניי־גרוב. מיר האָבן אײַנגעשניטן אפֿשר פֿופֿצן טרעפּלעך כּדי אַרויסצוקריכן פֿון אָט דער לאָך. שוין צעיאַכמערט און מיט גרויס פֿאַרגעניגן, איז אונדז דער וועג פֿאָרויס גרינגער געוואָרן, ביז די געשרייען פֿון די פּענגווינען האָבן אונדז דערגרייכט, און מיר זײַנען געשטאַנען, דרײַ קריסטאַליזירטע אָפּגעריסענע־אָפּגעשליסענע, איבער די קייסאָרימס היים. זיי זײַנען געווען דאָרט, באמת, און מיר וועלן דערגיין ביז זיי, נאָר ווו זײַנען געווען די אַלע טויזנטער וואָס וועגן זיי האָבן מיר געהאַט געהערט?

מיר זײַנען געשטאַנען אויף אַן אײַזפֿוס, וואָס איז אין דער אמתן אַ שרעטלדיק סקאַלעכל אַ פֿוס צוועלף אין דער הייך, און דאָס ים־אײַז, מיט זייער אַ סך אײַזפּײַדעס אָנגעשאָטן דערויף, איז געלעגן אונטן. דאָס סקאַלעכל איז אַראָפּגעפֿאַלן גלײַך, מיט עפּעס אַן אַריבערהאַנג און ניט קיין שניי־זאַווײ. ס'קען זײַן אַזוי ווײַל דער ים איז נאָר אַנומלט פֿאַרפֿרוירן געוואָרן; וואָס די סיבה זאָל ניט זײַן האָט דאָס געמיינט, אַז מיר וועלן האָבן אַ סך צרות אַרויפֿצוקריכן אָן הילף. האָבן מיר בײַ זיך באַשלאָסן, אַז עמעצער דאַרף בלײַבן אויבן מיטן באַרגשטריק, און ס'איז געווען קלאָר, אַז אָט דער עמעצער זאָל זײַן איך, מחמת מיט מײַן נידעריקער ראיה און פֿאַרנעפּלטע ברילן, וואָס איך האָב זיי ניט געקענט טראָגן, בין איך געווען דער אומנוציקסטער אין דער פּאַרטיע בײַ דער באַלדיקער אַרבעט. אויב מיר וואָלטן געהאַט דעם שליטן, וואָלטן מיר געקענט אים ניצן ווי אַ לייטער, נאָר אַוודאי האָבן מיר אים איבערגעלאָזט בײַם אָנהייב פֿון דער מאָרענע שוין מײַלן צוריק.

מיר האָבן געזען די קייסאָרים שטיין אַלע צוזאַמען, זיך געטוליעט אין רעדלעך אונטער דער באַריער־סקאַלע ווײַט עטלעכע הונדערטע יאַרדן. דאָס פּיצל ליכט האָט זיך גיך אָפּגעטונקלט; מיר זײַנען געווען גאָר מער אויפֿגערודערט וועגן דעם צוגאַנג פֿון חשכות און דעם אויסזע פֿון ווינט אויף דרום ווי וועגן אונדזער נצחון. נאָך אומבאַשרײַבלעכער מי און מאַטערניש, האָבן מיר צוגעזען אַ וווּנדער פֿון דער נאַטירלעכער וועלט, און מיר זײַנען געווען די ערשטע און איינציקע מענטשן וואָס האָבן דאָס געטאָן; ס'איז געווען צו דער האַנט מאַטעריאַל וואָס וועט זיך אַרויסווײַזן אפֿשר פֿאַר דער העכסטער וויסנשאַפֿטלעכער וויכטיקייט; מיר האָבן געמאַכט פֿאַקטן פֿון טעאָריעס מיט יעדער אָבסערוואַציע – און מיר האָבן געהאַט דערויף בלויז אַ רגע.

די באַאומרויִקטע קייסאָרים האָבן געמאַכט אַ גוואַלדיקן ליאַרעם, טרומייטנדיק מיט זייערע טשיקאַווע מעטאַלענע קולער. בלי־ספֿק, וואָס זיי האָבן אייער, ווײַל זיי האָבן געפּרוּווט דרעפּטשען אַרום אויפֿן באָדן אָן פֿאַרלירן זיי פֿון די פֿיס. נאָר אַז מע יאָגט זיך נאָך זיי, זײַנען גאָר אַ סך אייער אַראָפּגעלאָזט געוואָרן, געבליבן ליגן אויפֿן אײַז, און עטלעכע פֿון זיי זײַנען גיך אַדאָפּטירט געוואָרן פֿון אייערלאָזע קייסאָרים, וואָס זיי האָבן מסתּמא געוואַרט שוין אַ לאַנגע

presently I found myself looking out of the other side with a deep gully below me, the rock face on one hand and the ice on the other. "Put your back against the ice and your feet against the rock and lever yourself along," said Bill, who was already standing on firm ice at the far end in a snow pit. We cut some fifteen steps to get out of that hole. Excited by now, and thoroughly enjoying ourselves, we found the way ahead easier, until the penguins' call reached us again and we stood, three crystallized ragamuffins, above the Emperors' home. They were there all right, and we were going to reach them, but where were all the thousands of which we had heard?

We stood on an ice-foot which was really a dwarf cliff some twelve feet high, and the sea-ice, with a good many ice-blocks strewn upon it, lay below. The cliff dropped straight, with a bit of an overhang and no snow-drift. This may have been because the sea had only frozen recently; whatever the reason may have been it meant that we should have a lot of difficulty in getting up again without help. It was decided that someone must stop on the top with the Alpine rope, and clearly that one should be I, for with short sight and fogged spectacles which I could not wear I was much the least useful of the party for the job immediately ahead. Had we had the sledge we could have used it as a ladder, but of course we had left this at the beginning of the moraine miles back.

We saw the Emperors standing all together huddled under the Barrier cliff some hundreds of yards away. The little light was going fast: we were much more excited about the approach of complete darkness and the look of wind in the south than We were about our triumph. After indescribable effort and hardship we were witnessing a marvel of the natural world, and we were the first and only men who had ever done so; we had within our grasp material which might prove of the utmost importance to science; we were turning theories into facts with every observation we made, – and we had but a moment to give.

The disturbed Emperors made a tremendous row, trumpeting with their curious metallic voices. There was no doubt they had eggs, for they tried to shuffle along the ground without losing them off their feet. But when they were hustled a good many eggs were dropped and left lying on the ice, and some of these were quickly picked up by eggless Emperors who had probably been waiting a long

איז, מיט אונדז אַלע אײַנגעשפּאַנט צום שליטן, ביל אויף אַ לאַנגן שטריק אַפּריִער און בירדי און איך קאָנטראָלירנדיק דעם שליטן פֿון הינטן, האָבן מיר אָנגעהויבן אַראָפּגיין דעם שיפּוע, וואָס ענדיקט זיך אין דער סקאַלע, וואָס, פֿאַרשטייט זיך, קענען מיר ניט זען. מיר זײַנען אַריבער איבער עטלעכע קליינע שפּאַרעס, און באַלד דערפֿילט, אַז מיר זײַנען שיִער ניט אַהין. צוויי מאָל האָבן מיר זיך אָנגערוקט ביזן קאַנט סקאַלע אָן הצלחה, און דערנאָך האָבן מיר יאָ געפֿונען די שיפּוע; און דערצו זײַנען מיר אַראָפּ אָן שום צרות און עס האָט אונדז געפֿירט פּונקט ווו מיר ווילן זײַן, צווישן די ערדסקאַלעס און דעם דריק.

דעמאָלט האָט זיך אָנגעהויבן דער שפּאַנענדיקסטער קלעטער אין מיטן דעם דריק וואָס איר קענט זיך פֿאָרשטעלן. קודם־כּל, גאָר ווי ס'איז געווען נעכטן – שלעפּן זיך, איינער דעם צווייטן, קאָם־אַרויף, זיך גליטשן שיפּוע־אַראָפּ, זיך קוליען אין די שפּאַרעס, אַרײַן און אַרויס, און אין אַלערליי לעכער, זײַנען מיר ווײַטער געגאַנגען אונטער די סקאַלעס וואָס הייבן זיך אויף אַלץ העכער און העכער איבער אונדז בשעת מיר קומען נאָענט צו די שוואַרצע לאַווענע תּהומען וואָס פֿורעמען קאַפּ־קראָזיער גופֿא. מיר זײַנען רײַטנדיק געגאַנגען אויפֿן אויבן פֿון אַ שניי־קאַם מיט אַ גאָלמעסערדיקן קאַנט, באַלאַנסירן דעם שליטן צווישן אונדז בעת מיר באָרבלען זיך; אויף רעכטס איז געווען אַן אַראָפּהאַנג, זייער אַ טיפֿער, מיט שפּאַרעס בײַם דנאָ; אויף לינקס איז געווען אַ קלענערער אַראָפּהאַנג, אויך מיט שפּאַרעס. מיר האָבן געפּויזעט ווײַטער און לאָמיך אײַך זאָגן, ס'איז געווען אַ שפּאַנענדיקע אַרבעט אין דעם מער־ווי־האַלב־חושך. בײַם עק איז געווען אַ ריי שיפּועים פֿול מיט שפּאַרעס, און לסוף זײַנען מיר אַרונטערגעקומען האַרט אונטערן פֿעלדז אויף דער מאָרענע, און דאָ האָבן מיר געדאַרפֿט איבערלאָזן דעם שליטן.

מיר האָבן זיך צוגעבונדן מיטן שטריק און אָנגעהויבן אונטערקריכן אונטער די סקאַלעס וואָס האָבן זיך געביטן פֿון אײַז צו שטיין און זיך אויפֿגעהויבן 800 פֿיס איבער אונדז. די מהומה פֿון דריק וואָס שטײַגט אַרויף אויף זיי האָט ניט באַוויזן קיין שום טאָלק. פֿיר הונדערט מײַלן אַריבערקריכנדיק אײַז הינטער דעם דריק האָט פּשוט געוואָרפֿן און געקאָרטשעט יענע ריזיקע קאָמען ביז איובֿן אַליין וואָלטן געפֿעלט דיבורים וואָס צו באַקלאָגן זייער באַשאַפֿער. מיר האָבן זיך געגראַבלט אַריבער און אַרונטער, אָנהענגענדיק מיט די העק און אויסשנײַדנדיק טרעפּ דאָרט ווו מיר האָבן ניט געקענט געפֿינען קיין אָנהאַלט מיט די קראַמפּאָנס. און כּסדר זײַנען מיר צוגעקומען צו די קייסער־פּענגווינען, און ס'האָט זיך טאַקע אויסגעדאַכט, אַז מיר וועלן דאָס אויף אַן אמתן אויפֿטאָן דאָס מאָל, ווען מיר זײַנען אָנגעקומען אויף אַ וואַנט פֿון אײַז, וואָס אין איין בליק האָבן מיר גוט פֿאַרשטאַנען, אַז מיר קענען קיין מאָל ניט איבער אים אַריבערגיין. איינער פֿון די גרעסטע דריקקאַמען איז געוואָרפֿן געוואָרן, מיטן עק אָנגעשפּאַרט אין דער סקאַלע. ס'האָט אונדז אַ פּנים אָפּגעשטעלט, נאָר ביל האָט אַנטדעקט אַ שוואַרצע לאָך, עפּעס ווי אַ פֿוקסנלאָך, וואָס פֿאַרשווינדט אין די געדערעם פֿונעם אײַז. מיר האָבן געקוקט אויף איר: "נו, הײַדאַ!" האָט ער געזאָגט, און אַרײַנגעשטעקט דעם קאָפּ אַרײַן, און פֿאַרשוווּנדן געוואָרן. באַוערס דאָס גלײַכן. ס'איז געווען אַ לענגלעכער וועג, נאָר גאָר מיגלעך זיך דורכצוצאַפּלען, און

די ווינטער־נסיעה

And so, all harnessed to the sledge, with Bill on a long lead out in front and Birdie and myself checking the sledge behind, we started down the slope which ended in the cliff, which of course we could not see. We crossed a number of small crevasses, and soon we knew we must be nearly there. Twice we crept up to the edge of the cliff with no success, and then we found the slope: more, we got down it without great difficulty and it brought us out just where we wanted to be, between the land cliffs and the pressure.

Then began the most exciting climb among the pressure that you can imagine. At first very much as it was the day before – pulling ourselves and one another up ridges, slithering down slopes, tumbling into and out of crevasses and holes of all sorts, we made our way along under the cliffs which rose higher and higher above us as we neared the black lava precipices which form Cape Crozier itself. We straddled along the top of a snow ridge with a razor-backed edge, balancing the sledge between us as we wriggled: on our right was a drop of great depth with crevasses at the bottom, on our left was a smaller drop also crevassed. We crawled along, and I can tell you it was exciting work in the more than half darkness. At the end was a series of slopes full of crevasses, and finally we got right in under the rock on to moraine, and here we had to leave the sledge.

We roped up, and started to worry along under the cliffs, which had now changed from ice to rock, and rose 800 feet above us. The tumult of pressure which climbed against them showed no order here. Four hundred miles of moving ice behind it had just tossed and twisted those giant ridges until Job himself would have lacked words to reproach their Maker. We scrambled over and under, hanging on with our axes, and cutting steps where we could not find a foothold with our crampons. And always we got towards the Emperor penguins, and it really began to look as if we were going to do it this time, when we came up against a wall of ice which a single glance told us we could never cross. One of the largest pressure ridges had been thrown, end on, against the cliff. We seemed to be stopped, when Bill found a black hole, something like a fox's earth, disappearing into the bowels of the ice. We looked at it: "Well, here goes!" he said, and put his head in, and disappeared. Bowers likewise. It was a longish way, but quite possible to wriggle along, and

אָפּגערעדט, אַז מיר דאַרפֿן פּשוט גיין פֿאָרויס. לעולם האָבן מיר זיי ווידער געפֿונען, און זײַנען דעמאָלט שוין אַרויס פֿון דאָס ערגסטע; נאָר ס'האָט אונדז דערפֿרייט צו זען דאָס געצעלט.

צו מאָרגנס (דאָנערשטיק, דעם 20סטן יוני) האָבן מיר גענומען אַרבעטן אויף דעם איגלו דרײַ אָ זייגער אין דער פֿרי, ס'איז אונדז געראָטן צופֿעסטיקן דעם קאַנווענעם דאַך, אויף צו להכעיס אַ ווינט וואָס האָט אונדז געטשעפּעט דעם גאַנצן טאָג. קוים האָבן מיר זיך געקענט פֿאָרשטעלן וואָס דער דאָזיקער דאַך וועט אונדז אָפּטאָן בשעת מיר פּאַקן אים אײַן מיט שנייפֿײַדעס, ציִען אים אויס איבערן צווייטן שליטן, וואָס מיר האָבן אַוועקגעלייגט אין דער קווער אין מיטן אויף די לענגערע ווענט. דער ווינט־אַרויף־עק (אויף דרום) פֿירט פּונקט ביז צום באָדן און מיר האָבן אים פֿעסט צוגעבונדן צו שטיינער איידער מיר האָבן אויפֿגעהערט אַרבעטן. אויף די אַנדערע דרײַ זײַטן האָבן מיר געהאַט אַ פֿוס צוויי צי מער לויזע קאַנווע אומעטום, און אומעטום האָבן מיר אים צוגעבונדן צו שטיינער מיט רימענס אַלע צוויי פֿיס. די טיר איז געווען די מניעה, און דערווײַל האָבן מיר געלאָזט דאָס טוך אויסגעבויגן איבער די שטיינער, ווי עפּעס אַ גאַניק. די גאַנצע זאַך איז גוט אײַנגעפּאַקט און באַדעקט געוואָרן מיט פּלאַטעס האַרטן שניי, נאָר ס'איז ניט געווען קיין ווייכער שניי, וואָס מע ניצט אים אָנצופֿילן די ריסן צווישן די פֿײַדעס. פֿונדעסטוועגן האָבן מיר שוין געמיינט, אַז ס'איז ניטאָ וואָס ס'האָט געקענט אַרויסציִען דעם דאַך פֿון דער אײַנפּאַקונג, און די ווײַטערדיקע געשעענישן האָבן באַוויזן, אַז מיר זײַנען געווען גערעכט.

עס איז געווען אַ טריבע אַרבעט דרײַ אַ זייגער אין דער פֿרי פֿאַרן פֿרישטיק, און מיר זײַנען געווען צופֿרידן צוריקצוקומען אינעם געצעלט און צו עסן, מחמת מיר האָבן אין זינען נאָך אַ מאָל פּרוּוון אָנצוקומען דעם טאָג בײַ די קייסאָרים. בײַם ערשטן פֿאַרטאָג זײַנען מיר נאָך אַ מאָל אַוועק קיין דעם נעסט־שטח.

נאָר איצט האָבן מיר געוווּסט אַ זאַך צוויי מכּוח דעם דאָזיקן דריק וואָס מיר האָבן ניט געהאַט געוווּסט מיט אַ מעת־לעת פֿריִער; למשל, שוין אַ סך האָט זיך געביטן זינט די *אַנטדעקונג*־טעג און מסתּמא האָט זיך דער דריק פֿאַרגרעסערט. פֿאַקטיש האָט מען שפּעטער דערוויזן דורך פֿאָטאָגראַפֿיעס, אַז די קאָמען ציִען זיך הײַנט ווײַטער אַ דרײַ־פֿערטל מײַל אין ים אַרײַן ווי מיט צען יאָר צוריק. מיר האָבן אויך געוווּסט, אַז אויב מיר גייען אַרײַן אינעם דריק בײַם אייניציקן אָרט ווו די אײַזסקאַלעס קומען אַראָפּ ביז דער הייך פֿונעם באַריער, ווי נעכטן, וואָלטן מיר ניט געקענט ניט אַרײַנדרינגען אינעם נעסט־שטח און ניט אונטערקריכן אונטער די סקאַלעס ווו פֿריִער האָט מען געפֿונען אַ מיגלעכן וועג. ס'איז געבליבן נאָר איין זאַך צו טאָן – צו גיין אַריבער איבער דער סקאַלע. און אָט דאָס האָבן מיר בדעה געהאַט צו פּרוּוון טאָן.

נו, די דאָזיקע אײַזסקאַלעס זײַנען אַ צוויי הונדערט פֿוס אין דער הייך, און ס'איז מיר געווען אומבאַקוועם, בפֿרט אינעם פֿינצטערניש. נאָר ווען מיר זײַנען צוריקגעקומען נעכטן האָבן מיר דערזען איין אָרט מיט אַן אײַנשניט אין די סקאַלעס, וואָס פֿון אים הענגט אַראָפּ אַ שניי־זאַווײ. אפֿשר וועט זײַן מיגלעך אַראָפּצוקריכן לענג־אויס דעם זאַווײ.

settled we must just go ahead. As a matter of fact, we picked them up again, and by then were out of the worst: but we were glad to see the tent.

The next morning (Thursday, 20 June) we started work on the igloo at 3 a.m. and managed to get the canvas roof on in spite of a wind which harried us all that day. Little did we think what that roof had in store for us as we packed it in with snow blocks, stretching it over our second sledge, which we put athwartships across the middle of the longer walls. The windward (south) end came right down to the ground and we tied it securely to rocks before packing it in. On the other three sides we had a good two feet or more of slack all round, and in every case we tied it to rocks by lanyards at intervals of two feet. The door was the difficulty, and for the present we left the cloth arching over the stones, forming a kind of portico. The whole was well packed in and over with slabs of hard snow, but there was no soft snow with which to fill up the gaps between the blocks. However, we felt already that nothing could drag that roof out of its packing, and subsequent events proved that we were right.

It was a bleak job for three o'clock in the morning before breakfast, and we were glad to get back to the tent and a meal, for we meant to have another go at the Emperors that day. With the first glimpse of light we were off for the rookery again.

But we now knew one or two things about that pressure which we had not known twenty-four hours ago; for instance, that there was a lot of alteration since the Discovery days and that probably the pressure was bigger. As a matter of fact it has been since proved by photographs that the ridges now ran out three-quarters of a mile farther into the sea than they did ten years before. We knew also that if we entered the pressure at the only place where the ice cliffs came down to the level of the Barrier, as we did yesterday, we could neither penetrate to the rookery nor get in under the cliffs where formerly a possible way had been found. There was only one other thing to do – to go over the cliff. And this was what we proposed to try and do. Now these ice-cliffs are some two hundred feet high, and I felt uncomfortable, especially in the dark. But as we came back the day before we had noticed at one place a break in the cliffs from which there hung a snow-drift. It might be possible to get down that drift.

צוריקקער האָב איך זיך אַרײַנגעגליטשט אין אַזוינער, אַרויסגעצויגן פֿון די צוויי אַנדערע שטייענדיק אויפֿן וואַנט איבער מיר.

מיר האָבן זיך אַראָפּגעאַרבעט אַרײַן אין דער פֿאַרטיפֿונג צווישן דעם ערשטן און צווייטן גרויסע דריקקאַמען, און, איך מיין, אַרויף אויפֿן שפּיץ פֿונעם צווייטן. די קאַמען דאָ האָבן זיך אויפֿגעהויבן אַ פֿוס פֿופֿציק זעכציק. דערנאָך ווייס איך ניט ווהין מיר זײַנען געגאַנגען. די בעסטע אָריענטירן זײַנען געווען געגנטן מיט שפּאַרעס, אָפֿט מאָל דרײַ אָדער פֿיר אין עטלעכע טריט. די טעמפּעראַטורן זײַנען געווען נידערלעך (37°-). עס איז מיר געווען אוממיגלעך צו טראָגן די ברילן, איז דאָס געווען אַן אומגעהײַערע מניעה פֿאַר מיר און אַ עיכובֿ פֿאַר דער גרופּע: ביל געפֿינט אַ שפּאַרע, ווײַזט אָן אויף איר; בירדי גייט זי אַריבער; און אָבער און ווידער פּרווונדיק אַריבערצוטרעטן אָדער אַריבערצוקריכן אויפֿן שליטן, שטעק איך די פֿיס פּונקט אין מיטן די שפּאַרעס אַרײַן. דעם טאָג בין איך אַרײַן ווייניקסטנס זעקס מאָל; איין מאָל, ווען מיר זײַנען געווען נאָענט צו דעם ים, האָב איך זיך אַרײַן־ און אַרויסגעקײַקלט פֿון איינער און דערנאָך אַראָפּגעפֿאַלן באַרג־אַראָפּ אויף אַ שטאָציקער שיפּוע ביז פֿאַרכאַפּט געוואָרן פֿון ביל און בירדי מיטן שטריק.

מיר האָבן ווײַטער געשטאָמפּערט ביז מיר זײַנען אָנגעקומען אין אַ גרויסן בלינדן געסל, וואָס מסתּמא פֿאַרמירט דעם עק פֿון די צוויי קאַמען, ווו זיי שטויסן זיך אָן אויף דעם ים־אײַז. אויף אַלע זײַטן האָבן זיך אויפֿגעהויבן גרויסע ווענט פֿון צעשלאָגענעם אײַז מיט שטאָציקע שניי־שיפּועים אין דער מיט, ווו מיר גליטשן זיך אַרום און ווערן פֿאַרבלאָנדזשעט אין שפּאַרעס אַרײַן. אויף לינקס הייבט זיך אויף די ריזיקע סקאַלע פֿון קאַפּ־קראָזיער, אָבער מיר האָבן זיך ניט געקענט דערוויסן צי עס זײַנען ניטאָ קיין צוויי דרײַ דריקקאַמען צווישן אונדז און אים, און כאָטש מיר האָבן געפּרווּט גיין ווייניקסטנס אויף פֿיר פֿאַרשיידענע ריכטונגען, איז ניט געווען קיין מיגלעכקייט גיין ווײַטער פֿאָרויס.

און דעמאָלט האָבן מיר דערהערט די קייסאָרים שרײַען.

דאָס געשריי איז אונדז געקומען פֿונעם ים־אײַז וואָס מיר האָבן ניט געקענט זען, נאָר דאָס האָט געמוזט זײַן ווײַט אַ כאַאָטישע פֿערטל־מײַל פֿאָרויס. עס האָט אָפּגעהילכט פֿון די סקאַלעס בעת מיר שטייען הילפֿלאָז און אָנגערייצט. מיר האָבן זיך צוגעהערט און זיך דערוווּסט, אַז ס'איז גאָרנישט וואָס צו טאָן אַחוץ קערן זיך צוריק, וואָרן דאָס קליינע שטיקל ליכט וואָס שײַנט איצט אין מיטן טאָג צעגייט זיך גיך, און פֿאַרכאַפּט צו ווערן דאָרט אין שטאָק פֿינצטערניש וואָלט געווען אַ שרעקלעכער געדאַנק. מיר האָבן אָנגעהויבן זיך צוריקקערן אין די אייגענע טריט און כמעט אויף דער רגע האָב איך זיך אַראָפּגעגליטשט און אַראָפּגעקײַקלט שיפּוע־אַראָפּ אין אַ שפּאַרע אַרײַן. בירדי און ביל האָבן זיך געהאַלטן אויף משקולת און איך האָב צוריקגעקלעטערט צו זיי. די שפּורן זײַנען געווען זייער אומקלאָר און באַלד האָבן מיר זיי פֿאַרלוירן. בירדי איז געווען דער בעסטער אין נאָכשפּירן וואָס איך האָב אַ מאָל געקענט, און אַלע מאָל האָט ער זיי ווידער געפֿונען. נאָר סוף־כּל־סוף האָט ער אַפֿילו זיי אין גאַנצן פֿאַרלוירן, און מיר האָבן

the way back I did slip into one of these and was hauled out by the other two standing on the wall above me.

We then worked our way down into the hollow between the first and second large pressure ridges, and I believe on to the top of the second. The crests here rose fifty or sixty feet. After this I don't know where we went. Our best landmarks were patches of crevasses, sometimes three or four in a few footsteps. The temperatures were lowish (-37°). it was impossible for me to wear spectacles, and this was a tremendous difficulty to me and handicap to the party: Bill would find a crevasse and point it out; Birdie would cross; and then time after time, in trying to step over or climb over on the sledge, I put my feet right into the middle of the cracks. This day I went well in at least six times; once, when we were close to the sea, rolling into and out of one and then down a steep slope until brought up by Birdie and Bill on the rope.

We blundered along until we got into a great cul-de-sac which probably formed the end of the two ridges, where they butted on to the sea-ice. On all sides rose .great walls of battered ice with steep snow-slopes in the middle, where we slithered about and blundered into crevasses. To the left rose the huge cliff of Cape Crozier, but we could not ,tell whether there were not two or three pressure ridges between us and it, and though we tried at least four ways, there was no possibility of getting forward.

And then we heard the Emperors calling.

Their cries came to us from the sea-ice we could not see, but which must have been a chaotic quarter of a mile away. They came echoing back from the cliffs, as we stood helpless and tantalized. We listened and realized that there was nothing for it but to return, for the little light which now came in the middle of the day was going fast, and to be caught in absolute darkness there was a horrible idea. We started back on our tracks and almost immediately I lost my footing and rolled down a slope into a crevasse. Birdie and Bill kept their balance and I clambered back to them. The tracks were very faint and we soon began to lose them. Birdie was the best man at following tracks that I have ever known, and he found them time after time. But at last even he lost them altogether and we

געווען אַ רויִקער שיינער טאָג דעם 19טן, האָבן מיר אָנגעהויבן האַלב צען מיט אַ ליידיקן שליטן, צוויי אײַזהעק, דעם באַרגשטריק, געשפּאַנען, און שינדן־מכשירים.

ווילסאָן איז פֿריִער געהאַט דורכגעגאַנגען דורך די דריקקאַמען בײַ קאַפּ־קראָזיער עטלעכע מאָל אין די *אַנטדעקונג* טעג. נאָר דעמאָלט האָבן זיי געהאַט טאָגליכט, האָבן זיי אויך געפֿונען אַ פּראַקטישן וועג האַרט אונטער די סקאַלעס וואָס שטייען איצט צווישן אונדז און די קאַמען.

בעת מיר קומען צו צום דנאָ פֿון דער באַרג־שיפּוע, ווײַטער אויף צפֿון ווי פֿריִער, האָבן מיר געדאַרפֿט זײַן אָפּגעהיט וועגן שפּאַרעס, אָבער מיר האָבן באַלד געטראָפֿן דעם סקאַלע־קאַנט, געגאַנגען פּאַזע אים ביז עס האָט זיך פֿאַרנידעריקט ביז צו דער זעלביקער הייך פֿונעם באַריער. פֿאַרנעמענדיק זיך אויף לינקס זײַנען מיר צוגעגאַנגען צו דעם ים־אײַז, וויסנדיק אַז עס זײַנען דאָ אפֿשר צוויי מײַל דריק צווישן אונדז און קאַפּ־קראָזיער גופֿא. אויף אַ האַלב־מײַל איז דער גאַנג געווען גרינג, אַרומגייענדיק אַרום גרויסע קנעפּ דריק אָבער תּמיד זיך ספּראַוועוענדיק בלײַבן מער־ווייניקער אויף דער פֿלאַך און נאָענט צו דער אײַז־סקאַלע, וואָס זי הייבט זיך באַלד אויף ווײַט אין דער הייך אויף לינקס. בילס געדאַנק איז געווען צו בלײַבן נאָענט אונטער דער דאָזיקער סקאַלע, לענג־אויס דער זעלביקער *אַנטדעקונג* רוטע, ווי דערמאָנט אויבן. זיי זײַנען קיין מאָל ניט געהאַט אָנגעקומען אין יענע טעג געווען פֿרי צו געפֿינען אייער: די פּויקעלעך האָבן זיך שוין געהאַט אויסגעבריט. צי מיר וועלן איצט געפֿינען קייסאָרים און אויב אַזוי, צי זיי וועלן האָבן אייער, איז בשום־אופֿן ניט געווען זיכער.

אָבער מיר זײַנען באַלד אַרײַן אין צרות, אָנטרעפֿנדיק אויף עטלעכע שפּאַרעס אַלע פּאָר יאַרדן און, אָן ספֿקות, אַריבערגייענדיק איבער צענדליקער אַנדערע וואָס מיר האָבן זיי ניט באַמערקט. כאָטש מיר גייען וואָס נעענטער בײַ די סקאַלעס, האָבן מיר זיך געפֿונען אויפֿן שפּיץ פֿונעם ערשטן דריקקאַם, צעשיידט דורך אַ טיפֿן אָפּגרונט פֿון דער אײַז־שיפּוע, וווּהין מיר ווילן גיין. נאָך דעם זײַנען מיר אַרײַן אין אַ גרויסן טאָל צווישן דעם ערשטן און צווייטן קאַמען; מיר זײַנען געקומען אין מיטן ריזיקע הויפֿנס אײַז, אַרויפֿגעשטויסן אין אַלערליי פֿאָרמען אויף אַלע זײַטן, צעשפּאַלטן אין אַלע ריכטונגען; מיר האָבן זיך אַריבערגעגליטשט איבער שניי־שיפּועים און געקראָכן פּאַזע זאַוויי־קאַמען, פּרווון צו קומען נעענטער צו די סקאַלעס. און כּסדר זײַנען מיר אָנגעקומען אין אוממיגלעכע ערטער, האָבן געדאַרפֿט צוריקקריכן. ביל האָט געפֿירט מיט אַ לענג פֿון באַרגשטריק צוגעבונדן צו דעם קנאָפּ פֿון דעם שליטן; בירדי איז געווען אין געשפּאַן, אויך צוגעבונדן צו דעם קנאָפּ, און איך אין געשפּאַן צוגעבונדן צו דעם הינטן פֿון שליטן, וואָס איז אונדז געווען זייער נוציק סײַ ווי אַ בריק סײַ ווי אַ לייטער.

אַ מאָל צוויי־דרײַ האָבן מיר געפּרווּט קריכן אַראָפּ אויף די אײַז־שיפּועים ביז צו דעם לפֿי־ערך גלײַכן וועג אונטער די סקאַלעס, נאָר ס'איז אַלע מאָל צו גרויס אַ פֿאַל. אין דער פֿינצטערלעכער ליכט איז יעדע פּראָפּאָרציע פֿאַרדרייט געוואָרן; עטלעכע ערטער, וואָס מיר האָבן זיי טאַקע באַהויבן אַראָפּצוקריכן מיט אײַזהעק און באַרגשטריק, האָבן אויסגעזען ווי גאָרע תּהומען, און עס זײַנען תּמיד געווען שפּאַרעס אונטן טאָמער מע גליטשט זיך אַראָפּ. בײַם

19th being a calm fine day we started at 9.30, with an empty sledge, two ice-axes, Alpine rope, harnesses and skinning tools.

Wilson had made this journey through the Cape Crozier pressure ridges several times in the Discovery days. But then they had daylight, and they had found a practicable way close under the cliffs which at the present moment were between us and the ridges.

As we neared the bottom of the mountain slope, farther to the north than we had previously gone, we had to be careful about crevasses, but we soon hit off the edge of the cliff and skirted along it until it petered out on the same level as the Barrier. Turning left handed we headed towards the sea-ice, knowing that there were some two miles of pressure between us and Cape Crozier itself. For about half a mile it was fair going. rounding big knobs of pressure but always managing to keep more or less on the flat and near the ice-cliff which soon rose to a very great height on our left. Bill's idea was to try and keep close under this cliff, along that same Discovery way which I have mentioned above. They never arrived there early enough for the eggs in those days: the chicks were hatched. Whether we should now find any Emperors, and if so whether they would have any eggs, was by no means certain.

However, we soon began to get into trouble, meeting several crevasses every few yards, and I have no doubt crossing scores of others of which we had no knowledge. Though we hugged the cliffs as close as possible we found ourselves on the top of the first pressure ridge, separated by a deep gulf from the ice-slope which we wished to reach. Then we were in a great valley between the first and second ridges: we got into huge heaps of ice pressed up in every shape on every side, crevassed in every direction: we slithered over snow-slopes and crawled along drift ridges, trying to get in towards the cliffs. And always we came up against impossible places and had to crawl back. Bill led on a length of Alpine rope fastened to the toggle of the sledge; Birdie was in his harness also fastened to the toggle, and I was in my harness fastened to the rear of the sledge, which was of great use to us both as a bridge and a ladder.

Two or three times we tried to get down the ice-slopes to the comparatively level road under the cliffs, but it was always too great a drop. In that dim light every proportion was distorted; some of the places we actually did manage to negotiate with ice-axes and Alpine rope looked absolute precipices, and there were always crevasses at the bottom if you slipped. On

געאַקערט מיט אַקערן וואָס מאַכן בראָזדעס אַ פּוס פּופּציק זעכציק אין דער טיף; אָט די בראָזדעס פּירן פונקט ביזן באַריער־קאַנט, און ווײַטער איז דער געפּרוירענער ראָס־ים, פּלאַך, ווײַס, און פּרידלעך, אַזוי ווי ס'זײַנען ניטאָ אויף דער וועלט אַזעלכע זאַכן ווי זאַווערוכעס. אויף צפֿון און צפֿון־מיזרח: דער קויף. הינטער אונדז: באַרג טעראָר, וואָס אויף אים שטייען מיר, און אומעטום זעט אויס ווי דער גראָער אומבאַגרענעצטער באַריער האָט אָפּגעטאָן אַ כּישוף פֿון אַ קאַלטער ריזיקייט, נעפּלדיק, מאַסיוו, אַ נעסט־שטח פֿון ווינט און זאַווי און פֿינצטערניש. גאָט! סאַראַ אָרט!

> ס'איז געווען איצט נאָר ווייניק לבֿנה־שײַן אָדער טאָגליכט, נאָר במשך פֿון די קומעדיקע צוויי מעת־לעתן האָבן מיר זיי בײדע גענוצט ביז גאָר, בלײַבן וואַך שטענדיק בײַ טאָג און בײַ נאַכט, און אָפּט מאָל אַרבעטן ווײַטער ווען מע האָט קוים־קוים געקענט זען אַבי וואָס; גראָבן מיט דער ליכט פֿונעם הוראַגאַן־לאָמפּ. נאָך צוויי טעג האָבן מיר געענדיקט די מויערן און אָנגעקויפּט שניי ביז אַ פּוס צוויי פֿונעם אויבן; מיר זײַנען אויסן אַרײַנצופּאַסן אָנגעצויגן דאָס דאַכטוך איידער מיר קויפּן אָן דאָס איבעריקע. די גרויסע צרה בײַם אָנקויפּן איז געווען די האַרטקייט פֿונעם שניי; ס'איז געווען אוממיגלעך שפּאַכליעווען די שפּאַלטן צווישן די פּײַדעס, וואָס זיי זײַנען געווען גאָר ענלעך צו ברוקשטיינער. די טיר איז פּאַרטיק, אַ דרײַעקיקע געצעלט־טיר מיט קליאַפּעס, וואָס מיר האָבן אים אַרײַנגעשטעלט אין די ווענט, צעמענטירט מיט שניי און שטיינער. דעם אויבן האָבן מיר געפּעלבלט איבער אַ ברעט און דעם אונטן אַרײַנגעגראָבן אינעם באָדן.[א׳]

בירדי איז געווען זייער אַנטוישט, וואָס מיר האָבן ניט געקענט ענדיקן די גאַנצע זאַך דעם טאָג; ער איז געווען שיִער ניט אין כּעס וועגן דעם, אָבער ס'האָט געבליבן נאָך אַ סך צו טאָן און מיר זײַנען געווען אויסגעמאַטערט. מיר האָבן זיך פּרי אויפּגעכאַפּט צו מאָרגנס (דינסטיק, דעם 18טן), כּדי צו פּרווון פּאַרענדיקן דעם איגלו, אָבער עס האָט צו שווער געבלאָזן. ווען מיר זײַנען אָנגעקומען אויבן האָבן מיר אַ ביסל געגראָבן נאָר עס איז געווען גאָר אוממיגלעך צוצופּעסטיקן דעם דאַך, האָבן מיר דאָס געדאַרפּט אָפּלייגן. דעם טאָג האָבן מיר אײַנגעזען, אַז עס בלאָזט פּיל שטאַרקער בײַם אויבן שיפּוע ווי אונטן ווו עס שטייט דאָס געצעלט. ס'איז געווען ביטער קאַלט אויבן דעם אינדערפּרי מיט אַ ווינט פֿון כּוח־4 ביז ־5[ב׳] און אַ טעמפּעראַטור פֿון מינוס דרײַסיק.

די פּראַגע וועגן נאַפּט האָט אונדז שטאַרק פּאַרזאָרגט. מיר זײַנען איצט שוין טיף אַרײַן אין דעם פֿינפֿטן פֿון די זעקס בלעכלעך, זשאַלעווען אַזוי פּיל ווי מיגלעך, אָפּט מאָל עסן נאָר צוויי הייסע מאָלצײַטן אַ טאָג. מיר האָבן געדאַרפּט אַראָפּקריכן בײַ די קייסער־פּענגווינען ווי עס איז און קריגן טראָן פּאַרן אויוון, וואָס מע האָט געהאַט געמאַכט פּאַר אונדז אין דער הײַזקע. ס'איז

[א׳] ד'ג

[ב׳] כּוח־4: "אַ מאָסיק ווינטל, 14 מײַל אַ שעה"; כּוח־5: "אַ פּריש ווינטל, 20 מײַל אַ שעה".

been ploughing with ploughs which made furrows fifty or sixty feet deep: these ran right up to the Barrier edge, and beyond was the frozen Ross Sea, lying flat, white and peaceful as though such things as blizzards were unknown. To the north and north-east the Knoll. Behind us Mount Terror on which we stood, and over all the grey limitless Barrier seemed to cast a spell of cold immensity, vague, ponderous, a breeding-place of wind and drift and darkness. God! What a place!

There was now little moonlight or daylight, but for the next forty-eight hours we used both to their utmost, being up at all times by day and night, and often working on when there was great difficulty in seeing anything; digging by the light of the hurricane lamp. By the end of two days we had the walls built, and banked up to one or two feet from the top; we were to fit the roof cloth close before banking up the rest. The great difficulty in banking was the hardness of the snow, it being impossible to fill in the cracks between the blocks which were more like paving-stones than anything else. The door was in, being a triangular tent doorway, with flaps which we built close in to the walls, cementing it with snow and rocks. The top folded over a plank and the bottom was dug into the ground.[א]

Birdie was very disappointed that we could not finish the whole thing that day: he was nearly angry about it, but there was a lot to do yet and we were tired out. We turned out early the next morning (Tuesday 18th) to try and finish the igloo, but it was blowing too hard. When we got to the top we did some digging but it was quite impossible to get the roof on, and we had to leave it. We realized that day that it blew much harder at the top of the slope than where our tent was. It was bitterly cold up there that morning with a wind force 4-5 and a minus thirty temperature.

The oil question was worrying us quite a lot. We were now well in to the fifth of our six tins, and economizing as much as possible, often having only two hot meals a day. We had to get down to the Emperor penguins somehow and get some blubber to run the stove which had been made for us in the hut. The

---

[א] My own diary.

דעם גרויסן אײַז־באַריער ווײַטער זײַנען אונדז געווען צופֿוסנס; דער ברעג פֿון דעם ראָס־ים ווײַט נאָר אַ מײַל פֿיר. די קייסאָרים האָבן געדאַרפֿט זײַן אין ערגעץ ווו אַרום דעם אַקסל פֿון דעם קויף, וואָס האָט באַהאַלטן קאָפּ־קראַזיער גופֿא פֿון אונדזערע אויגן.

אונדזער פֿאַרקלער איז געווען צו בויען אַן איגלו[א] מיט שטיינערנע ווענט, אָנגעקויפּט מיט שניי, מיט אַ נײַן־פֿוס שליטן ווי אַ קווערבאַלקן, און אַ גרויסן בויגן ווילעסדען־קאַנווע פֿאַרן דאַך. מיר האָבן אויך מיטגעבראַכט אַ ברעט צו מאַכן אַן אייבערשוועל איבער דער טיר. דאָ מיטן אויוון, וואָס זאָל ברענען טראָן פֿון די פּענגווינען, האָבן מיר געזאָלט האָבן אַ באַקוועמע וואַרעמע שטוב, פֿון וואַנען מיר זאָלן מאַכן עקסקורסיעס אין דעם נעסט־שטח ווײַט אַ מײַל פֿיר. אפֿשר וואָלטן מיר קענען ניצן דאָס געצעלט אונטן אינעם נעסט־שטח אַליין און טאָן אונדזער וויסנשאַפֿטלעכע אַרבעט דאָרט אויפֿן אָרט, אַוועק פֿון אונדזער שיינער כאַלופּע אויף אַ נאַכט אָדער לענגער. אַזוי האָבן מיר אויסגעפּלאַנעוועט.

די זעלביקע נאַכט

האָבן מיר אָנגעהויבן אַרײַנגראָבן אונטער אַ גרויסן פֿעלדז אויפֿן שפּיץ קויף, האָפֿנדיק אַז דאָס זאָל זײַן אַ גרויסער טייל פֿון איין וואַנט פֿון דער כאַלופּע, נאָר אונטן איז געלעגן שטיין וואָס האָט אונדז אָפּגעשטעלט. דערנאָך האָבן מיר אויסגעקליבן אַ כּמעט גלײַך שטיק מאָרענע אַ פֿוס צוועלף ווײַטער און פּונקט אונטער דער פֿלאַך פֿונעם שפּיץ קויף, האָפֿנדיק אַז דאָ, באַשיצט פֿונעם ווינט דורכן קאַם, קענען מיר אויסמײַדן דעם גרעסטן טייל פֿון די אומגעהײַערע ווינטן, וואָס מיר האָבן געוווּסט בלאָזן אָפֿט מאָל. בירדי האָט געזאַמלט שטיינער פֿון איבערן קויף, ניט געווען קיין שטיין וואָס איז אים צו שווער; ביל האָט אָנגעקויפּט שניי אין דרויסן בעת איך האָב געבויט דעם מויער מיט די שטיינער. די שטיינער זײַנען געווען גוט; דער שניי אָבער איז אַזוי פֿאַרהאַרטעוועט געוואָרן דורכן ווינט, אַז ס'איז שיִער ניט ווי אײַז; מיט דער קירקע האָט מען קוים געקענט אים אײַנקאַרבן, און דער איינציקער אופֿן איז געווען אָפּצוברעקלען גרויסע פּײַדעס בהדרגה מיטן קליינעם שופֿל. דער זשוויר האָט געקלעקט אויף אַ צאָן, נאָר געווען גוט ווען ס'געפֿינט זיך אַ ביסל. בסך־הכּל האָט אַלץ אויסגעזען זייער צוזאָגנדיק ווען מיר זײַנען שוין אַרײַן אינעם געצעלט אַ 150 יאַרד באַרג־אַראָפּ, נאָך פֿאַרענדיקן אַ העלפֿט פֿון איינער פֿון די לאַנגע מויערן.[ב]

דער אויסבליק פֿון אַכט הונדערט פֿיס אַרויף אויפֿן באַרג איז געווען פּראַכטיק, האָב איך גענומען די ברילן און אָפּגערייניקט דעם אײַז אָבער און ווידער זיך אַרומצוקוקן. אויף מיזרח: אַ גרויס פֿעלד פֿון דריקקאַמען אונטן, וואָס זעט אויס אין דער לבֿנה־שײַן אַזוי ווי ריזן האָבן

[א] להיפּוך צו דער געוויינטלעכער מיינונג איז אַן איגלו סתּם אַ הויז, ניט נאָר אַ הויז געמאַכט פֿון אײַז אָדער שניי (אויף אינוקטיטוט, דאָס לשון פֿון די אינויִט, די אײַנוווינערס פֿון גרינלאַנד און די צפֿונדיקסטע ערטער אין צפֿון־אַמעריקע).

[ב] ד'ג

the Great Ice Barrier beyond, were at our feet; the Ross Sea edge but some four miles away. The Emperors must be somewhere round that shoulder of the Knoll which hides Cape Crozier itself from our view.

Our scheme was to build an igloo with rock walls, banked up with snow, using a nine-foot sledge as a ridge beam, and a large sheet of green Willesden canvas as a roof. We had also brought a board to form a lintel over the door. Here with the stove, which was to be fed with blubber from the penguins, we were to have a comfortable warm home whence we would make excursions to the rookery perhaps four miles away. Perhaps we would manage to get our tent down to the rookery itself and do our scientific work there on the spot, leaving our nice hut for a night or more. That is how we planned it.

That same night

> we started to dig in under a great boulder on the top of the hill, hoping to make this a large part of one of the walls of the hut, but the rock came close underneath and stopped us. We then chose a moderately level piece of moraine about twelve feet away, and just under the level of the top of the hill, hoping that here in the lee of the ridge we might escape a good deal of the tremendous winds which we knew were common. Birdie gathered rocks from over the hill, nothing was too big for him; Bill did the banking up outside while I built the wall with the boulders. The rocks were good, the snow, however, was blown so hard as to be practically ice; a pick made little impression upon it, and the only way was to chip out big blocks gradually with the small shovel. The gravel was scanty, but good when there was any. Altogether things looked very hopeful when we turned in to the tent some 150 yards down the slope, having done about half one of the long walls.[א']

The view from eight hundred feet up the mountain was magnificent and I got my spectacles out and cleared the ice away time after time to look. To the east a great field of pressure ridges below, looking in the moonlight as if giants had

---

[א'] Ibid.

שפּעטער, האָט ער געפֿונען די שפּאַרעס ווײַט פֿאַר אונדז און דעם שליטן: ווייל בײַ אונדז אָבער ניט אַזוי ווייל בײַ ביל. אין מיטן שפּאַרעס אין דעם פֿינצטערניש ווערט מען *טאַקע* נערוועז.

ווען מיר האָבן זיך אָנגעהויבן צו מאַרגנס (דעם 15טן יולי), האָבן מיר געקענט זען פֿאָרנט אויף לינקס און מער־ווייניקער איבער אונדז דעם קויפּ, וואָס איז אַ גרויס בערגל וואָס זײַנע תּהומיקע סקאַלעס לעבן ים פֿורעמען אויס קאַפּ־קראָזיער. זײַנע זײַטן גייען באַרג־אַראָפּ צו אונדז צו, און אָנשטופּנדיק קעגן זײַנע אײַזסקאַלעס פֿאָרויס זײַנען געווען שוין מײַלן און מײַלן פֿון גרויסע דריקקאַמען, וואָס לענג־אויס זיי זײַנען מיר געקומען און וואָס זיי האָבן אונדז אײַנגעצאַמט. באַרג טעראָר הייבט זיך אויף צען טויזנט פֿיס אין דער הייך אויף לינקס, און פֿאַרבינדט זיך מיט דעם קויפּ דורך אַ גרויסן כּוסעדיקן זאַווי ווינט־פּאָלירטן שניי. דער שיפּוע דערפֿון פֿירט אין איין אָרט מילד אין דעם קאָרידאָר, וואָס דורכ אים האָבן מיר געשליטלט, און דאָ האָבן מיר זיך פֿאַרקערעוועט און אָנגעהויבן שלעפּן די שליטנס[א] אַרויף. עס זײַנען ניט געווען קיין שפּאַרעס, נאָר דער גרויסער זאַווי שניי, וואָס איז געווען אַזוי האַרט, אַז מיר האָבן געניצט די קראַמפּאָנס גלײַך ווי מיר וואָלטן געווען אויף אײַז, און אַזוי פּאָלירט ווי די פּאָרצעלײַענע זײַטן פֿון אַ ריזיקן כּוס, וואָס ס'איז ענלעך דערויף. אויף אַ דרײַ מײַל האָבן מיר זיך אָנגעשטרענגט באַרג־אַרויף, ביז מיר זײַנען אָנגעקומען נאָך 150 יאַרדן פֿון דעם מאָרענע־פּאַך ווו מיר זאָלן בויען אונדזער כאַלופּע פֿון שטיינער און שניי. אָט די מאָרענע איז געלעגן איבער אונדז אויף לינקס, די צווילינגשפּיצן פֿון דעם קויפּ איבערן כּוס אויף רעכטס; און דאָ, 800 פֿיס אַרויף אויף דער באַרג־זײַט, האָבן מיר זיך לסוף געלאַגערט.

מיר זײַנען אָנגעקומען.

וואָס זאָלן מיר אָנרופֿן אונדזער כאַלופּע?[ב] ווי באַלד קענען מיר אויסטריקענען די קליידער און זעק? ווי וועט אַרבעטן דער טראַן־אויוון? וועלן די פּענגווינען זײַן דאָרט? "דאַכט זיך, אַז ס'איז צו גוט צו זײַן אמת, 19 טעג אונטער וועגנס. ס'איז אַוודאי אַ זעלטענע זאַך, אַז עמעצער זאָל זײַן אַזוי נאַס; ס'איז קוים מיגלעך אַרײַנצוקריכן אין די זעק; די ווינט־קליידער זײַנען נאָר פֿאַרפֿרוירענע קעסטלעך. בירדיס אויסגעפֿונענע באַלאַקלאַווע איז ווי אײַזן – ס'איז גאָר וווּנדערלעך, ווי אונדזערע דאגות זײַנען פֿאַרשוווּנדן געוואָרן."[ג]

ס'איז געווען אָוונט, אָבער מיר זײַנען געווען אַזוי אײַפֿערדיק אָנצוהייבן, אַז מיר זײַנען גלײַך אַרויף אויף דעם קאַם איבער אונדזער לאַגער, ווו די פֿעלדזן יאָווען זיך דורכן שניי. מיר האָבן דערזען, אַז ס'רובֿ זײַנען פֿעסט אין אָרט, אָבער ס'זײַנען געווען שוין אַ סך שטיינער, אַ ביסל זשוויר, און אַוודאי וואָס איר ווילט פֿונעם אײַזיקן שניי, וואָס פֿאַלט אַוועק אונטער אונדז ביז צום געצעלט און דעם גרויסן דריק ווײַטער אַ מײַל. צווישן אונדז און דעם דריק, ווי מיר האָבן זיך דערוווּסט נאָך שפּעטער, איז געשטאַנען אַ גרויסע אײַזסקאַלע. די דריקקאַמען מיט

[א] ס'איז ניט קלאָר צי זיי שלעפּן צוויי שליטנס צי נאָר איין שליטן; איך מיין, אַז זיי האָבן נאָך אַלץ צוויי אָבער זיי דאַרפֿן זיי מער ניט אַריבערטראָגן, קענען שלעפּןביידע אין איינעם. פֿונדעסטוועגן שרײַבט ער דאָ "שליטן" און דאָרט "שליטנס".

[ב] אַזאַ פֿראַגע!

[ג] ד'ג

afterwards, so he found the crevasses well ahead of us and the sledge: nice for us but not so nice for Bill. Crevasses in the dark *do* put your nerves on edge.

When we started next morning (15 July) we could see on our left front and more or less on top of us the Knoll, which is a big hill whose precipitous cliffs to seaward form Cape Crozier. The sides of it sloped down towards us, and pressing against its ice-cliffs on ahead were miles and miles of great pressure ridges, along which we had travelled, and which hemmed us in. Mount Terror rose ten thousand feet high on our left, and was connected with the Knoll by a great cup-like drift of wind-polished snow. The slope of this in one place runs gently out on to the corridor along which we had sledged, and here we turned and started to pull our sledges up. There were no crevasses, only the great drift of snow, so hard that we used our crampons just as though we had been on ice, and as polished as the china sides of a giant cup which it resembled. For three miles we slogged up, until we were only 150 yards from the moraine shelf where we were going to build our hut of rocks and snow. This moraine was above us on our left, the twin peaks of the Knoll were across the cup on our right; and here, 800 feet up the mountain side, we pitched our last camp.

We had arrived.

What should we call our hut? How soon could we get our clothes and bags dry? How would the blubber stove work? Would the penguins be there? "It seems too good to be true, 19 days out. Surely seldom has anyone been so wet; our bags hardly possible to get into, our wind-clothes just frozen boxes. Birdie's patent balaclava is like iron – it is wonderful how our cares have vanished."[א]

It was evening, but we were so keen to begin that we went straight up to the ridge above our camp, where the rock cropped out from the snow. We found that most of it was in situ but that there were plenty of boulders, some gravel, and of course any amount of the icy snow which fell away below us down to our tent, and the great pressure about a mile beyond. Between us and that pressure, as we were to find out afterwards, was a great ice-cliff. The pressure ridges, and

---

[א] My own diary

במשך פֿון דער צײַט ביז איצט האָבן מיר אויסגעהאַלטן נאָר דורך ברענען מער נאַפּט ווי מע טוט געוויינטלעך בײַם קאָכן. נאָכדעם וואָס מע קאָכט אָפּ אַ מאָלצײַט, האָבן מיר געלאָזט ברענען דעם פּרימוס כּדי אָנצוואַרעמען דאָס געצעלט. אַזוי האָבן מיר געקענט היילן די געפֿרוירענע פֿיס און אויפֿטאָן אַבי וואָס נייטיקע קליינע פֿאַרדינסטלעך. עפּטער זײַנען מיר נאָר געזעסן און אײַנגעדרעמלט אויף עטלעכע מינוטן, יעדער האַלט אָפּ די אַנדערע פֿון טיף אײַנשלאָפֿן. אָבער ס'איז געווען אַ שאָד דער נאַפּט. מיר האָבן אָנגעהויבן מיט 6 איין־גאַלאָן בלעכלעך (אויף אָט די זעלביקע בלעכלעך האָט סקאָט געהאַט געזאָגט מבֿינות), און פֿיר זײַנען שוין אַוועק. בײַם אָנהייב האָבן מיר געזאָגט, אַז מיר דאַרפֿן האַלטן ווייניקסטנס צוויי פֿאַרן צוריקקער; איצט אָבער האָבן מיר געמינערט די אָפּשאַצונג ביז נאָר איין אָנגעפֿילט גאַלאָן־בלעכל מיט צוויי אָנגעפֿילטע פּרימוסן. די שלאָפֿזעק זײַנען געווען שרעקלעך. עס האָט מיר געדויערט, אַפֿילו אַזוי פֿרי אין דער נסיעה ווי איצט, אַ שעה שטורכען און טופּן און קראַמפּ אַלע נאַכט איידער איך האָב געקענט לאָזן אָפּגיין גענוג פֿונעם זאַק אַרײַנצוקריכן. דאָס איז אַפֿילו ניט געווען אַזוי שלעכט ווי ליגן אין זיי ווען מיר זײַנען שוין אַרײַן.

נאָר ‎-35°‎ אָבער "זייער אַ שלעכטע נאַכט" לויט מײַן טאָגביכל. מיר זײַנען באַלד אַוועק, אָבער ס'איז געווען אַ גרויליקער טאָג און מײַנע נערוון האָבן זיך געפּאָרפּלט בײַם סוף, וואָרן מיר האָבן ניט געקענט געפֿינען דעם גלײַכן ענגן וועג וואָס פֿירט צווישן די שפּאַרעס אויף ביידע זײַטן. אָבער און ווידער האָבן מיר זיך דערוווּסט, אַז מיר פֿאַרבלאָנדזשען דורך דעם פּלוצעמדיקן פֿאַל פֿון דער ערד אונטער די פֿיס – מיר זײַנען אַרײַן און דעמאָלט – "זײַנען מיר צו ווײַט אויף רעכטס?" – קיינער ווייסט ניט – "נו, לאָמיר פּרוּוון גיין נעענטער לעבן דעם באַרג" – און אַזוי ווײַטער!

> דורך שווערן אָנשטרענג, 2¾ מײַלן הײַנט אין דער פֿרי – דערנאָך ווײַטער אין געדיכטן חושך, וואָס האָט זיך פּלוצעם אויפֿגעהויבן און מיר האָבן זיך דערטאַפּט אונטער אַ ריזיקן גרויסן באַרג פֿון אַ דריקקאַם, גאָר שוואַרץ אינעם שאָטן. מיר זײַנען ווײַטער געגאַנגען, זיך אָפּגעווענדן אויף לינקס, ווען ביל איז געפֿאַלן מיט דעם אָרעם אַרײַן אין אַ שפּאַרע. מיר זײַנען אַריבערגעגאַנגען איבער אָט דער שפּאַרע און נאָך אַ צווייטער, און אין אַ ווײַל אַרום אָנגעקומען ערגעץ ווו אַרויף אויף לינקס, און ביל און איך האָבן ביידע אַרײַנגעשטעקט אַ פֿוס אין אַ שפּאַרע אַרײַן. מיר האָבן זאָנדירט אַרום און אַרום און אומעטום איז געווען הויל, האָבן מיר אַראָפּגעלאָזט דעם שליטן איבער איר און ס'איז אונדז געראָטן.[א]

אַ מאָל זײַנען מיר פֿונקט אַרײַן אינעם דריק און עס האָט געדויערט אַ היפּש שטיקל צײַט אַרויסצוקריכן. ביל האָט פֿאַרלענגערט זײַן געשפּאַן מיטן באַרגשטריק איצט און אָפּט מאָל

[א] מײַן אייגן טאָגביכל.

די ווינטער־נסיעה

During the time through which we had come it was by burning more oil than is usually allowed for cooking that we kept going at all. After each meal was cooked we allowed the primus to burn on for a while and thus warmed up the tent. Then we could nurse back our frozen feet and do any necessary little odd jobs. More often we just sat and nodded for a few minutes, keeping one another from going too deeply to sleep. But it was running away with the oil. We started with 6 one-gallon tins (those tins Scott had criticized), and we had now used four of them. At first we said we must have at least two one-gallon tins with which to go back; but by now our estimate had come down to one full gallon tin, and two full primus lamps. Our sleeping-bags were awful. It took me, even as early in the journey as this, an hour of pushing and thumping and cramp every night to thaw out enough of mine to get into it at all. Even that was not so bad as lying in them when we got there.

Only -35° but "a very bad night" according to my diary. We got away in good time, but it was a ghastly day and my nerves were quivering at the end, for we could not find that straight and narrow way which led between the crevasses on either hand. Time after time we found we were out of our course by the sudden fall of the ground beneath our feet – in we went and then – "are we too far right?" – nobody knows – "well let's try nearer in to the mountain," and so forth!

> By hard slogging 2¾ miles this morning – then on in thick gloom which suddenly lifted and we found ourselves under a huge great mountain of pressure ridge looking black in shadow. We went on, bending to the left, when Bill fell and put his arms into a crevasse. We went over this and another, and some time after got somewhere up to the left, and both Bill and I put a foot into a crevasse. We sounded all about and everywhere was hollow, and so we ran the sledge down over it and all was well.[א]

Once we got right into the pressure and took a longish time to get out again. Bill lengthened his trace out with the Alpine rope now and often

---

[א] (2) My own diary.

ניט אַלע מאָל האָבן מיר געקענט אויפֿעסן די פּוטער. אָט דאָס איז גאָר אַ גוטע ראַציע, און מיר האָבן געהאַט געגנוג צו עסן במשך ס'רובֿ נסיעה. אַוודאי וואָלטן מיר ניט געקענט איבערלעבן די צושטאַנדן אָן דעם.

איך וועל ניט זאָגן, אַז ס'איז מיר געווען גאַנץ לײַכט אויפֿן האַרצן בעת מיר וואַרטן איבער די זאַווערוכע אין ערגעץ ניט ווײַט פֿון טעראָר־שפּיץ; איך ווייס ניט ווי עס איז געווען מיט די אַנדערע. דאָס גאָר משונהדיקע טראַסקערײַ וואָס טוט זיך אָפּ אונטער אונדז האָט אפֿשר געהאַט עפּעס צו טאָן מיט אָט דעם געפֿיל. אָבער מיר זײַנען געווען גוט פֿאַרבלאָנדזשעט אינעם דריק און אפֿשר וועלן מיר דאַרפֿן קריכן פֿון דער הויט זיך אויסצודרייען אין דעם פֿינצטערניש. דער ווינט האָט זיך אַרומגעדרייט און געוויכערט גאָר אַנדערש פֿון זײַן געוויינטלעכן דירעקטן שטייגער, איז דאָס געצעלט גאָר פֿאַרשאָטן געוואָרן מיט שניי און דער שליטן איז געהאַט פֿאַרשווונדן געוואָרן שוין לאַנג צוריק. די לאַגע איז ניט אין גאַנצן קיין באַקוועמע.

דינסטיק אין אָוונט און מיטוואָך האָט געבלאָזן ביז כּוח־10, די טעמפּעראַטור פֿון 7°- ביז 2°+. און עס האָט זיך דערנאָך געביטן און געוואָרן שטאַרק פֿלאָשיק. ביז 3 אַ זייגער בײַ נאַכט דעם דאָנערשטיק (13טן יולי) האָט דער ווינט שיִער ניט אויפֿגעהערט בלאָזן, די טעמפּעראַטור איז אַראָפּגעפֿאַלן, און די שטערן האָבן געגלאַנצט דורך צעבראָכענע וואָלקנס. מיר זײַנען שוין באַלד בײַם פֿרישטיק, וואָס איז אַלע מאָל געווען טיי מיט פּעמיקאַן דערנאָך. מיר האָבן אײַנגעטונקען די ביסקוויטן איןביידע. דערנאָך האָבן מיר גענומען אַרבעטן אויסצוגראָבן די שליטנס און געצעלט, אַ היפּש שטיקל אַרבעט, געדויערט עטלעכע שעה. סוף־כּל־סוף האָבן מיר זיך געלאָזט אין וועג אַרײַן. אין דעם דריגעדיקן אופֿן ווי איך האָב זיך נאָך אַלץ געספּראָוועט פֿאַרצייכענען אַ פּאָר זאַצן אַלע נאַכט ווי אַ רעקאָרד. איך האָב געשריבן:

> געגאַנגען 7½ מײַל הײַנט – דאַכט זיך אַ ווונדערלעכער גאַנג – אַרויף און אַראָפּ איבער עטלעכע קאַמען פֿון טעראָר – נאָך מיטאָג פּלוצעם אָנגעקומען אין ריזיקע שפּאַרעס אויף איינעם אַ קאַם – מיר זײַנען געווען גאָר הויך אויף טעראָר – די לבֿנה האָט אונדז געראַטעוועט איידער מיר זײַנען אַרײַן – ס'האָט געקענט אײַנשלינגען דעם שליטן מיט אַלצדינג.

צו דערגרייכן זיבן מײַל אין איין טאָג, אַ מהלך וואָס האָט אונדז פֿריִער געדויערט איין וואָך, איז געווען גאָר לײַכטער אויפֿן האַרצן. די טעמפּעראַטור איז געווען צווישן 20°- און 30°- דעם גאַנצן טאָג, איז דאָס אויך געווען גוט. אַריבערגייענדיק איבער די כוואַליעס וואָס פֿירן אַראָפּ פֿונעם באַרג ביז די אמתע דריקקאַמען אויף רעכטס האָבן מיר געפֿונען, אַז דער ווינט, וואָס קומט אַראָפּ פֿונעם באַרג, האָט זיך געשטויסן אויבן אויף דער כוואַליע און, שטראָמענדיק אין ביידע ריכטונגען, געמאַכט אַ צפֿון־מיזרח־ווינטל אויף איין זײַט און אַ צפֿון־מערבֿ־ווינטל אויף דער צווייטער זײַט. עס האָט אויסגעזען ווי ס'איז דאָ אַ ווינט אויבן אין הימל, און די זאַווערוכע האָט זיך ניט אַוועקגענומען אַזוי ווײַט ווי מיר האָבן געוואָלט.

we did not always finish our butter. This is an extremely good ration, and we had enough to eat during most of this journey. We certainly could not have faced the conditions without.

I will not say that I was entirely easy in my mind as we lay out that blizzard somewhere off Terror Point; I don't know how the others were feeling. The unearthly banging going on underneath us may have had something to do with it. But we were quite lost in the pressure and it might be the deuce and all to get out in the dark. The wind eddied and swirled quite out of its usual straightforward way, and the tent got badly snowed up: our sledge had disappeared long ago. The position was not altogether a comfortable one.

Tuesday night and Wednesday it blew up to force 10, temperature from -7° to +2°. And then it began to modify and get squally. By 3 a.m. on Thursday (13 July) the wind had nearly ceased, the temperature was falling and the stars were shining through detached clouds. We were soon getting our breakfast, which always consisted of tea, followed by pemmican. We soaked our biscuits in both. Then we set to work to dig out the sledges and tent, a big job taking several hours. At last we got started. In that jerky way in which I was still managing to jot a few sentences down each night as a record. I wrote:

> Did 7½ miles during day – seems a marvelous run – rose and fell over several ridges of Terror – in afternoon suddenly came on huge crevasse on one of these – we were quite high on Terror – moon saved us walking in – it might have taken sledge and all.

To do seven miles in a day, a distance which had taken us nearly a week in the past, was very heartening. The temperature was between -20° and -30° all day, and that was good too. When crossing the undulations which ran down out of the mountain into the true pressure ridges on our right we found that the wind which came down off the mountain struck along the top of the undulation, and flowing each way, caused a N.E. breeze on one side and a N.W. breeze on the other. There seemed to be wind in the sky, and the blizzard had not cleared as far away as we should have wished.

דאָס ליכט (מע האָט געדאַרפֿט פּרוּוון עטלעכע קעסטלעך – פֿון מעטאַל), צו דערקענען אַז דאָס איז אַ מעלה.

דער דירעקטער און אַלץ דרינגלעכערער חסרון איז, אַז מע האָט ניט קיין צוקער. צי האָט איר אַ מאָל אַ באַגער נאָך צוקער, וואָס טשעפּעט זיך צו אײַך, אַפֿילו בײַם שלאָפֿן? ס'איז אומבאַקוועם. דעם אמת געזאָגט, האָט אונדז דער באַגער נאָך זיסוואַרג קיין מאָל ניט ערנסט געאַרט אויף דער אָ נסיעה, און ס'האָט געדאַרפֿט זײַן, אַז ס'איז געווען אַ שטיקל צוקער אין די ביסקוויטן, וואָס האָט צוגעגעבן אַ זיסן טעם בײַ טיי מיטאָגצײַט אָדער בײַ דעם הייסן וואַסער פֿאַרנאַכטצײַט, ווען מע ברעקלט זיי און זאַפּט זיי אײַן אין געטראַנק אַרײַן. די ביסקוויטן האָבן ספּעציעל געמאַכט פֿאַר אונדז האַנטלי און פּאַלמער; זייער באַשטאַנד האָבן אויסגעאַרבעט ווילסאָן און דער כעמיקער פֿון דער פֿירמע, און עס איז אַ סוד. נאָר זיי זײַנען מסתּמא די אָנזעטיקנדיקסטע ביסקוויטן וואָס מע האָט ווען עס איז געבאַקן, און איך ספֿק צי מע קען זיי פֿאַרבעסערן. עס זײַנען געווען צוויי זגאַלן, גערופֿן נויטפֿאַל און אַנטאַרקטיק, אָבער איך מיין, אַז ס'איז געווען ניט קיין גרויסער חילוק צווישן זיי, אַחוץ דעם באַקן. אַ גוט געבאַקענער ביסקוויט האָט אַ גוטן טעם בײַם שליטלען אויב מע האָט געגנוג עסן; אַז מען איז זייער הונגעריק, געפֿעלט גאָר שטאַרקער אַן אונטערגעבאַקענער.

דורך דעם וואָס יעדער האָט געגעסן פֿאַרשיידענע סכומען ביסקוויט, פּעמיקאַן, און פּוטער, האָבן מיר געקענט מער־ווייניקער אויספּרוּוון די פּראָפּאָרציעס פֿון פּראָטעיִנען, פֿעטסן, און קאַרבאָהידראַטן וואָס דער מענטשלעכער גוף באַדאַרף עסן אין אַזעלכע שטרענגע צושטאַנדן. ביל איז געווען אַ בעלן אויף פֿעטס, אָנגעהויבן מיט 8 אונצן פּוטער, 12 אונצן פּעמיקאַן, און נאָר 12 אונצן ביסקוויט אַ טאָג. באָוערס האָט מיר געזאָגט, ער וועט פּרוּוון עסן פּראָטעיִנען, 16 אונצן פּעמיקאַן און 16 אונצן ביסקוויט, און האָט פֿירגעלייגט, אַז איך זאָל גיין שטאַרק אויף קאַרבאָהידראַטן. דאָס איז מיר ניט געפֿעלן, וואָרן איך האָב שוין געוווּסט, אַז איך וואָלט וועלן האָבן מער פֿעטס, אָבער פֿאַר נויט וואָלטן מיר איבערבײַטן די ראַציעס במשך פֿון דער נסיעה, קען ניט שאַטן פּרוּוון. האָב איך אָנגעהויבן מיט 20 אונצן ביסקוויט און 12 אונצן פּעמיקאַן אַ טאָג.

בײַ באָוערסן איז אַלץ גאַנץ גוט (ווי געוויינטלעך בײַ אים), אָבער ער האָט ניט אויפֿגעגעסן אין גאַנצן זײַן איבעריקן פּעמיקאַן. ביל האָט ניט געקענט אויפֿעסן אין גאַנצן זײַן איבעריקע פּוטער, אָבער ער איז געווען זאַט. איך בין הונגעריק געוואָרן, געוויס אָפּגעפֿרוירן געוואָרן מער ווי די אַנדערע, און געוואָלט האָבן מער פֿעטס. איך האָב אויך געקראָגן ברענעניש אונטערן האַרצן. נישמער, איידער איך האָב גענומען מער פֿעטס האָב איך פֿאַרגרעסערט מײַן ביסקוויט ביז 24 אונצן, אָבער נאָך אַלץ בין איך ניט זאַט געוואָרן; איך האָב געוואָלט פֿעטס. ביל און איך האָבן אָנגענומען די זעלביקע דיעטע: ער האָט מיר געגעבן 4 אונצן פּוטער, וואָס ער האָט ניט געקענט עסן און איך האָב אים געגעבן 4 אונצן ביסקוויט וואָס האָט מיך ניט געזעטיקט. האָבן מיר ביידע געהאַט 12 אונצן פּעמיקאַן, 16 אונצן ביסקוויט, און 4 אונצן פּוטער אַ טאָג, אָבער

for the candle (you will have tried several boxes – metal), to realize this as an advantage.

The immediate and increasingly pressing disadvantage is that you have no sugar. Have you ever had a craving for sugar which never leaves you, even when asleep? It is unpleasant. As a matter of fact the craving for sweet things never seriously worried us on this journey, and there must have been some sugar in our biscuits which gave a pleasant sweetness to our midday tea or nightly hot water when broken up and soaked in it. These biscuits were specially made for us by Huntley and Palmer: their composition was worked out by Wilson and that firm's chemist, and is a secret. But they are probably the most satisfying biscuit ever made, and I doubt whether they can be improved upon. There were two kinds, called Emergency and Antarctic, but there was I think little difference between them except in the baking. A well-baked biscuit was good to eat when sledging if your supply of food was good: but if you were very hungry an under-baked one was much preferred. By taking individually different quantities of biscuit, pemmican and butter we were able roughly to test the proportions of proteins, fats and carbohydrates wanted by the human body under such extreme circumstances. Bill was all for fat, starting with 8 oz. butter, 12 oz. pemmican and only 12 oz. biscuit a day. Bowers told me he was going for proteins, 16 oz. pemmican and 16 oz. biscuit, and suggested I should go the whole hog on carbohydrates. I did not like this, since I knew I should want more fat, but the rations were to be altered as necessary during the journey, so there was no harm in trying. So I started with 20 oz. of biscuit and 12 oz. of pemmican a day.

Bowers was all right (this was usual with him), but he did not eat all his extra pemmican. Bill could not eat all his extra butter, but was satisfied. I got hungry, certainly got more frost-bitten than the others, and wanted more fat. I also got heartburn. However, before taking more fat I increased my biscuits to 24 oz., but this did not satisfy me; I wanted fat. Bill and I now took the same diet, he giving me 4 oz. of butter which he could not eat, and I giving him 4 oz. of biscuit which did not satisfy my wants. We both therefore had 12 oz. pemmican, 16 oz. biscuit and 4 oz. butter a day, but

זאַווערוכע, און באמת, באַלד נאָך וועטשערע, בעת מיר שמעלצן זיך צו ביסלעך אין די זעקלעך אַרײַן, קערט דער ווינט אַוועק פֿון דרום. איידער ס'האָט זיך אָנגעהויבן, האָבן מיר געכאַפּט אַ בליק אויף שוואַרצן שטיין, זיך דערוווּסט, אַז מיר מוזן זײַן אין די דריקקאַמען, ווו זיי קומען נאָענט אונטערן באַרג טעראָר.

ס'איז מיר אַ גרויסער חידוש, קוקנדיק אין די רעקאָרדן, צו געפֿינען אַז די זאַווערוכע האָט געדויערט דרײַ טעג, די טעמפּעראַטור און דער ווינד האָבן זיך אויפֿגעהויבן ביז +9° און כּוח־9[א] אין דער פֿרי פֿונעם צווייטן טאָג (11טן יולי). אין דער פֿרי דעם דריטן טאָג (12טן יולי) האָט געבלאָזן מיט שטורעם־כּוח (כּוח־10[ב]). די טעמפּעראַטור האָט זיך אַזויערנאָך אויפֿגעהויבן מער ווי אַכציק גראַד.

עס איז ניט געווען קיין אומבאַקוועמע צײַט. נאַס און וואַרעם, האָט די אויפֿגעהויבענע טעמפּעראַטור געלאָזט, אַז דאָס גאַנצע אײַז אונדזערס איז וואַסער געוואָרן, און מיר זײַנען געלעגן פֿאַרענדיק און שיין גיסיק, טראַכטנדיק אַ מאָל ווי אַזוי וועט זײַן ווען דאָס אַלץ וועט פֿאַרפֿרוירן נאָך אַ מאָל. אָבער מיר האָבן ניט קיין סך געטראַכט, מיין איך – מיר האָבן געשלאָפֿן. פֿון אַזאַ קוקווינקל זײַנען אָט די זאַווערוכעס געווען אַ פֿולקומע גאָטס גאָב.

מיר האָבן אויך איבערגעאַרבעט די עסן־ראַציעס. פֿון סאַמע אָנהייב זיך צוגרייטן אויף דער דאָזיקער נסיעה האָט סקאָט אונדז געבעטן מיר זאָלן פּרוּוון געוויסע עקספּערימענטן צוליב דער פּלאַטאָ־סטאַדיע פֿון דער פּאָלוס־נסיעה דעם קומעדיקן זומער. מע האָט אָנגענומען, אַז די פּלאַטאָ־סטאַדיע וועט זײַן דער רעכט האַרבער טייל פֿון דער פּאָלוס־נסיעה, און קיינעם האָט זיך דעמאָלט ניט געחלומט, אַז מע וואָלט געקענט געפֿינען שווערערע צושטאַנדן אין מיטן באַריער אין מאַרץ ווי אויף דער פּלאַטאָ, צען טויזנט פֿיס העכער, אין פֿעברואַר. קוקנדיק אויף די שטרענגע צושטאַנדן, וואָס מיר האָבן געוווּסט מיר מוזן זיי אָנטרעפֿן במשך פֿון אָט דער ווינטער־נסיעה, גאָר שטרענגער אַוודאי לגבי דעם וועטער ווי אַבי וואָס וועט פֿאַרקומען אויף דער פּאָלוס־נסיעה, האָבן מיר באַשטימט צו פֿאַרפּשוטערן דעם עסן וואָס מיגלעכער. מיר האָבן מיטגעבראַכט פּעמיקאַן, ביסקוויטן, פּוטער, און טיי; און טיי איז ניט קיין עסן, נאָר אַן אײַנגענעם מינטערעכץ, און הייס; דאָס פּעמיקאַן איז געווען אויסגעצייכנט, געקומען פֿון דער פֿירמע באָווריל, קאָפּנהייגן.

די דירעקטע מעלה פֿון דעם אַלץ איז, אַז מיר האָבן וווייניק זעקלעך עסן וואָס מיר דאַרפֿן מיט זיי באַהאַנדלען אויף אַ מאָלצײַט. אויב די טעמפּעראַטור פֿון דער לופֿט שטייט בײַ 100 גראַד פֿראָסט, איז אַלצדינג וואָס שטייט אין דער לופֿטן אויך 100 גראַד פֿראָסט. מע דאַרף נאָר אויפֿבינדן די שנירלעך פֿון איין זעקל בײַ אַ טעמפּעראַטור פֿון 70°-, מיט די פֿיס פֿאַרפֿרוירן און די פֿינגער קוים פֿאַרהיילט נאָכדעם וואָס מע האָט געפֿונען אַ שוועבעלע מיט פֿלאַם אָנצוצינדן

[א] כּוח־9: "אַ שטאַרקע בורע": 51 מײַל אַ שעה.
[ב] כּוח־10: "אַ גאַנצע בורע": 62 מײַל אַ שעה.

blizzard, and indeed we had not long finished our supper and were thawing our way little by little into our bags when the wind came away from the south. Before it started we got a glimpse of black rock, and knew we must be in the pressure ridges where they nearly join Mount Terror.

It is with great surprise that in looking up the records I find that blizzard lasted three days, the temperature and wind both rising till it was +9° and blowing force 9 on the morning of the second day (II July). On the morning of the third day (12 July) it was blowing storm force (10). The temperature had thus risen over eighty degrees.

It was not an uncomfortable time. Wet and warm, the risen temperature allowed all our ice to turn to water, and we lay steaming and beautifully liquid, and wondered sometimes what we should be like when our gear froze up once more. But we did not do much wondering, I suspect: we slept. From that point of view these blizzards were a perfect Godsend.

We also revised our food rations. From the moment we started to prepare for this journey we were asked by Scott to try certain experiments in view of the Plateau stage of the Polar Journey the following summer. It was supposed that the Plateau stage would be the really rough part of the Polar Journey, and no one then dreamed that harder conditions could be found in the middle of the Barrier in March than on the Plateau, ten thousand feet higher, in February. In view of the extreme conditions we knew we must meet on this winter journey, far harder of course in point of weather than anything experienced on the Polar Journey, we had determined to simplify our food to the last degree. We only brought pemmican, biscuit, butter and tea; and tea is not a food, only a pleasant stimulant, and hot: the pemmican was excellent and came from Beauvais, Copenhagen.

The immediate advantage of this was that we had few food bags to handle for each meal. If the air temperature is 100 degrees of frost, then everything in the air is about 100 degrees of frost too. You have only to untie the lashings of one bag in a -70° temperature, with your feet frozen and your fingers just nursed back after getting a match to strike

האַרטן גליטשיקן שניי אונטער די פֿיס. פֿון צײַט צו צײַט האָבן די פֿיס דורכגעבראָכן דורך סקאָרעס אין דער אייבערפֿלאַך. און דעמאָלט, גאָר פּלוצעם, האָט זיך דערזען פֿאַר אונדז עפּעס אומקלאָרס, אומבאַשטימטס, ווילדס. איך געדענק, אַז איך האָב געהאַט אַ געפֿיל פֿון רוחות בעת מיר האָבן אָפּגעקניפּט די געשפּאַנען פֿון די שליטנס, צוגעבונדן זיי צוזאַמען, און אַזוי צוגעכאַפּט מיטן שטריק געגאַנגען באַרג־אַרויף אויף אָט דעם אײַז. די לבֿנה האָט באַוויזן אַ מאַקאַברישן אָפּגעריסענעם באַרגיקן קאַנט אויבן אונדז אינעם טומאַן, און בעת מיר קריכן אַרויף, האָבן מיר געפֿונען, אַז מיר זײַנען אויף אַ דריקקאַם. מיר האָבן זיך אָפּגעשטעלט, געקוקט איינער אויף די אַנדערע, און מיט אַ מאָל – *טראַך* – פּונקט אונטער די פֿיס. נאָך טראַסקן, און סקריפּן און קרעכצן; וואָרן דאָס אײַז באַוועגט זיך און שפּאַלט זיך ווי גלאָז. די שפּאַלטן מיט די טראַסקן האָבן אויסגעשאָסן אומעטום אַרום און אַרום, און עטלעכע פֿון זיי האָבן זיך געצויגן הונדערטער יאַרדן. דערנאָכדעם האָבן מיר זיך צוגעוווינט צו דעם, נאָר צום ערשטן איז דער עפֿעקט זייער אויפֿשרעקנדיק. פֿון אָנהייב ביז סוף פֿון דער נסיעה האָבן מיר געהאַט אַ סך פֿאַרשיידנקייט און ניט קיין מאָנאָטאָנקייט וואָס זי איז אומפֿאַרמײַדלעך בײַם שליטלען איבער אַ מהלך־רבֿ זומערצײַט אויפֿן באַריער. בלויז די לאַנגע אָנפֿאַלן פֿון ציטערן, איינער נאָענט נאָכן צווייטן אַבי ווען מיר ליגן אין די מוראדיקע שלאָפֿזעק, שעה נאָך שעה, נאַכט נאָך נאַכט אין אַזעלכע טעמפּעראַטורן – זיי זײַנען געווען וואָס מאָנאָטאָנער. שפּעטער זײַנען מיר אָפּגעפֿרוירן געוואָרן אַפֿילו ווען מיר ליגן אין די שלאָפֿזעק. גאָר שלעכט, אַז מע פֿרירט זיך אָפּ אין דעם זאַק.

עס איז געווען נאָר אַ גלי ווּ די לבֿנה איז; מיר זײַנען געשטאַנען אין אַ לבֿנה־באַלויכטענעם טומאַן, האָט דאָס געקלעקט צו באַווײַזן דעם קאַנט פֿון אַ צווייטן קאַם פֿאָרויס, און נאָך אַ דריטער אויף לינקס. מיר זײַנען געווען גאַנץ געפּלעפֿט. דער טיפֿער דונער פֿונעם אײַז האָט ווײַטער געקלונגען און עס קען זײַן, אַז דער ים־פֿלייץ האָט עפּעס צו טאָן מיט דעם, כאָטש מיר זײַנען געווען שוין אַ סך מײַלן פֿון דעם געוויינטלעכן ברעג־אײַז. מיר האָבן זיך צוריקגעקערט, זיך צוגעבונדן צו די שליטנס נאָך אַ מאָל און געשלעפּט אין וואָס מיר האָבן געהאַלטן פֿאַר דער ריכטיקער ריכטונג, תּמיד מיטן געפֿיל וואָס מע האָט אין אויפֿגעשפּאָלטענע געגנטן, אַז די ערד וועט אפֿשר עפֿענען זיך אונטער די פֿיס. אָבער מיר האָבן נאָר געפֿונען נאָך קויפּן און הויפֿנס שניי און אײַז, וואָס אין זיי האָבן מיר זיך כּמעט אָנגעשטויסן, איידער מיר האָבן זיי דערזען. עס איז געווען קלאָר, אַז מיר האָבן זיך פֿאַרבלאָנדזשעט. ס'איז געווען באַלד האַלבע נאַכט, האָב איך געשריבן "אפֿשר זײַנען דאָ דריקקאַמען צי אפֿשר איז דאָס טעראָר, מע קען ניט זאָגן – מיר דאַכט זיך אַז מיר דאַרפֿן דאָ בלײַבן ביז עס לײַטערט זיך אויס. מיר האָבן געהאַט געקערעוועט אויף צפֿון־מיזרח ווען מיר זײַנען דאָ אָנגעקומען, האָבן מיר זיך צוריקגעקערט אויף דרום־מערבֿ ביז מיר זײַנען אַרײַן אין אַ דאָלענע און זיך געלאַגערט."

די טעמפּעראַטור האָט זיך אויפֿגעהויבן פֿון ‎-36° עלף אַ זייגער פֿ"מ ביז ‎-27° איצט; עס איז געגאַנגען אַ שניי און מע קען גאָרנישט ניט זען. פֿון אונטערן געצעלט קומען קלאַנגען אַזוי ווי איינער אַ ריז טראַסקעט אויף אַ גרויסער ליידיקער ציסטערנע. אַלע סימנים פֿון אַ

hard slippery snow under our feet. Every now and then our feet went through crusts in the surface. And then quite suddenly, vague, indefinable, monstrous, there loomed a something ahead. I remember having a feeling as of ghosts about as we untoggled our harnesses from the sledge, tied them together, and thus roped walked upwards on that ice. The moon was showing a ghastly ragged mountainous edge above us in the fog, and as we rose we found that we were on a pressure ridge. We stopped, looked at one another, and then *bang* – right under our feet. More bangs, and creaks and groans; for that ice was moving and splitting like glass. The cracks went off all round us, and some of them ran along for hundreds of yards. Afterwards we got used to it, but at first the effect was very jumpy. From first to last during this journey we had plenty of variety and none of that monotony which is inevitable in sledging over long distances of Barrier in summer. Only the long shivering fits following close one after the other all the time we lay in our dreadful sleeping-bags, hour after hour and night after night in those temperatures – they were as monotonous as could be. Later we got frost-bitten even as we lay in our sleeping-bags. Things are getting pretty bad when you get frost-bitten in your bag.

There was only a glow where the moon was; we stood in a moonlit fog, and this was sufficient to show the edge of another ridge ahead, and yet another on our left. We were utterly bewildered. The deep booming of the ice continued, and it may be that the tide has something to do with this, though we were many miles from the ordinary coastal ice. We went back, toggled up to our sledges again and pulled in what we thought was the right direction, always with that feeling that the earth may open underneath your feet which you have in crevassed areas. But all we found were more mounds and banks of snow and ice, into which we almost ran before we saw them. We were clearly lost. It was near midnight, and I wrote, 'it may be the pressure ridges or it may be Terror, it is impossible to say, – and I should think it is impossible to move till it clears. We were steering N .E. when we got here and returned S. W. till we seemed to be in a hollow and camped.'

The temperature had been rising from -36° at 11 a.m. and it was now -27°; snow was falling and nothing whatever could be seen. From under the tent came noises as though some giant was banging a big empty tank. All the signs were for a

און ווי אַזוי צו דראַפּען זיך אַרויס; ווען אַנדערע באַלייטערס קענען אויסטראַכטן עפּעס אָפּצושטעלן דעם שליטן, וואָס צו אים זײַט איר נאָך אַלץ פֿאַרבונדן מיטן געשפּאַן; וואָס איז דער זיכערסטער אופֿן פֿאַרן האַלטן דעם שליטן בײַם אָפּשטעל; ווי אַזוי, אַז איר הענגט אַראָפּ פֿופֿצן פֿוס אַרײַן אין אַ שפּאַלט, צו אַרבעטן פֿון אויבן כּדי צו ציִען אײַך אַרויס נאָך אַ מאָל אויף דער אייבערפֿלאַך. און דעמאָלט זײַנען געווען אונדזערע קליידער בכּלל עפּעס ווי קליידער. אַפֿילו בײַ אידעאַלע צושטאַנדן פֿון גוטער ליכט, וואַרעמקייט, אָן ווינט, זײַנען שפּאַרעס רציחהדיק, צי איר שלעפּט איבער אַ גלײַכער און גלאַטער שנייִקער אייבערפֿלאַך, קיין מאָל ניט וויסנדיק ווען איר וועט אַראָפּפֿאַלן אין אַ גרוב אָן דנאָ, צי איר יאָגט זיך נאָך דעם אַלפּינשטריק און שליטן, כּדי צו העלפֿן אַ באַלייטער וואָס איז פֿאַרשווונדן געוואָרן. איצט קומען מיר אַ מאָל צו חלום די שלעכטע טעג וואָס מיר האָבן געהאַט אויף דעם בירדמאָר[א'] און אין ערגעץ אַנדערש, ווען מענטשן זײַנען אַראָפּגעפֿאַלן, זיך פֿאַרטשעפּעט, געהאַנגען פֿון דער פֿולער לענג געשפּאַן אַ סך מאָל אין אַ שעה. בײַ דעם זעלבן שליטן מיט מיר אויף דעם בירדמאָר איז איינער אַראָפּ איין מאָל מיטן קאָפּ אַראָפּ, און אַ צווייטער אַכט מאָל ביזן עק געשפּאַן אין 25 מינוט. און שטענדיק האָט מען געדאגהט צי דער געשפּאַן וועט האַלטן ווען ס'קומט דער דריגע. אָבער יענע טעג זײַנען געווען ווי אַ זונטיק־שולע לאַקעטקע אין פֿאַרגלײַך מיט אונדזערע טעג פֿון בלענדעניש מיט די קייסער־פּענגווינען צווישן די שפּאַרעס פֿון קאַפּ־קראָזיער.

די צרות זײַנען שטאַרק פֿאַרגרעסערט געוואָרן צוליב דעם מצבֿ פֿון די קליידער. אויב מיר וואָלטן געווען אָנגעטאָן אין בלײַ וואָלטן מיר גרינגער געקענט באַוועגן די אָרעמס און קאַרקעס און קעפּ ווי איצט. אויב דער זעלביקער סכום אײַז האָט זיך פֿאַרשפּרייט אויף די פֿיס, מיין איך אַז מיר וואָלטן געווען נאָך אַלץ דאָרט, שטייענדיק, וואָלטן ניט געקענט זיך רירן פֿון אָרט; אָבער צום גליק זײַנען געבליבן באַוועגלעך די קראָקן פֿון די הויזן. אָנצוטאָן דעם קאַנווענעם געשפּאַן איז געווען דער אַבסורדסטער עסק. גאָר אין די ערשטע טעג פֿון דער נסיעה האָבן מיר געטראָפֿן אָט די צרה, און אַ ביסל תּמעוואַטע באַשלאָסן ניט אויסצוטאָן די געשפּאַנען בײַם אָנבײַסן. די געשפּאַנען זײַנען זיך צעגאַנגען אינעם געצעלט און ווידער זיך פֿאַרפֿרוירן האַרט ווי ברעטער. פּונקט אַזוי זײַנען געווען די קליידער האַרט ווי ברעטער און אַרויסגעשטאַרצט פֿון די קערפּערס אין אַלע געמאָלטע פֿאַלבן און ווינקלען. צו פּאַסן איין ברעט איבערן צווייטן האָט באַדאַרפֿט די פֿאַראייניקטע טירחות פֿון דעם טראָגער־צו־זײַן מיט זײַנע צוויי באַלייטערס, און דעם פּראָצעס האָט מען געדאַרפֿט איבערחזרן פֿאַר יעדן פֿון אונדז צוויי מאָל אַ טאָג. גאָט אַליין ווייסט ווי לאַנג דאָס האָט געדויערט; אָבער עס האָט ניט געקענט זײַן ווייניקער ווי פֿינף מינוטן שלאָגן אויף יעדן.

בעת מיר דערנענטערן זיך צו טעראָר־שפּיץ אינעם טומן, האָבן מיר דערפֿילט, אַז מיר זײַנען אַרויף און אַראָפּ איבער עטלעכע אויפֿשטײַגן. פֿון צײַט צו צײַט האָבן מיר דערפֿילט

[א'] the Beardmore Glacier: אַ ריזיקער גלעטשער, וואָס איז אַנטדעקט געוואָרן פֿון שעקלטאָן אין 1908; אָט דער גלעטשער איז געווען די רוטע קיין דעם דרום־פּאָלוס פֿאַר שעקלטאָן (ער האָט זיך צוריקגעקערט – און בלײַבט לעבן – אפֿשר 100 מײַלן ווײַט פֿונעם פּאָלוס) און שפּעטער פֿאַר סקאָט.

and how best to scramble out; when your companions can see how to stop the sledge to which you are all attached by your harness; how most safely to hold the sledge when stopped; how, if you are dangling fifteen feet down in a chasm, to work above you to get you up to the surface again. And then our clothes were generally something like clothes. Even under the ideal conditions of good light, warmth and no wind, crevasses are beastly, whether you are pulling over a level and uniform snow surface, never knowing what moment will find you dropping into some bottomless pit, or whether you are rushing for the Alpine rope and the sledge, to help some companion who has disappeared. I dream sometimes now of bad days we had on the Beardmore and elsewhere, when men were dropping through to be caught up and hang at the full length of the harnesses and toggles many times in an hour. On the same sledge as myself on the Beardmore one man went down once head first, and another eight times to the length of his harness in 25 minutes. And always you wondered whether your harness was going to hold when the jerk came. But those days were a Sunday School treat compared to our days of blind-man's-buff with the Emperor penguins among the crevasses of Cape Crozier.

Our troubles were greatly increased by the state of our clothes. If we had been dressed in lead we should have been able to move our arms and necks and heads more easily than we could now. If the same amount of icing had extended to our legs I believe we should still be there, standing unable to move: but happily the forks of our trousers still remained movable. To get into our canvas harness was the most absurd business. Quite in the early days of our journey we met with this difficulty, and somewhat foolishly decided not to take off our harness for lunch. The harnesses thawed in the tent, and froze back as hard as boards. Likewise our clothing was hard as boards and stuck out from our bodies in every imaginable fold and angle. To fit one board over the other required the united efforts of the would-be wearer and his two companions, and the process had to be repeated for each one of us twice a day. Goodness knows how long it took; but it cannot have been less than five minutes' thumping at each man.

As we approached Terror Point in the fog we sensed that we had risen and fallen over several rises. Every now and then we felt

באַריער שטויסט זיך אויף אָט דער יבשה מיט אַ גיכקייט פֿון ניט ווייניקער ווי אַ מײַל אַ יאָר. אפֿשר קענט איר זיך פֿאָרשטעלן דעם כאַאָס וואָס ער קויפֿט אָן. עס זײַנען דאָ דריקקאַמען וואָס אין פֿאַרגלײַך מיט זיי זײַנען די ים־כוואַליעס ווי אַ געאַקערט פֿעלד. די ערגסטע זײַנען בײַ קאַפּ־קראָזיער אַליין, אָבער זיי ציִען זיך לענג־אויס די דרומדיקע שיפּועים פֿון באַרג טעראָר, פֿאַראַלעל מיט דער יבשה, און די שטערונג פֿון קאַפּ־קראָזיער קען מען זען בײַם ווינקל־לאַגער אַ פֿערציק מײַל צוריק אויפֿן באַריער, אין די שפּאַרעס וואָס מיר פֿלעגן זיי געפֿינען און די טײַלמאָליקע קאַמען וואָס מיר האָבן געדאַרפֿט אַריבערגיין.

אין די טעג פֿון דער *אַנטדעקונג*־עקספּעדיציע האָט דער אָנדריק געפֿורעמט אַ קליינע בוכטע פּונקט ווו עס שטויסט זיך אָן אין קאַפּ־קראָזיער, און אויפֿן ים־אײַז פֿאַרפֿרוירן אין דער דאָזיקער בוכטע האָבן די לײַט פֿון דער *אַנטדעקונג* געפֿונען דעם איינציקן נעסט־שטח פֿון קייסער־פּענגווינען אַ מאָל דערזען. דאָס אײַז דאָ ווערט ניט אַוועקגעבלאָזן פֿון די זאַווערוכעס, וואָס ראַמען אָפּ דאָס אײַז פֿונעם ראָס־ים, און אָפֿן וואַסער אָדער אָפֿענע שפּאַרונעס זײַנען תּמיד נאָענט. אָט דאָס שטעלט צו די קייסאָרים אַן אָרט פֿאַרן לייגן אייער און אַ געלעגנהייט צו קריגן עסן. דערפֿאַר האָבן מיר געדאַרפֿט געפֿינען אַ וועג פֿאַזע דעם אָנדריק ביז צו דעם קויפֿ, און דערנאָך דורכדרינגען דורך דעם אָנדריק ביז צו דער בוכטע פֿון די קייסאָרים. און מיר האָבן אַלץ געדאַרפֿט טאָן אינעם פֿינצטערניש.

טעראָר־שפּיץ, וואָס מיר קומען צו צו אים אין דעם טומאַן, איז קאַרג צוואַנציק מײַל פֿון דעם קויפֿ, און ענדיקט זיך אין אַ לאַנגער שניי־צונג, וואָס שטויסט זיך אָן אין דעם באַריער. מע איז אָפֿט מאָל געגאַנגען דורך דאַנען אין די *אַנטדעקונג* טעג, אין העלן טאָג, און ווילסאָן האָט געוווּסט פֿון אַן ענגער סטעשקע אָן שום שפּאַרעס, וואָס גייט אַרום צווישן דעם באַרג און די דריקקאַמען פֿאַראַלעל. נאָר ס'איז איין זאַך צו גיין לענג־אויס אַ קאָרידאָר בײַ טאָג, און גאַנץ אַנדערש פּרוּוון אַזוי צו טאָן בײַ נאַכט, בפֿרט ווען ס'זײַנען ניטאָ קיין ווענט צו פֿאַרריכטן דעם גאַנג – נאָר שפּאַרעס. סײַ ווי סײַ מוז טעראָר־שפּיץ זײַן ערגעץ נאָענט צו אונדז איצט, און אומקלאָר פֿאַר אונדז איז געווען אָט דער פּאַס שניי, ניט באַריער ניט באַרג, וואָס איז דער איינציקער וועג פֿאָרויס.

מיר האָבן אָנגעהויבן פֿאַרשטיין, איצט וואָס די אויגן זײַנען מער־ווייניקער אָן אַ נוץ, וויפֿל מיר קענען טאָן מיט די פֿיס און די אויערן. די פּעולה פֿון גיין אין פֿינעסקאָ איז גאָר ווי גיין אין הענטשקעס, און מע באַקומט אַזאַ חוש־המישוש וואָס מע קריגט נאָר פֿון נאַקעטע פֿיס. אַזוי האָבן מיר געקענט דערפֿילן אַלע קליינע וואַריאַציעס אין אייבערפֿלאַך, אַלע סקאָרעס, וואָס דורך זיי שלאָגן זיך דורך די פֿיס, אַלע פֿאַרהאַרטעוועטע שטחים אונטערן ווייכן שניי. און באַלד האָבן מיר אָנגעהויבן זיך פֿאַרלאָזן וואָס ווײַטער אויפֿן קלאַנג פֿון די טריט צו באַווײַזן צי מיר זײַנען אויף שפּאַרעס צי אויף האַרטער ערד. פֿון איצט אָן זײַנען מיר כסדר געקראָכן צווישן שפּאַרעס. איך האָב זיי שטאַרק פֿײַנט אין מיטן העלן טאָג, ווען מע קען זיי גרינג אויסמײַדן, אויך דעמאָלט אַז מע פֿאַלט אַרײַן אין זיי, קען מען על־כּל־פּנים זען ווו די זײַטן זײַנען, ווו זיי פֿירן,

Barrier is moving against this land at a rate which is sometimes not much less than a mile in a year. Perhaps you can imagine the chaos which it piles up: there are pressure ridges compared to which the waves of the sea are like a ploughed field. These are worst at Cape Crozier itself, but they extend all along the southern slopes of Mount Terror, running parallel with the land, and the disturbance which Cape Crozier makes is apparent at Corner Camp some forty miles back on the Barrier in the crevasses we used to find and the occasional ridges we had to cross.

In the Discovery days the pressure just where it hit Cape Crozier formed a small bay, and on the sea-ice frozen in this bay the men of the Discovery found the only Emperor penguin rookery which had ever been seen. The ice here was not blown out by the blizzards which cleared the Ross Sea, and open water or open leads were never far away. This gave the Emperors a place to lay their eggs and an opportunity to find their food. We had therefore to find our way along the pressure to the Knoll, and thence penetrate *through* the pressure to the Emperors' Bay. And we had to do it in the dark.

Terror Point, which we were approaching in the fog, is a short twenty miles from the Knoll, and ends in a long snow-tongue running out into the Barrier. The way had been travelled a good many times in Discovery days and in daylight, and Wilson knew there was a narrow path, free from crevasses, which skirted along between the mountain and the pressure ridges running parallel to it. But it is one thing to walk along a corridor by day, and quite another to try to do so at night, especially when there are no walls by which you can correct your course – only crevasses. Anyway, Terror Point must be somewhere close to us now, and vaguely in front of us was that strip of snow, neither Barrier nor mountain, which was our only way forward.

We began to realize, now that our eyes were more or less out of action, how much we could do with our feet and ears. The effect of walking in finnesko is much the same as walking in gloves, and you get a sense of touch which nothing else except bare feet could give you. Thus we could feel every small variation in surface, every crust through which our feet broke, every hardened patch below the soft snow. And soon we began to rely more and more upon the sound of our footsteps to tell us whether we were on crevasses or solid ground. From now onwards we were working among crevasses fairly constantly. I loathe them in full daylight when much can be done to avoid them, and when if you fall into them you can at any rate see where the sides are, which way they run

צײַט צו צײַט האָבן די פֿינעסקאָ דורכגעשטאָכן דורך אַ דינע סקאָרע אײדער זײ זינקען טיף אַרײַן. דאָס האָט באַטײַט אַ שטיקל ווינט, און פֿון צײַט צו צײַט זײַנען די פֿיס געקומען אויף אַ האַרטן גליטשיקן שטח אונטער דעם ווייכן שניי. מיר זײַנען געווען אַרומגערינגלט מיט אַ נעפּל וואָס ער גייט אונדז נאָך, און ווײַט אויבן שײַנט די לבֿנה אויף זײַן דאַך. דאָס קערעווען איז געווען אַזוי שווער ווי דאָס שלעפּן, און פֿיר שעה פֿון דער שווערסטער אַרבעט האָט געבראַכט בלויז 1¼ מײַלן אין דער פֿרי און דרײַ שעה מער נאָך מיטאָג נאָך איין מײַל – און די טעמפּעראַטור איז געווען °57- מיט אַ ווינטל – שרעקלעך!

פֿרי אין דער פֿרי אויף מאָרגן האָט אָנגעהויבן אַ שניי, מיט אַ געדיכטן טומאַן: ווען מיר האָבן זיך אויפֿגעכאַפּט קען מען גאָרנישט ניט זען אַבי ווו מע קוקט. נאָך די געוויינטלעכע פֿיר שעה אין דער פֿרי זיך צוגרייטן פֿאַרן אָפּפֿאָר האָבן מיר אָפּגערעדט, אַז ס'וועט זײַן אוממיגלעך אַריבערצוטראָגן, וואָרן מיר וואָלטן קיין מאָל ניט געקענט געפֿינען דעם וועג צוריק צום צווייטן שליטן. אַ מחיה, וואָס מיר האָבן געקענט שלעפּן די צוויי שליטנס אין איינעם, און איך מיין אַז דאָס איז צוליב דער טעמפּעראַטור, וואָס האָט זיך פֿאַרהעכערט ביז °36-.

דאָס איז געווען דער פֿערטער טאָג טומאַן פֿאַר אַ צולאָג צו דעם געוויינטלעכן פֿינצטערניש, און מיר האָבן געוווּסט, אַז אַוודאי דערנענטערן מיר זיך צו דער יבשה. דאָס וואָלט געווען טעראָר־שפּיץ, און דער טומאַן איז דאָ מסתּמא צוליב דער פֿײַכטער וואַרעמער לופֿט פֿון ים וואָס הייבט זיך אויף דורך די דריק־שפּאַלטן און שפּאַרעס, וואָרן מע נעמט אָן, אַז דאָ שווימט דער באַריער אויפֿן וואַסער.

איך וואָלט אײַך וועלן נעמען אויף דעם גרויסן אײַז־באַריער אין איינעם אַ שטילן אָוונט, ווען די זון האַלט אין גיין נידעריק אין מיטן נאַכט, אײַך באַווײַזן די האַרבסט־צופֿאַרבן אויף ראָס־אינדזל. אַ לעצטער קוק אַרום איידער מע לייגט זיך אַוועק שלאָפֿן, אַ גוטער טאָג מאַרשירן געמאַכט, גענוג פֿײַנער פֿעטער פּעמיקאַן געגעסן, מע זאָל זײַן צופֿרידן, דער היימישער רוח טאַבאַק פֿונעם געצעלט, אַן אײַנגענעם געפֿיל פֿון ווייכן פּעלץ און דעם טיפֿן קומעדיקן שלאָף. און די אַלע ווייכסטע פֿאַרבן וואָס גאָט האָט געשאַפֿן ליגן אינעם שניי; בײַ ערעבוס אויף מערבֿ, ווו דער ווינט האָט קוים געקענט רירן זײַן וואָלקן רויך; און בײַ טעראָר אויף מיזרח, ניט אַזוי הויך, און מער רעגולער אין פֿאָרעם. ווי פֿרידלעך און געהויבן איז דאָס אַלץ.

אָט דאָס האָט איר געמעגט זען מיט פֿיר חדשים צוריק אויב איר וואָלט געווען אויף דעם באַריער־פּליין. גאָר נידעריק, בײַם עקסטן רעכטס, אויף מיזרח פֿון דער יבשה, איז געווען אַ שוואַרצער שמיר שטיין, וואָס קוקט זיך אונטער פֿון די גרויסע שניי־זאַווייען; דאָס איז דער קויפּ, און נאָענט דערצו זײַנען געווען די סקאַלעס פֿון קאַפּ־קראָזיער, דער קויפּ אויסזעענדיק זייער נידעריק און די סקאַלעס ניט צו דערזען, כאָטש זיי זײַנען אַכט הונדערט פֿיס אין דער הייך, אַ שטאָציקער תּהום וואָס פֿאַלט אַראָפּ אין ים אַרײַן.

עס איז דאָ בײַ קאַפּ־קראָזיער ווו דער קאַנט פֿונעם באַריער, וואָס שפּרייט זיך פֿיר הונדערט מײַלן ווי אַן אײַזסקאַלע ביז 200 פֿיס אין דער הייך, טרעפֿט זיך מיט דער יבשה. דער

now and then our finnesko pierced a thin crust before they sank right in. This meant a little wind, and every now and then our feet came down on a hard slippery patch under the soft snow. We were surrounded by fog which walked along with us, and far above us the moon was shining on its roof. Steering was as difficult as the pulling, and four hours of the hardest work only produced 1¼ miles in the morning, and three more hours 1 mile in the afternoon – and the temperature was -57° with a breeze – horrible!

In the early morning of the next day snow began to fall and the fog was dense: when we got up we could see nothing at all anywhere. After the usual four hours to get going in the morning we settled that it was impossible to relay, for we should never be able to track ourselves back to the second sledge. It was with very great relief that we found we could move both sledges together, and I think this was mainly due to the temperature which had risen to -36°.

This was our fourth day of fog in addition to the normal darkness, and we knew we must be approaching the land. It would be Terror Point, and the fog is probably caused by the moist warm air coming up from the sea through the pressure cracks and crevasses; for it is supposed that the Barrier here is afloat.

I wish I could take you on to the great Ice Barrier some calm evening when the sun is just dipping in the middle of the night and show you the autumn tints on Ross Island. A last look round before turning in, a good day's march behind, enough fine fat pemmican inside you to make you happy, the homely smell of tobacco from the tent, a pleasant sense of soft fur and the deep sleep to come. And all the softest colours God has made are in the snow; on Erebus to the west, where the wind can scarcely move his cloud of smoke; and on Terror to the east, not so high, and more regular in form. How peaceful and dignified it all is.

That was what you might have seen four months ago had you been out on the Barrier plain. Low down on the extreme right or east of the land there was a black smudge of rock peeping out from great snow-drifts: that was the Knoll, and close under it were the cliffs of Cape Crozier, the Knoll looking quite low and the cliffs invisible, although they are eight hundred feet high, a sheer precipice falling to the sea.

It is at Cape Crozier that the Barrier edge, which runs for four hundred miles as an ice-cliff up to 200 feet high, meets the land. The

די הערצער האָבן גאַלאַנט געאַרבעט. בײַם סוף מאַרש זײַנען זיי צעשלאָגן, עס איז שווער פֿאַר זיי פּאָמפּען בלוט אין די ענדגלידער. ס'רובֿ טעג פֿרירט אָפּ בײַ מיר און ווילסאָן אַ טייל פֿון די פֿיס. בײַם לאַגערן, דאַכט זיך מיר, די הערצער קלאַפּן לפֿי־ערך פּאַמעלעך און שוואַך.

גאָרנישט וואָס צו טאָן ביז מע האָט צוגעגרייט אַ הייס געטראַנק – טיי בײַם אָנבײַסן, הייס וואַסער בײַ דער וועטשערע. די מינוט מיר האָבן אָנגעהויבן טרינקען איז די פּעולה וווּנדערלעך; ס'איז געווען, זאָגט ווילסאָן, ווי מע לייגט אַוועק אַ וואַרעמפֿלאַש לעבן האַרצן. דאָס האַרץ־קלאַפּעניש ווערט זייער גיך און שטאַרק און מע פֿילט ווי די וואַרעמקייט שפּרייט זיך אַרויס און אַראָפּ. דערנאָך טוט מען אויס דאָס שוכוואַרג – די וויקלשנורן (געשניטן אין צוויי און געוויקלט אַרום די הויזן אונטן), פֿינעסקאָ[א], סענעגראָז, האָר־זאָקן[ב], און צוויי פּאָר וואָלענע זאָקן. דערנאָך צערטלט מען די פֿיס און פּרוּווט גלייבן, אַז מע פֿרייט זיך – אַן אײַנפֿריר טוט ניט קיין וויי ביז ער הייבט אָן צו צעגיין. שפּעטער קומען די פּוכירן, און נאָך שפּעטער שטיקלעך טויטע הויט.

ביל איז געווען באַזאָרגט. ס'ווײַזט זיך אויס, אַז צוויי מאָל איז סקאָט געהאַט געגאַנגען שפּאַצירן מיט אים דעם פֿריִערדיקן ווינטער, געפּרוּווט אים אײַנרעדן ער זאָל ניט גיין, און געווען מסכּים לסוף נאָר מיטן תּנאַי, אַז ער וועט אונדז אַלע צוריקברענגען בשלום: מיר זײַנען אַלע פֿאַר דער דרום־נסיעה. ביל האָט געהאַט גרויסן דרך־ארץ פֿאַר סקאָט, און שפּעטער, ווען מיר האַלטן בײַם פּרוּוון זיך צוריקקערן אַהיים איבערן באַריער, ווען מיר קריכן אויף גלײַכע ווענט, איז ער געווען להוט ניט צו פֿאַרלאָזן קיין אויסריכט הינטן בײַם קאַפּ־קראָזיער, אַפֿילו דאָס וויסנשאַפֿטלעך געצײַג, וואָס קומט אונדז גאָר ניט צו קיין ניץ, און וואָס אַ סך מער פֿון דעם בלײַבט נאָך אַלץ בײַ דער הײַזקע. "סקאָט וועט מיר קיין מאָל ניט מוחל זײַן, אויב איך וואָלט עפּעס דאָ איבערלאָזן," האָט ער געזאָגט. אַ גוטער שליטלען־פּרינציפּ, און אַ פּאַרטיע וואָס פֿאָלגט אים ניט, אָדער איבערלאָזט אַ טייל פֿון דער לאַסט, מע זאָל דאָס שפּעטער קריגן, איז זעלטן אַ גוטע; אָבער מע קען אויך איבערכאַפּן די מאָס מיט דעם דאָזיקן פּרינציפּ.

און ביל טראָגט איצט שטאַרק דאָס אַחריות פֿאַר אונדזביידע. ער פֿלעגט זאָגן, אַז ער בעט מחילה, אָבער ער האָט קיין מאָל ניט געחלומט ס'וואָלט זײַן אַזוי שלעכט ווי דאָס. דערפֿאַר וואָס ער האָט אונדז אײַנגעלאַדן קומען, האָט ער זיך געפֿילט שולדיק פֿאַר אונדזערע צרות. אַ פֿירער מיט אַזאַ געפֿיל פֿאַר זײַנע מענטשן קריגט גאָר בעסערע פּעולות, מיט גוטע מענטשן; מיט שלעכטע אָדער אַפֿילו נישקשהדיקע, וועלן זיי פּרוּוון אויסניצן דאָס וואָס זיי האַלטן פֿאַר ווייכקייט.

די טעמפּעראַטור בײַ נאַכט דעם 7טן יולי איז געווען -59°.

דעם 8טן יולי האָבן מיר געפֿונען דעם ערשטן סימן, אַז אפֿשר קומען מיר שוין צום סוף פֿון דעם ווייכן, שיטיקן, פֿײַל־וואָרצלדיקן שניי. דאָס שלעפּן איז געווען שרעקלעך שווער; נאָר פֿון

[א] finnesko: ווייכע שטיוול געמאַכט פֿון רעניפֿער־פֿעל, מיט די האָר אינעווייניק (פֿון די סקאַנדינאַווישע לענדער).

[ב] hair socks: אפֿשר זאָקן פֿון פֿוטער אָדער האָר פֿון עפּעס אַ חיה

די ווינטער-נסיעה

Our hearts were doing very gallant work. Towards the end of the march they were getting beaten and were finding it difficult to pump the blood out to our extremities. There were few days that Wilson and I did not get some part of our feet frost-bitten. As we camped, I suspect our hearts were beating comparatively slowly and weakly.

Nothing could be done until a hot drink was ready – tea for lunch, hot water for supper. Directly we started to drink then the effect was wonderful: it was, said Wilson, like putting a hot-water bottle against your heart. The beats became came very rapid and strong and you felt the warmth travelling outwards and downwards. Then you got your foot-gear off – puttees (cut in half and wound round the bottom of the trousers), finnesko, sennegrass, hair socks, and two pairs of woolen socks. Then you nursed back your feet and tried to believe you were glad – a frost-bite does not hurt until it begins to thaw. Later came the blisters, and then the chunks of dead skin.

Bill was anxious. It seems that Scott had twice gone for a walk with him during the Winter, and tried to persuade him not to go, and only finally consented on condition that Bill brought us all back unharmed: we were Southern Journey men. Bill had a tremendous respect for Scott, and later when we were about to make an effort to get back home over the Barrier, and our case was very desperate, he was most anxious to leave no gear behind at Cape Crozier, even the scientific gear which could be of no use to us and of which we had plenty more at the hut. "Scott will never forgive me if I leave gear behind," he said. It is a good sledging principle, and the party which does not follow it, or which leaves some of its load to be fetched in later is seldom a good one: but it is a principle which can be carried to excess.

And now Bill was feeling terribly responsible for both of us. He kept on saying that he was sorry, but he had never dreamed it was going to be as bad as this. He felt that having asked us to come he was in some way chargeable with our troubles. When leaders have this kind of feeling about their men they get much better results, if the men are good: if men are bad or even moderate they will try and take advantage of what they consider to be softness.

The temperature on the night of 7 July was -59°.

On 8 July we found the first sign that we might be coming to an end of this soft, powdered, arrowrooty snow. It was frightfully hard pulling; but every

די עיגולים פֿײַער. פֿונדעסטוועגן האָבן מיר אַ מאָל געשלאָפֿן, און תּמיד געלעגן זיבן שעה. אָבער און ווידער האָט ביל אונדז געפֿרעגט, צי מיר זאָלן זיך צוריקקערן, און יעדעס מאָל האָבן מיר געענטפֿערט אַז ניין. נאָר ס'איז ניטאָ קיין זאַך וואָס וואָלט מיר בעסער געפֿעלן: איך בין גאַנץ זיכער געווען, אַז דאָס חלומען פֿון קאַפּ־קראָזיער איז דער גרעסטער טירוף. דעם טאָג זײַנען מיר פֿאָרויס 1½ מײַלן דורך דער שטרענגסטער טירחה, מיט דער געוויינטלעכער אַריבערטראָג־אַרבעט. דאָס איז געווען גאָר אַ גוטער מאַרש – און קאַפּ־קראָזיער איז 67 מײַלן פֿון קאַפּ־עוואַנס!

ניט איין מאָל אין מײַן קורצן לעבן האָב איך מהדר געווען דעם ווערט פֿון אַ מענטש וואָס ער זעט ניט די קלאָרע שׂכלדיקע זיכערקייט: ער טוט אויף אוממיגלעכקייטן. מיר האָבן ניט גערעדט פֿון די געדאַנקען אונדזערע; מיר האָבן אַרומגערעדט די קומעדיקע שטיין־תּקופֿה, ווען מיר וועלן בויען אַ היימישע וואַרעמע כאַלופּע אויף די שיפּועים פֿון באַרג טעראָר, ברענען פּענגווין־טראָן אינעם אויוון, אײַנמאַכן קליינע קייסערלעך אין מיטן וואַרעמקייט און טרוקנקייט. מיר זײַנען געווען גאָר קלוגע מענטשן און אַוודאי געוווּסט, אַז מיר וועלן ניט געפֿינען קיין פּענגווינען, אַז ס'איז נאַרישקייט ווײַטער צו גיין. פֿונדעסטוועגן, מיט שטילער התמדה, אין פֿולקומער פֿרײַנדשאַפֿט, שיִער ניט צערטלעך, האָבן די צוויי געפֿירט ווײַטער. איך האָב פּשוט געטאָן וואָס מע הייסט.

עס איז אָנגעלייגט, אַז מע זאָל אַרבעטן, עסן, און שלאָפֿן רעגולער, ווערט דאָס אָבער צו אָפֿט פֿאַרגעסן בײַם שליטלען. ערשט איצט האָבן מיר זיך דערוווּסט, אַז מיר קענען ניט אַרײַנפּאַקן אַכט שעה מאַרשירן מיט זיבן שעה אין די שלאָפֿזעק אין איין מעת־לעת: די אײַנגעשטעלטע לאַגער־אַרבעט געדויערט מער ווי נײַן שעה, אַזוי איז דער מצבֿ. האָבן מיר דערפֿאַר אויפֿגעהערט לייגן אַכט אויף דעם גאָר געדוכטן אונטערשייד צווישן נאַכט און טאָג, איז געווען ערשט האַלבער טאָג פֿרײַטיק, דעם 7טן יולי איידער מיר זײַנען אין וועג אַרײַן. די טעמפּעראַטור איז געווען 68°-, מיט אַ געדיכטן ווײַסן טומאַן; געוויינטלעך האָבן מיר געהאַט נאָר דעם אומבאַשטימטסטן באַגריף ווו מיר זײַנען, האָבן מיר זיך געלאַגערט 10 אַ זייגער נאָך מיטאָג, מיט 1¾ מײַלן אויפֿן חשבון פֿונעם טאָג. אָבער אַראָפּ אַ שטיין פֿון האַרצן! אַנשטאָט מאַטערן זיך, האָבן אונדזערע הערצער געקלאַפּט נאַטירלעכער; ס'איז געווען גרינגער זיך צו לאַגערן, האָבן מיר געהאַט נאָך אַ ביסל חוש־המישוש אין די הענט, און די פֿיס האָבן ניט געשלאָפֿן. בירדי האָט געמאַכט מיט דעם טערמאָמעטער און ס'איז געווען נאָר 55°-. "נו, אויב מיר זאָגן מענטשן, אַז בלויז 87 גראַד פֿראָסט קען זײַן אַן אומגעהײַערע פֿאַרלײַכטערונג, וואָלטן זיי אונדז פּשוט ניט גלייבן," געדענקט איך זאָגן. אפֿשר גלייבט איר ניט, אָבער ס'איז אַלץ איינס אמת; האָב איך געשריבן יענע נאַכט: "ס'איז עפּעס גאַנץ גוט נאָך אַלעמען אין דעם אויפֿטאָן עפּעס וואָס מע האָט קיין מאָל פֿריִער ניט געטאָן." עס פֿאַרבעסערט זיך, איר זעט.

the circles of fire. Still we slept sometimes, and always we lay for seven hours. Again and again Bill asked us how about going back, and always we said no. Yet there was nothing I should have liked better: I was quite sure that to dream of Cape Crozier was the wildest lunacy. That day we had advanced 1½ miles by the utmost labour, and the usual relay work. This was quite a good march – and Cape Crozier is 67 miles from Cape Evans!

More than once in my short life I have been struck by the value of the man who is blind to what appears to be a common-sense certainty: he achieves the impossible. We never spoke our thoughts: we discussed the Age of Stone which was to come, when we built our cozy warm rock hut on the slopes of Mount Terror, and ran our stove with penguin blubber, and pickled little Emperors in warmth and dryness. We were quite intelligent people, and we must all have known that we were not going to see the penguins and that it was folly to go forward. And yet with quiet perseverance, in perfect friendship, almost with gentleness those two men led on. I just did what I was told.

It is desirable that the body should work, feed and sleep at regular hours, and this is too often forgotten when sledging. But just now we found we were unable to fit 8 hours marching and 7 hours in our sleeping-bags into a 24-hour day: the routine camp work took more than 9 hours, such were the conditions. We therefore ceased to observe the quite imaginary difference between night and day, and it was noon on Friday (7 July) before we got away. The temperature was -68° and there was a thick white fog: generally we had but the vaguest idea where we were, and we camped at 10 p.m. after managing 1¾ miles for the day. But what a relief. Instead of labouring away, our hearts were beating more naturally: it was easier to camp, we had some feeling in our hands, and our feet had not gbne to sleep. Birdie swung the thermometer and found it only -55°. "Now if we tell people that to get only 87 degrees of frost can be an enormous relief they simply won't believe us," I remember saying. Perhaps you won't, but it was, all the same: and I wrote that night: "There is something after all rather good in doing something never done before." Things were looking up, you see.

דערוווּסט, אַז דאָס שלאָגן רעקאָרדן טויג אויף כּפּרות. דער טערמאָמעטער, וואָס באַוערס האָט מיט אים אַ מאַך געטאָן נאָכן אָנבײַסן 5:51 נאָך מיטאָג, האָט באַוויזן -77.5°, וואָס איז 109½ גראַד פֿראָסט, און וואָס איז, דאַכט זיך מיר, אַזוי קאַלט ווי מע וואָלט געוואָלט איבערלעבן אין פֿינצטערניש און פֿאַראײַזיקטע כּלים און קליידער. די נידעריקסטע טעמפּעראַטור רעקאָרדירט פֿון אַן *אַנטדעקונג* פֿרילינג־נסיעה פּאַרטיע איז געווען -67.7°[א], און אין יענע צײַטן איז פֿערצן טעג געווען אַ לאַנגע צײַט פֿאַר אַ פּאַרטיע פֿרילינגצײַט צו זײַן אַוועק שליטלען, און דעמאָלט איז געווען אין העלן טאָג. אָט איז שוין געווען אונדזער צענטער טאָג אין וועג און מיר האָבן זיך געריכט אויף זעקס וואָכן.

צום גליק זײַנען מיר זיך באַגאַנגען אָן ווינט. דאָס נאַקעטע ליכט האָט פֿעסט געברענט בעת מיר טאָפּטשען זיך צוריק אין די טריט צו קריגן דעם צווייטן שליטן, אָבער ווער עס רירט אָן אַ שטיקל מעטאַל אויף אַ בראָכטייל סעקונדע מיט נאַקעטע פֿינגער ווערט אָפּגעפֿרוירן. דאָס פֿאַרפֿעסטיקן די רימענשנאָלן איבער דעם אָנגעלאָדענעם שליטן איז געווען שווער; צו טשעפּען דעם קאָכער אָדער קופֿלען אָדער לעפֿל, דעם פּרימוס אָדער נאַפֿטבלעכל נאָך ערגער. ווי אַזוי באַוערס האָט געקענט אַרבעטן מיט די מעטעאָראָלאָגישע כּלים, ווייס איך ניט, נאָר די מעטעאָראָלאָגישע לאָגהעפֿט איז בשלמות געמאַכט. אָבער באַלד ווי מע אָטעמט נאָענט צו אַ בויגן פּאַפּיר איז דאָס געוואָרן גאַנץ באַדעקט מיט אַ הײַטל אײַז וואָס דורך אים וואָלט ניט דורכבײַסן אַ בלײַער. האָבן צו טאָן מיט שטריק איז תּמיד געווען קאַלט און אין אָט די זייער נידעריקע טעמפּעראַטורן אַ מוראדיקע קאַלטע אַרבעט. צובינדן אונדזערע געשפּאַנען צו דעם שליטן, וואָס מיר האַלטן בײַם שלעפּן, אָפּבינדן בײַם סוף סטאַדיע, צובינדן די שלאָפֿזעק אין דער פֿרי, פֿאַרפֿעסטיקן דעם קאָכער אויפֿן אייבערל פֿונעם אינסטרומענט־קאַסטן, זײַנען זיי אַלע געווען שלעכט, נאָר גאָר ערגער זײַנען געווען די קלענערע שנירלעך, וואָס זײַנען געוואָרן שפּאַגאַט פֿון אײַז. צווישן די ערגסטע איז דאָס שנירל וואָס בינדט אַרום דעם וואָכנדיקן עסזאַק, און די שנירלעך אַרום די אינעווייניקסטע זעקלעך פֿון פּעמיקאַן, טיי, און פּוטער זײַנען געווען נאָך דינער. אָבער דער אמתער טײַוול איז געווען די שנירלעך פֿון דער געצעלט־טיר: ס'איז געווען ווי דראָט, נאָר מע האָט געמוזט דאָס פֿעסט צובינדן. אויב מע האָט געדאַרפֿט אַרויסגיין פֿונעם געצעלט במשך פֿון די זיבן שעה פֿאַרבראַכט אין די שלאָפֿזעק[ב], האָט מען געדאַרפֿט צובינדן אַ שנירל אַזוי שטײַף ווי אַ קאָטשערע, און דערנאָך זיך ווידער צעגיין אין זאַק אַרײַן, דער זאַק גיך געוואָרן האַרט ווי אַ ברעט. דער נאַפֿט איז געווען ספּעציעל געמאַכט מיט אַ ברענפּונקט פּאַסיק אויף נידעריקע טעמפּעראַטורן און איז געוואָרן נאָר אַ ביסל מילכיק; עס איז געווען זייער שווער ברעכן סקאַבקעס פֿונעם פּוטער.

די טעמפּעראַטור די נאַכט איז געווען -75.8°, און איך מאַך ניט קיין אָנשטעל, אַז עס האָט מיך ניט אײַנגערעדט, אַז דאַנטע איז געווען גערעכט צו שטעלן די עיגולים אײַז נידעריקער פֿון

[א] אַ טערמאָמעטער וואָס האָט באַוויזן -77° בײַ די ווינטער־קוואַרטיר פֿון H.M.S. Alert דעם 4טן מאַרץ 1876 איז אויפֿגעהיט געוואָרן פֿון דער קיניגלעכער געאָגראַפֿישער געזעלשאַפֿט. איך ווייס ניט אויב מע האָט אים פֿאַרשטעלט [פֿון ווינט און נעץ, ד"ה]

[ב] דאָס איז אַ זעלטענע דערמאָנונג, אַז מענטשן האָבן "נייטיקייטן", אַזוי צו זאָגן, ניט נאָר אין אָט דעם בוך נאָר אומעטום אין אַזאַ מין באַריכטן.

די ווינטער-נסיעה

found out that records are not worth making. The thermometer as swung by Bowers after lunch at 5.51 p.m. registered -77.5°, which is 109½ degrees of frost, and is I suppose as cold as anyone will want to endure in darkness and iced-up gear and clothes. The lowest temperature recorded by a Discovery Spring Journey party was -67.7°[א](1), and in those days fourteen days was a long time for a Spring Party to be away sledging, and they were in daylight. This was our tenth day out and we hoped to be away for six weeks.

Luckily we were spared wind. Our naked candle burnt steadily as we trudged back in our tracks to fetch our other sledge, but if we touched metal for a fraction of a second with naked fingers we were frost-bitten. To fasten the strap buckles over the loaded sledge was difficult: to handle the cooker, or mugs, or spoons, the primus or oil can was worse. How Bowers managed with the meteorological instruments I do not know, but the meteorological log is perfectly kept. Yet as soon as you breathed near the paper it was covered with a film of ice through which the pencil would not bite.

To handle rope was always cold and in these very low temperatures dreadfully cold work. The toggling up of our harnesses to the sledge we were about to pull, the untoggling at the end of the stage, the lashing up of our sleeping-bags in the morning, the fastening of the cooker to the top of the instrument box, were bad, but not nearly so bad as the smaller lashings which were now strings of ice. One of the worst was round the weekly food bag, and those round the pemmican, tea and butter bags inside were thinner still. But the real devil was the lashing of the tent door: it was like wire, and yet had to be tied tight. If you had to get out of the tent during the seven hours spent in our sleeping-bags you must tie a string as stiff as a poker, and re-thaw your way into a bag already as hard as a board. Our paraffin was supplied at a flash point suitable to low temperatures and was only a little milky: it was very difficult to splinter bits off the butter.

The temperature that night was -75.8°, and I will not pretend that it did not convince me that Dante was right when he placed the circles of ice below

---

[א] A thermometer which registered -77° at the Winter Quarters of H.M.S. Alert on 4 March 1876 is preserved by the Royal Geographical Society. I do not know whether it was screened.

ווי מיגלעך, אַז מיר וועלן שטאַרבן, זײַנען זיי געווען מונטערע, און ווי ווײַט איך קען דערקענען, זײַנען זייערע לידער און פֿרייַלעכע ווערטער גאָר ניט כּלומרשטיק. אויך זײַנען זיי קיין מאָל ניט געווען צעטומלט, כאָטש תּמיד אַזוי גיך ווי מיגלעך אין נויטפֿאַלן. עס איז אַ שאָד, וואָס אָפּט מאָל גייען אויס אַזעלכע מענטשן פֿריִער, בעת אַנדערע, ווייניקער ווערט, בלײַבן.

עס זײַנען פֿאַראַן אַזעלכע מחברים, וואָס שרײַבן וועגן פּאָלאַר־עקספּעדיציעס גלײַך ווי די גאַנצע זאַך קומט אָן גאָר גרינג. זיי זײַנען זיך סומך, דאַכט זיך מיר, אויף אַן עולם, וואָס וועט זאָגן, "אַזאַ גוטער־ברודער איז ער! מיר ווייסן שוין פֿון די גרוילן וואָס ער האָט אויסגעהאַלטן, אָבער זעט נאָר די קליינינקייטן וואָס ער מאַכט פֿון די אַלע שוועריקייטן און אָפּקומענישן." אַנדערע האָבן דאָס געמאַכט גאַנץ פֿאַרקערט. איך ווייס ניט צי ס'איז נוציק פּרוּוון מאַכן אַ גרויסן רושם אויף אַן אומוויסנדיקן לייענער צו באַשרײַבן אַ קעלט פֿון -18° ווי פּוּפֿציק גראַד פֿראָסט. איך וויל טאָן ניט דאָס ניט יענץ. איך מאַך ניט קיין אָנשטעל, אַז דאָס איז געווען עפּעס אַנדערש פֿון אַ גרוילעכער נסיעה, נישקשה געמאַכט, אַפֿילו אײַנגענעם, צו גדענקען דורך די מעלות פֿון די צוויי באַלייטערס מײַנע, וואָס זײַנען אויף יענער וועלט. אין דער זעלבער רגע וויל איך דאָס אַלץ באַשרײַבן ווי מער אימהדיק ווי ס'איז אַזש געווען; דער לייענער דאַרף ניט האָבן קיין מורא, אַז איך טרײַב איבער.

אין משך פֿון דער נאַכט פֿון 3טן יולי איז די טעמפּעראַטור אַראָפּ ביז -65°, נאָר אין דער פֿרי האָבן מיר אויפֿגעוואַכט (מיר האָבן זיך באמת אויפֿגעכאַפּט אָט דעם אינדערפֿרי) מיט גרויסער פֿאַרלײַכטערונג. איז די טעמפּעראַטור געווען נאָר -27° מיט אַ ווינט פֿון אפֿשר פּוּפֿצן מײַל אַ שעה און כּסדרדיק פֿאַלנדיקן שניי. ס'האָט געדויערט נאָר עטלעכע שעה און מיר האָבן געוווּסט, אַז ס'מוז בלאָזן אַ גוואַלדיקע זאַווערוכע מחוץ דעם אָנווינטיקן געגנט ווו מיר ליגן, אָבער עס האָט אונדז געגעבן צײַט צו שלאָפֿן, זיך אָפּרוען, ווערן דורך און דורך צעגאַנגען, און נאַס, און וואַרעם, אינעווייניק אין די שלאָפֿזעק. בײַ מיר על־כּל־פּנים איז די עפּעס אַ זאַווערוכע געווען גאָר פֿאַרלײַכטערונג, כאָטש מיר אַלע האָבן געוווּסט, אַז דאָס געצײַג וועט זײַן וואָס אַ מאָל ערגער ווען די קעלט קערט זיך צוריק. גאַנץ אוממיגלעך ווײַטער צו גיין. במשך פֿון דעם טאָג איז די טעמפּעראַטור אַראָפּגעפֿאַלן ביז -44°, אויף מאָרגן בײַ נאַכט ביז -54°.

דער ווייכער נײַ געפֿאַלענער שניי האָט געמאַכט דעם אויבנאויף אויף מאָרגן (דעם 5טן יולי) כּמעט אוממיגלעך. מיר האָבן איבערגעטראָגן, ווי געוויינטלעך, און געשלעפּט אַכט שעה, אָבער מיר זײַנען פֿאָרויס נאָר 1½ מײַלן. די טעמפּעראַטור איז געווען צווישן -55° און -61°, און עס איז געווען אויף אַ ווײַלע אַ היפּש ווינטל, מיט אַ פּאַראַליזירנדיקער ווירקונג. ס'איז געווען אַרום דער לבֿנה אַ גרויסער ליכטקרײַז, מיט אַ ווערטיקאַלן שטראַל און פֿאַלשע לבֿנות[א]. מיר האָבן געהאָפּט, אַז מיר הייבן זיך אַרויף אויף דעם לאַנגן שניי־קאַפּ וואָס באַצייכנט דעם אָנהייב פֿון באַרג טעראָר. די נאַכט איז די טעמפּעראַטור געווען -75°; בײַם פֿרישטיק, -70°; מיטאָגצײַט, כּמעט -77°. דער דאָזיקער טאָג לעבט נאָך אין זכּרון ווי דער טאָג ווען איך האָב זיך

[א] mock moons: אָפּטישע אילוזיעס אַרויסגערופֿן דורך קריסטאַלן אײַז גאָר הויך אין דער לופֿטן.

so far as we can be sure of anything, that we must die, they were cheerful, and so far as I can judge their songs and cheery words were quite unforced. Nor were they ever flurried, though always as quick as the conditions would allow in moments of emergency. It is hard that often such men must go first when others far less worthy remain.

There are those who write of Polar Expeditions as though the whole thing was as easy as possible. They are trusting, I suspect, in a public who will say, "What a fine fellow this is! we know what horrors he has endured, yet see, how little he makes of all his difficulties and hardships." Others have gone to the opposite extreme. I do not know that there is any use in trying to make a -18° temperature appear formidable to an uninitiated reader by calling it fifty degrees of frost. I want to do neither of these things. I am not going to pretend that this was anything but a ghastly journey, made bearable and even pleasant to look back upon by the qualities of my two companions who have gone. At the same time I have no wish to make it appear more horrible than it actually was: the reader need not fear that I am trying to exaggerate.

During the night of 3 July the temperature dropped to -65°, but in the morning we wakened (we really did wake that morning) to great relief. The temperature was only - 27° with the wind blowing some 15 miles an hour with steadily falling snow. It only lasted a few hours, and we knew it must be blowing a howling blizzard outside the windless area in which we lay, but it gave us time to sleep and rest, and get thoroughly thawed, and wet, and warm, inside our sleeping-bags. To me at any rate this modified blizzard was a great relief, though we all knew that our gear would be worse than ever when the cold came back. It was quite impossible to march. During the course of the day the temperature dropped to -44°; during the following night to -54°.

The soft new snow which had fallen made the surface the next day (5 July) almost impossible. We relayed as usual, and managed to do eight hours' pulling, but we got forward only 1½ miles. The temperature ranged between -55° and -61°, and there was at one time a considerable breeze, the effect of which was paralyzing. There was the great circle of a halo round the moon with a vertical shaft, and mock moons. We hoped that we were rising on to the long snow cape which marks the beginning of Mount Terror. That night the temperature was -75°; at breakfast -70°; at noon nearly -77°. The day lives in my memory as that on which I

פֿאַרשטעקל וואָס וועט האַלטן אָפֿן אַ לאָך, וואָס אין אים קענען מיר אָנהייבן אַרײַנצושטופּן אין אָוונט.

מיר האָבן זיך גוט געקאָרטשעט אין אויסטערלישע קנעפּלעך בײַם פּרוּוון אײַנרעדן די אבֿרים אין די שלאָפֿזעק אַרײַן, דעריבער געליטן געפֿערלעך פֿון קראַמפּן. מיר האָבן געוואַרט, זיך מאַסירט, אָבער ווי נאָר מיר האָבן געפּרוּווט זיך באַוועגן נאָך אַ מאָל, איז דאָס אַראָפּ און אַ כאַפּ געטאָן די פֿיס ווי אַן אורוואַנט. אויך האָבן מיר, באַזונדערס בפֿרט, געליטן פֿון בויכקאָרטשעס. מיר האָבן געלאָזט ברענען דעם פּרימוס איצט נאָך וועטשערע אויף אַ ווײַלע – ס'איז געווען די איינציקע זאַך וואָס גיט אונדז כּוח – און באַלד ווי דער וואָס האַלט דעם פּרימוס איז געכאַפּט מיט קאָרטשעס האָבן מיר אויף גיך גענומען פֿון אים דעם קאָכער, ביז די ספּאַזמע איז פֿאַרבײַ. ס'איז אָפֿט מאָל געווען שוידערלעך צו באַטראַכטן בירדיס קאָרטשעס; בײַ אים איז געווען גאָר ערגער ווי בײַ ביל אָדער מיר. איך האָב אָפֿט געליטן פֿון ברענעניש, ספּעציעל בײַ נאַכט אינעם זאַק; מיר פֿלעגן עסן אַ גרויסן מאָס פֿעטס, איז דאָס מסתּמא די סיבה. ווי אַ נאַר האָב איך גאָרנישט ניט געזאָגט וועגן דעם אַ לאַנגע ווײַלע. שפּעטער, ווען ביל האָט זיך דערוווּסט, האָט ער אַלץ צו רעכטס געמאַכט מיטן מעדיצינישן שיידל.

בירדי האָט אָנגעצונדן דאָס ליכט אַלע אינדערפֿרי – אַזוי גערופֿן – וואָס איז אַ גיבורישער עסק. די שוועבעלעך ווערן פֿײַכט אַז מע קוקט נאָר אויף זיי. טיילווײַז, נעם איך אָן, איז דאָס ווײַל מע ברענגט זיי אַרײַן פֿון דרויסן אינעם לפֿי־ערך וואַרעמען געצעלט; טיילווײַז דורך דעם, וואָס מע שטעקט די קעסטלעך אַוועק אין די קליידער־קעשענעס. אָפֿט מאָל מוז מען פּרוּוון פֿיר אָדער פֿינף קעסטלעך איידער אַ שוועבעלע רײַבט זיך אָן. די טעמפּעראַטור פֿון די קעסטלעך און שוועבעלעך איז געווען אפֿשר אַ הונדערט גראַד פֿראָסט, און דער קלענסטער אָנריר פֿונעם מעטאַל אויפֿן נאַקעטן פֿלייש ברענגט אַן אײַנפֿריר. אויב מע טראָגט קוליקלעך, קען מען קוים קריגן אַבי וואָס אַ געפֿיל – בפֿרט ווײַל די פֿינגערשפּיצן זײַנען שוין זייער פֿאַרהאַרטעוועט. אָנצוצינדן דאָס ערשטע ליכט אין דער פֿרי איז געווען אַ ברוטאַל קאַלטער עסק, נאָך ערגער געמאַכט, אַז מע מוז זײַן זיכער, אַז ס'איז סוף־כּל־סוף געקומען די צײַט זיך אויפֿצוכאַפּן. ביל האָט פֿעסט געהאַלטן, אַז מיר דאַרפֿן בלײַבן אין די זעק זיבן שעה אַ נאַכט.

אין דער ציוויליזאַציע נעמט מען אָן אַן אַנדערן לויט יענעמס אייגענער אָפּשאַצונג, ווײַל עס זײַנען דאָ אַזוי פֿיל אופֿנים זיך צו באַהאַלטן, און אַזוי ווייניק צײַט, אפֿשר אַפֿילו זייער ווייניק פֿאַרשטאַנד. גאָר פֿאַרקערט אויף דרום. אָט די צוויי מענטשן האָבן דורכגעמאַכט די ווינטער־נסיעה און געלעבט; שפּעטער האָבן זיי דורכגעמאַכט די פּאָלוס־נסיעה און געשטאָרבן. זיי זײַנען געווען גאָלד, גאָלע, גלאַנציק, ריין. עס פֿעלן מיר די ווערטער אַרויסצוזאָגן ווי גוט איז געווען זייער חבֿרשאַפֿט.

דורך די אַלע טעג און די קומענדיקע, די ערגסטע, מיין איך, אין זייער פֿינצטערער שטרענגקייט, וואָס מע האָט אַ מאָל איבערגעלעבט און געבליבן לעבן, איז קיין איינציק בייז אָדער כאַפּיק וואָרט ניט אַרויס פֿון זייערע מײַלער. שפּעטער, ווען מיר זײַנען זיכער, אַזוי זיכער

a plug which when removed formed a frozen hole for us to push into as a start in the evening.

We got into some strange knots when trying to persuade our limbs into our bags, and suffered terribly from cramp in consequence. We would wait and rub, but directly we tried to move again down it would come and grip our legs in a vice. We also, especially Bowers, suffered agony from cramp in the stomach. We let the primus burn on after supper now for a time – it was the only thing which kept us going – and when one who was holding the primus was seized with cramp we hastily took the lamp from him until the spasm was over. It was horrible to see Birdie's stomach cramp sometimes: he certainly got it much worse than Bill or I. I suffered a lot from heartburn, especially in my bag at nights: we were eating a great proportion of fat and this was probably the cause. Stupidly I said nothing about it for a long time. Later when Bill found out, he soon made it better with the medical case.

Birdie always lit the candle in the morning – so called, and this was an heroic business. Moisture collected on our matches if you looked at them. Partly I suppose it was bringing them from outside into a comparatively warm tent; partly from putting boxes into pockets in our clothing. Sometimes it was necessary to try four or five boxes before a match struck. The temperature of the boxes and matches was about a hundred degrees of frost, and the smallest touch of the metal on naked flesh caused a frost-bite. If you wore mitts you could scarcely feel anything – especially since the tips of our fingers were already very callous. To get the first light going in the morning was a beastly cold business, made worse by having to make sure that it was at last time to get up. Bill insisted that we must lie in our bags seven hours every night.

In civilization men are taken at their own valuation because there are so many ways of concealment, and there is so little time, perhaps even so little understanding. Not so down South. These two men went through the Winter Journey and lived: later they went through the Polar Journey and died. They were gold, pure, shining, unalloyed. Words cannot express how good their companionship was.

Through all these days, and those which were to follow, the worst I suppose in their dark severity that men have ever come through alive, no single hasty or angry word passed their lips. When, later, we were sure,

אונדז. דערנאָך האָב איך געמיינט, אַז ס'קען זײַן, אַז מיר וועלן דאָס דורכהאַלטן: גאָט קען ניט זײַן אַזוי אַכזריותדיק אונדז צו ראַטעווען נאָר צו פֿאַרלענגערן די יסורים.

נאָר איצט האָבן מיר זיך ניט געדאַרפֿט דאגהן וועגן שפּאַרעס, ווײַל מיר זײַנען נאָך ניט דערגאַנגען ביז דעם מהלך ווו דער באַוועגנדיקער באַריער, מיטן וואָג פֿון שוין הונדערטע מײַלן אײַז הינטער זיך, שטויסט אַנטקעגן די שיפּועים פֿון באַרג טעראָר, אַליין אפֿשר עלף טויזנט פֿוס אין דער הייך. איצט האָבן מיר אַראָפּגעטראָטן איבער די קנעכלעך אין דער מאַסע ווייכן זאַמדיקן שניי, וואָס באַדעקט אָט דעם געגנט אָן ווינט. ס'האָט זיך געדאַכט, אַז ס'איז גאָר ניט קיין דנאָ, און מחמת דער שניי איז געווען אַזוי קאַלט ווי די לופֿט, זײַנען די פֿיס מיט די גופֿים אויך געוואָרן אַלץ קעלטער און קעלטער וואָס ווײַטער מיר מאַרשירן; געוויינטלעך בײַם שליטן־שלעפּן הייבט מען אָן זיך דערוואַרעמען נאָך אַ פֿערטל שעה שלעפּן; דאָ איז געווען פֿאַרקערט. עד־היום פֿלעג איך בריקען אומוויסיק מיט די פֿינגער אויפֿן רעכטן פֿוס די פּיאַטע פֿונעם לינקן, אַ מידה וואָס איך האָב געקראָגן אויף דער דאָזיקער נסיעה, טאָן אַזוי בײַ יעדן אָפּשטעל. אָבער ניין, ניט אַלע מאָל. ווײַל ס'איז געווען איין אָפּשטעל ווען מיר האָבן זיך בלויז אָוועקגעלייגט אויף די רוקנס און געגאַפֿט אויפֿן הימל, ווו, לויט די אַנדערע, ברענט דאָס שענסטע דרום־ליכט וואָס זיי האָבן ווען געזען. איך האָב עס ניט געקענט זען, ווײַל איך בין אַזוי קורצזעיִק און האָב ניט געקענט טראָגן די ברילן צוליב דער קעלט. דאָס דרום־ליכט איז געווען שטענדיק פֿאַר אונדז בעת מיר גייען אויף מיזרח, שענער ווי געזען אויף פֿריִערדיקע עקספּעדיציעס ווינטערצײַט אין מקמורדאָ־דורכגאַס, ווו ערעבוס האָט געקערט פֿאַרשטעלן די גלאַנציקסטע אויסשטעלן. איצט איז ס'רובֿ הימל געווען באַדעקט מיט צעוויגטע, פֿאָכענדיקע פֿירהאַנגען, וואָס קומען צונויף אין אַ גרויסן געדריי אויבן: ציטרין־געל, גרין, און אָראַנזש.

דער מינימום די נאַכט איז געווען -65° און במשך פֿונעם 3טן יולי איז דאָס געבליבן צווישן -52° און -58°. מיר זײַנען פֿאָרויס נאָר 2½ מײַלן און איך האָב בײַ זיך שוין באַשלאָסן, שטילערהייט, אַז מיר האַלטן גאָר שמאָל צו דערגרייכן די פּענגווינען. איך בין זיכער, אַז די נעכט איז געווען גאָר שלעכט ביל, כאָטש דאָס איז נאָר אַ רושם, ניט מער, ווײַל ער האָט קיין מאָל ניט אַזוי גערעדט. אונדז איז געווען קלאָר, אַז מיר שלאָפֿן טאַקע, מחמת איינער האָט געהערט ווי אַ צווייטער כראָפּעט, און אויך פֿלעגן מיר חלומען, אויך מיט קאָשמאַרן; אָבער מיר האָבן דאָס קוים באַמערקט, און איצט האָבן מיר אָנגעהויבן כאַפּן אַ דרימל בײַ יעדן אָפּשטעל.

די שלאָפֿזעק זײַנען געוואָרן גאָר שלעכט שוין, און עס האָט איצט געדויערט אַ סך צײַט צו צעלאָזן דעם וועג אין זאַק אַרײַן בײַ נאַכט. ביל האָט אויסגעלייגט זײַן זאַק אין דער מיט, באַוועגס אויף רעכטס פֿון אים און איך אויף לינקס. אַלע מאָל איז ער צוגעשטאַנען צו מיר אַז איך זאָל אָנהייבן אַרײַנשטופּן די פֿיס אינעם זאַק מײַנעם פֿאַר אים; מיר האָבן זיך גיך געקילט נאָך דער הייסער וועטשערע, איז דאָס זייער מוסר־נפֿשדיק פֿון אים. דערנאָך קומען זיבן ציטערנדיקע שעהען, בײַם אויפֿכאַפּן זיך אין דער פֿרי איז די ערשטע זאַך אָנצושטאָפּן אונדזערע פֿערזענלעכע כּלים אין די מײַלער פֿון די זאַק, איידער זיי קענען פֿרירן; דאָס האָט געמאַכט אַ

After that I felt we had a chance of pulling through: God could not be so cruel as to have saved us just to prolong our agony.

But at present we need not worry about crevasses; for we had not reached the long stretch where the moving Barrier, with the weight of many hundred miles of ice behind it, comes butting up against the slopes of Mount Terror, itself some eleven thousand feet high. Now we were still plunging ankle-deep in the mass of soft sandy snow which lies in the windless area. It seemed to have no bottom at all, and since the snow was much the same temperature as the air, our feet, as well as our bodies, got colder and colder the longer we marched: in ordinary sledging you begin to warm up after a quarter of an hour's pulling, here it was just the reverse. Even now I find myself unconsciously kicking the toes of my right foot against the heels of my left: a habit I picked up on this journey by doing it every time we halted. Well no. Not always. For there was one halt when we just lay on our backs and gazed up into the sky, where, so the others said, there was blazing the most wonderful aurora they had ever seen. I did not see it, being so near-sighted and unable to wear spectacles owing to the cold. The aurora was always before us as we travelled east, more beautiful than any seen by previous expeditions wintering in McMurdo Sound, where Erebus must have hidden the most brilliant displays. Now most of the sky was covered with swinging, swaying curtains which met in a great whirl overhead: lemon yellow, green and orange.

The minimum this night was -65°, and during 3 July it ranged between -52° and -58°. We got forward only 2½ miles, and by this time I had silently made up my mind that we had not the ghost of a chance of reaching the penguins. I am sure that Bill was having a very bad time these nights, though it was an impression rather than anything else, for he never said so. We knew we did sleep, for we heard one another snore, and also we used to have dreams and nightmares; but we had little consciousness of it, and we were now beginning to drop off when we halted on the march.

Our sleeping-bags were getting really bad by now, and already it took a long time to thaw a way down into them at night. Bill spread his in the middle, Bowers was on his right, and I was on his left. Always he insisted that I should start getting my legs into mine before he started: we were rapidly cooling down after our hot supper, and this was very unselfish of him. Then came seven shivering hours and first thing on getting out of our sleeping-bags in the morning we stuffed our personal gear into the mouth of the bag before it could freeze: this made

טעמפּעראַטור איז דעמאָלט געווען ‎-60°‎ און געבליבן אַזוי דעם גאַנצן טאָג, געוואָרן קעלטער ערשט אין אָוונט. פֿיר אַ זייגער נאָך מיטאָג האָבן מיר באַטראַכט אַ וואַנט פֿון טומאַן זיך פֿאַרמירנדיק איבערן האַלבאינדזל אויף לינקס און באַמערקט אין דער זעלבער רגע, אַז די פֿאַרפֿרוירענע קוליקלעך האָבן זיך געלאָזט אָפּגיין אויף די הענט, און די קאָנטורן פֿון דער יבשה, וואָס באַווײַזן זיך אין דער שטערנליכט, זײַנען אומקלאָר געוואָרן. מיר האָבן געמאַכט 2½ מײַלן מיט דער געוויינטלעכער אַריבערטראָג־אַרבעט, זיך געלאַגערט 8 אַ זייגער אין אָוונט מיט אַ טעמפּעראַטור פֿון ‎-65°‎. ס'איז באמת געווען אַ שרעקלעכער מאַרש, און טיילן פֿון בײדע פּיס מײַנע זײַנען פֿאַרפֿרוירן געוואָרן בײַם אָנבײַסן. נאָך וועטשערע האָב איך געשטאָכן זעקס אָדער זיבן פֿון די ערגסטע פּוכירן, איז די פֿאַרלײַכטערונג געווען אַ גרויסע.

איך האָב זיך באַגעגנט מיט מענטשן וואָס זיי זײַנען מיר קאָמיש, ווען זיי זאָגן, "אָ, מיר האָבן געהאַט טעמפּעראַטורן פֿון מינוס פֿופֿציק אין קאַנאַדע; דאָס האָט מיך ניט געאַרט," אָדער "אַ מאָל איז געווען בײַ מיר מינוס זעכציק אָדער קעלטער אין סיביר." און דעמאָלט ווערט מען געוויר, אַז זיי האָבן געהאַט פֿײַנע טרוקענע קליידער, זיך אויסגעשלאָפֿן אין אַ גוט אויסגעלופֿטערטן בעט, און נאָר געשליאָנדערט אַרויס אויף אַ פּאָר מינוטן פֿון אַ גוט געוואַרעמטער כאַטע אָדער אַן איבערגעהיצטער באַן. און זיי קוקן צוריק דערויף ווי אויף אַן אַוואַנטורע פֿאַר די זכרונות. נו, גוט! פֿאַרשטייט זיך, אַז אַזאַ איבערלעבונג פֿון קעלט קען מען נאָר פֿאַרגלײַכן מיטן עסן אַ וואַניל־אײַזקרעם מיט הייסן שאָקאָלאַדן סיראָפּ נאָך אַ גוטן וואַרמעס אין קלאַרידזשעס[א]. נאָר אין אונדזער איצטיקן מצבֿ האָבן מיר אָנגעהויבן צו האַלטן די מינוס פֿופֿציקע פֿאַר אַ זעלטענעם לוקסוס.

דעם אָוונט האָבן מיר דאָס ערשטע מאָל אַוועקגעוואָרפֿן דאָס נאַקעטע ליכט צוליב דער אויפֿגייענדיקער לבֿנה. מיר האָבן זיך געהאַט אַרויסגעלאָזט פֿאַר דער לבֿנה בכּיוון, אָבער ווי מיר וועלן זען האָט זי אונדז געגעבן ווייניק וואָס ליכט. פֿונדעסטוועגן זײַנען מיר איין מאָל קוים ניצול געוואָרן פֿון אַ מיתה־משונה צוליב איר.

דאָס איז געווען אַ ביסל שפּעטער, ווען מיר זײַנען געקומען אין מיטן אײַז־שפּאַרעס, מיט באַרג טעראָר[ב] איבער אונדז, אומזעיִק, ערגעץ ווו אויף לינקס, און דער באַריער־דריק[ג] אויף רעכטס. מיר זײַנען רעכט פֿאַרבלאָנדזשעט געוואָרן אין דעם פֿינצטערניש, נאָר געוווסט, אַז מיר גייען באַרג־אַראָפּ, דער שליטן כאַפּט אונדז שיִער ניט בײַ די פּיאַטעס. ניט קיין ליכט דעם גאַנצן טאָג, די לבֿנה גאַנץ פֿאַרוואָלקנט, האָבן מיר זי ניט געזען זינט נעכטן. פּלוצעם האָט אַ קליין שטיקל אויסגעלײַטערטער הימל געדרייפֿט, אַזוי צו זאָגן, פֿאַר איר פּנים. האָט זי אונדז באַוויזן נאָר דרײַ שפּאַנען פֿאָרויס אַ גרויסע שפּאַרע מיט נאָר אַ גלאַנצנדיקער אײַזיקער דעק, קוים דיקער ווי גלאָז. מיר אַלע וואָלטן אַראָפּגעפֿאַלן אין איר, דער שליטן דווקא אַראָפּגעקומען נאָך

[א] Claridge's: אַ באַרימטער רעסטאָראַן אין לאָנדאָן

[ב] Mount Terror: דער צווייטער גרויסער באַרג אויף ראָס־אינדזל, אַ טויטער ווולקאַן. ערעבוס און טעראָר זײַנען נעמען נאָך ראָסעס צווײ שיפֿן.

[ג] pressure: דאָס איז שייך צו דער גרויסער צעשטערונג פֿונעם גלעטשעראײַז ווו דער גלעטשער צעשמעטערט זיך קעגן דער ערד אָדער צעבייגט זיך שטאַרק. דאָס פֿורעמט ריזיקע קאַמען אײַז, גרויסע שפּאַרעס, און אומגעהײַערע קאָפּויערגעפֿאַלענע פּײַדעס אײַז.

temperature was then -60°, and continued so all day, falling lower in the evening. At 4 p.m. we watched a bank of fog form over the peninsula to our left and noticed at the same time that our frozen mitts thawed out on our hands, and the outlines of the land as shown by the stars became obscured. We made 2½ miles with the usual relaying, and camped at 8 p.m. with the temperature -65°. It really was a terrible march, and parts of both my feet were frozen at lunch. After supper I pricked six or seven of the worst blisters, and the relief was considerable.

I have met with amusement people who say, "Oh, we had minus fifty temperatures in Canada; they didn't worry *me*," or "I've been down to minus sixty something in Siberia." And then you find that they had nice dry clothing, a nice night's sleep in a nice aired bed, and had just walked out after lunch for a few minutes from a nice warm hut or an overheated train. And they look back upon it as an experience to be remembered. Well! of course as an experience of cold this can only be compared to eating a vanilla ice with hot chocolate cream after an excellent dinner at Claridge's. But in our present state we began to look upon minus fifties as a luxury which we did not often get.

That evening, for the first time, we discarded our naked candle in favour of the rising moon. We had started before the moon on purpose, but as we shall see she gave us little light. However, we owed our escape from a very sticky death to her on one occasion.

It was a little later on when we were among crevasses, with Terror above us, but invisible, somewhere on our left, and the Barrier pressure on our right. We were quite lost in the darkness, and only knew that we were running downhill the sledge almost catching our heels. There had been no light all day, clouds obscured the moon, we had not seen her since yesterday. And quite suddenly a little patch of clear sky drifted, as it were, over her face, and she showed us three paces ahead a great crevasse with just a shining icy lid not much thicker than glass. We should all have walked into it, and the sledge would certainly have followed us down.

– דו האָסט עס בײַם האַלדז"[א] איז געווען דער רעפֿרען, און איך האָב געוואָלט אַרויסצײַען יעדעס קליין שטיקל מוטיקונג וואָס דאָס דערלאַנגט; אין די צײַטן פֿלעג איך דאָס איבערחזרן "האַלט אויס – האַלט אויס – האַלט אויס – האַלט אויס" און דערנאָך "דו האָסט עס בײַם האַלדז." אַ פֿאַרגעניגן זומערצײַט בײַ שליטן־נסיעות איז, אַז מע קען לאָזן דעם מוח וואַנדערן אומעטום אויף וואָכן און וואָכן. אָטס[ב] פֿלעגט פּלאַנירן פּראָוויאַנט פֿאַר זײַן קליינעם יאַכט (ס'איז פֿאַראַן אַ מין געזײַערטער הערינג, וואָס ער האָט געוואָלט); איך האָב אויסגעטראַכט דאָס קאָמפּאַקטסטע זיך דרייענדיקע ביכערשענקל, וואָס זאָל האַלטן ניט קיין ביכער, נאָר פּעמיקאַן און שאָקאָלאַד און ביסקוויט און קאַקאַאָ און צוקער, מיט אַ קאָכער אויבן, שטענדיק צוגעגרייט צו שטילן דעם הונגער ווען איך בין נאָך אַ מאָל אין דער היים; אויך זײַנען מיר אַרײַן אין רעסטאָראַנען און טעאַטערס און אויף שנייהון־זומפּן, געטראַכט וועגן אַ שיין מיידל, אָדער מיידלעך, און ... אָבער איצט איז דאָס אַלץ געווען אוממיגלעך. די צושטאַנדן אַרום האָבן זיך געוואָרפֿן אויף אונדז אָן שום אויפֿהער; עס איז ניט געווען מיגלעך צו טראַכטן וועגן עפּעס אַנדערש. גאָר ניט קיין אָפּאָטעם. דאָס בעסטע, האָב איך געפֿונען, איז געווען זיך ניט דערלאָזן טראַכטן וועגן דעם עבֿר אָדער דעם עתיד – צו לעבן נאָר צוליב דער אַרבעט אויף דער רגע, זיך צו צווינגען טראַכטן נאָר ווי דאָס צו טאָן מיט דער גרעסטער בריהשאַפֿט. לאָזט זיך אָ מאָל פֿאַרשטעלן ...

דעם טאָג (דעם 1טן יולי) האָט אונדז אויך געפֿלאָגט אַ פֿאַסקודנע ווינטל, וואָס בלאָזט פּונקט אין די פּנימער אַרײַן. די טעמפּעראַטור איז געווען 66°-, און אין אַזאַ קעלט ווערט די ווירקונג פֿון אַפֿילו דעם לײַכטסטן ווינטל גאָר פֿאַרפֿאַלבנדיק, פֿאַרפֿרירט תּיכּף אַבי וואָס אויפֿגעדעקט שטיקל פֿלייש. אָבער מיר האָבן אַלע צוגעפּאַסט שטיקלעך ווינט־באַוואָרנט צײַג, אונטערגעשלאָגן מיט פעלץ, וואָס מיר האָבן פֿריִער געהאַט צוגעגרייט אין דער הײַזקע, איבער די באַלאַקלאַוועס פֿאַר די נעזער, איז דאָס אונדז געווען דער גרעסטער קאָמפֿאָרט. דאָס אַלץ האָט פֿאַרמירט אַנדערע ערטער, וואָס אויף זיי פֿרירט די אָטעם, און די אונטערשטע טיילן פֿון אונדזערע פּנימער זײַנען שוין באַלד באַדעקט געוואָרן מיט סאָלידע בויגנס אײַז, וואָס דאָס אַליין ווערט אַ ווײַטערדיק שיצמיטל. דאָס איז געווען דער געוויינטלעכער און ניט קיין אומבאַקוועמער מצבֿ אויף דער נסיעה; די האָר אויף די פּנימער האָבן געהאַלטן דעם אײַז אַוועק פֿון דער הויט, און פֿאַר מיר אַליין איז דאָס בעסער ווי אָן דעם אײַז, ביז איך וויל אויסטאָן די באַלאַקלאַווע כּדי צו טרינקען דעם הוש[ג]. מיר האָבן געמאַכט נאָר 2¼ מײַלן, האָט דאָס געדויערט אַכט שעה.

ס'האָט געבלאָזן מיט כּוח־3[ד] די נאַכט, מיט אַ טעמפּעראַטור פֿון 65.2°- און אויך עטלעכע זאַווייען. טאַקע שלעכט אָבער צום גליק האָט זיך דער ווינט פֿאַרשטילט ביז צו אַ לײַכט ווינטעלע איידער מיר זײַנען צוגעגרייט צו גיין אויף צו מאָרגנס (דעם 2טן יולי). די

[א] אויף ענגליש: “You've got it in the neck -- stick it -- stick it -- you've got it in the neck” איך האָב זײַן פֿאָרמל אַליין געניצט אָבער אַוודאי קיין מאָל ניט אין אַזעלכע צושטאַנדן, אַ גרויסן דאַנק.

[ב] דאָס הייסט Oates; זעט הערה ד'.

[ג] Hoosh: אַ מאכל, עפּעס צווישן אַ זופּ און אַ געדישעכץ, געמאַכט פֿון פּעמיקאַן און ביסקוויטן.

[ד] Force 3: לויט דעם באָפֿאָרט־מעסטער איז דאָס "אַ מילד ווינטל": מער־ווייניקער נײַן מײַל אַ שעה.

– you've got it in the neck," was the refrain, and I wanted every little bit of encouragement it would give me: then I would find myself repeating "Stick it – stick it – stick it – stick it," and then "You've got it in the neck." One of the joys of summer sledging is that you can let your mind wander thousands of miles away for weeks and weeks. Oates used to provision his little yacht (there was a pickled herring he was going to have): I invented the compactest little revolving bookcase which was going to hold not books, but pemmican and chocolate and biscuit and cocoa and sugar, and have a cooker on the top, and was going to stand always ready to quench my hunger when I got home: and we visited restaurants and theatres and grouse moors, and we thought of a pretty girl, or girls, and. ... But now that was all impossible. Our conditions forced themselves upon us without pause: it was not possible to think of anything else. We got no respite. I found it best to refuse to let myself think of the past or the future – to live only for the job of the moment, and to compel myself to think only how to do it most efficiently. Once you let yourself imagine...

This day also (1 July) we were harassed by a nasty little wind which blew in our faces. The temperature was -66°, and in such temperatures the effect of even the lightest airs is blighting, and immediately freezes any exposed part. But we all fitted the bits of wind-proof lined with fur, which we had made in the hut, across our balaclavas in front of our noses, and these were of the greatest comfort. They formed other places upon which our breath could freeze, and the lower parts of our faces were soon covered with solid sheets of ice, which was in itself an additional protection. This was a normal and not uncomfortable condition during the journey: the hair on our faces kept the ice away from the skin, and for myself I would rather have the ice than be without it, until I want to get my balaclava off to drink my hoosh. We only made 2¼ miles, and it took 8 hours.

It blew force 3 that night with a temperature of -65.2°, and there was some drift. This was pretty bad, but luckily the wind dropped to a light breeze by the time we were ready to start the next morning (2 July). The

געווען נישקשהדיק באַקוועם פֿאַר ווילסאָן אין זײַן קלענערן שלאָפֿזאַק, און באַוערס האָט שטאַרק געשנאָרכצט. די מינימאַלע טעמפּעראַטור יענע נאַכט, אָפּגעמאָסטן אונטער אַ שליטן, איז געווען $-69°$; אָפּגעמאָסטן פֿון אויבן אויפֿן שליטן איז געווען $-75°$. אָט איז דאָס 107 גראַד פֿון פֿראָסט.

מיר האָבן דורכגעפֿירט די זעלביקע אַריבערטראָג־אַרבעט דעם 1טן יולי, אָבער דאָס שלעפּן איז אונדז נאָך שווערער געוואָרן, האָבן מיר נאָר קוים מיט צרות געקענט רירן פֿון אָרט איין איינציקן שליטן. פֿון איצט אָן האָבן איך און ווילסאָן און, נאָך מער באַוערס, איבערגעלעבט אַ טשיקאַווע אָפּטיש־אָפּדוכטעניש, אַז מיר קערן צוריק אין די טריט צו קריגן דעם צווייטן שליטן. ווי איך האָב דערמאָנט, האָבן מיר געפֿונען דעם וועג דורכן שײַן פֿון אַ ליכט און ס'איז געווען נייטיק צוריקצוגיין אין די זעלביקע טריט. אָט די לעכער האָבן אויסגעזען בײַ אונדזערע אויסגעמאַטערטע מוחות ניט ווי פֿאַרטיפֿונגען נאָר ווי דערהייבונגען — קויפּעלעך, וואָס איבער זיי האָבן מיר געדאַרפֿט איבערטרעטן, אויפֿהייבנדיק די פֿיס אָנגעווייטיקט און אָנשטרענגענדיק. האָבן מיר זיך אַ מאָל געכאַפּט, געזאָגט, אַז מיר זײַנען נאַראָנים, און אויף אַ ווײַלע זיך געצוווּנגען דורכצוגיין גראָד דורך די אָפּדוכטיקע קויפּעלעך. ס'איז אונדז אָבער ניט געדײַיק געלונגען, און מיט דער צײַט איז אונדז קלאָר געוואָרן, אַז מיר דאַרפֿן אויסהאַלטן די דאָזיקע ווילדקייט, האָבן מיר ניט געקענט אַנדערש טאָן. אַוודאי האָט דאָס אונדז נאָך מער אויסגעשעפּט.

אין די טעג זײַנען די פּוכירן אויף די פֿינגער געווען זייער ווייטיקדיק. שוין לאַנג איידער די הענט זײַנען אָפּגעפֿרוירן געוואָרן, אָדער אַפֿילו ניט מער ווי קאַלט, וואָס איז, פֿאַרשטייט זיך, דער געוויינטלעכער מצבֿ, איז פֿאַרפֿרוירן געוואָרן דער סערום אינעווייניק אין די גרויסע פּוכירן, וואָס באַדעקן אומעטום די פֿינגער, מיט נאָר אַ קליין שטיקל הויט צעשיידנדיק איינעם פֿון צווייטן. דאָס באַגיין זיך מיט די קאָך־כלים אָדער די שפּײַזזעק איז געווען יסורים; דאָס אָנצינדן דעם פּרימוס איז נאָך ערגער געווען; ווען ס'איז לסוף געקומען אַ טאָג ווען איך האָב געקענט אַ שטאָך טאָן בײַ זעקס, זיבן פֿון די פּוכירן נאָך דער וועטשערע, אַרויסלאָזן דעם סערום, איז מיר גאָר בעסער געוואָרן. אַלע נאַכט דערנאָך האָב איך אַזוי געטאָן מיט די אַנדערע וואָס זײַנען צײַטיק, ביז זיי זײַנען אַלע ביסלעכווײַז פֿאַרשוווּנדן געוואָרן. אַ מאָל איז געווען שווער זיך אײַנהאַלטן פֿון רעווען.

איך האָב יאָ געוואָלט רעווען אַ סך מאָל אַלע שעה פֿון די טעג און נעכט, האָב איך אָבער אויסגעטראַכט אַ פֿאָרמל, וואָס איך חזר איבער כסדר פֿאַר זיך אַליין. בפֿרט, געדענק איך, איז דאָס געקומען צו ניץ ווען, בײַם סוף מאַרש, די פֿיס אָפּגעפֿרוירן, דאָס האַרצקלאַפּן פּאַמעלעך, די לעבעדיקייט גאָר פֿאַרנידעריקט, דער קערפּער פֿאַרגליווערט געוואָרן פֿון קעלט, פֿלעג איך כאַפּן דעם רידל און האַלטן אין איין אָנקויפּן שניי אויף די געצעלט־זוימען בעת דער קוכער אינעווייניק פּרוּווט אָנצינדן דעם פּרימוס. "דו האָסט עס בײַם האַלדז — האַלט אויס — האַלט אויס

די ווינטער־נסיעה

Wilson was fairly comfortable in his smaller bag, and Bowers was snoring loudly. The minimum temperature that night as taken under the sledge was -69°; and as taken on the sledge was -75°. That is a hundred and seven degrees of frost.

We did the same relay work on I July, but found the pulling harder still; and it was all that we could do to move the one sledge forward. From now onwards Wilson and I, but not to the same extent as Bowers, experienced a curious optical delusion when returning in our tracks for the second sledge. I have said that we found our way back by the light of a candle, and we found it necessary to go back in our same footprints. These holes became to our tired brains not depressions but elevations: hummocks over which we stepped, raising our feet painfully and draggingly. And then we remembered, and said what fools we were, and for a while we compelled ourselves to walk through these phantom hills. But it was no lasting good, and as the days passed we realized that we must suffer this absurdity, for we could not do anything else. But of course it took it out of us.

During these days the blisters on my fingers were very painful. Long before my hands were frost-bitten, or indeed anything but cold, which was of course a normal thing, the matter inside these big blisters, which rose all down my fingers with only a skin between them, was frozen into ice. To handle the cooking gear or the food bags was agony; to start the primus was worse; and when, one day, I was able to prick six or seven of the blisters after supper and let the liquid matter out, the relief was very great. Every night after that I treated such others as were ready in the same way until they gradually disappeared. Sometimes it was difficult not to howl.

I *did* want to howl many times every hour of these days and nights, but I invented a formula instead, which I repeated to myself continually. Especially, I remember, it came in useful when at the end of the march with my feet frost-bitten, my heart beating slowly, my vitality at its lowest ebb, my body solid with cold, I used to seize the shovel and go on digging snow on to the tent skirting while the cook inside was trying to light the primus. "You've got it in the neck – stick it – stick it

דערפֿאַר, ווען מיר האָבן געפּרוּווט אָנהייבן דעם 30סטן יוני, האָבן מיר געפֿונען, אַז מיר קענען ניט רירן פֿון אָרט די צוויי שליטנס צוזאַמען. גאָרנישט ניט צו טאָן אַחוץ שלעפּן ווײַטער מיט איין שליטן און דערנאָך צוריקקערן צו שלעפּן דעם צווייטן. אַזוי האָט מען אָפֿט געטאָן אין טאָגליכט, ווען די איינציקע סכּנות זײַנען זאַווערוכעס, וואָס זיי קענען פּלוצעמדיק אויפֿקומען און פֿאַרשטעלן די שפּורן. הײַנט אין חושך איז געווען מער קאָמפּליצירט. פֿון עלף ביז דרײַ אַ זייגער בײַ טאָג איז געווען גענוג ליכט צו דערזען די גרויסע לעכער געמאַכט פֿון די פֿיס, האָבן מיר ווײַטער געשלעפּט איין שליטן, זיך געטאָפּטשעט צוריק אין די אייגענע טריט, און נאָך אַ מאָל מיטן צווייטן. באַוערס פֿלעגט בינדן און אויפֿבינדן אונדזערע געשפּאַנען, ווען מיר בײַטן די שליטנס. פֿאַרשטייט זיך, אַז מיט אַזאַ אַריבערטראָג־אַרבעט גייען מיר דרײַ מײַלן אין גאַנצן פֿאַר יעדן מײַל פֿאָרויס, און אַפֿילו מיט נאָר איין שליטן איז דאָס שלעפּן זייער שווער. בײַם אָנבײַסן איז די טעמפּעראַטור געווען ‎-61°‎. דערנאָך איז אַוועק דאָס שטיקל אומקלאָרע בין־השמשות, האָבן מיר געטראָגן אַ נאַקעט ליכט בײַם צוריקקער נאָך דעם צווייטן שליטן. עס איז געווען די משונהדיקסטע פּראָצעסיע אויף דער וועלט, דרײַ געפֿרוירענע מענטשן אין אַ קליינער קאַלוזשע ליכט. געוויינטלעך האָבן מיר זיך געקערעוועט בײַ יופּיטער, און עד־היום קען איך אים ניט באַמערקן אָן דעם, וואָס איך דערמאָן זיך אין זײַן פֿרײַנדשאַפֿט פֿון יענע טעג.

מיר זײַנען געווען זייער שטיל, עס איז ניט געווען גרינג צו רעדן; אָבער פֿאָרן מיט שליטנס איז תּמיד אַ שטילער ענין. איך דערמאָן זיך אין אַ לאַנגן שמועס, וואָס האָט זיך איצט אָנגעהויבן וועגן קעלטן — צי איז אָט דער הײַנטיקער מצבֿ דער געוויינטלעכער צי אַ קעלט? — וואָס הייסט אַ קעלט? דער שמועס האָט געדויערט אפֿשר אַ וואָך. טו אַלצדינג פּאַוואָליע, תּמיד פּאַוואָליע, אָט דאָס איז געווען דער תּוך פֿון ווילסאָנס פֿירערשאַפֿט; און אַלע ווײַלע קומט די פֿראַגע, זאָלן מיר ווײַטער גיין? און דער ענטפֿער, יאָ. "איך מיין, אַז מיר וועלן אויסהאַלטן כּל־זמן מיר האָבן נאָך אַפּעטיטן," האָט ביל געזאָגט. אַלע מאָל גערולדיק, מיט רשות אויף זיך אַליין, באַרוט, איז ער, לויט מיר, דער איינציקער אויף דער וועלט, וואָס האָט געקענט פֿירן אָט די נסיעה.

דעם טאָג האָבן מיר געמאַכט 3¼ מײַלן, וואָס האָט געפֿאָדערט 10 מײַלן גיין. די טעמפּעראַטור איז געווען ‎-66°‎ ווען מיר האָבן זיך געלאַגערט, זײַנען מיר שוין זייער שלעכט פּאַראַלײַזיקט. דאָס איז די לעצטע נאַכט ווען איך בין געלעגן (איך האָב געהאַט געשריבן געשלאָפֿן) אין מײַן גרויסן רעניפֿער־שלאָפֿזאַק אָן דעם פּוכענעם אונטערשלאַק וואָס מיר אַלע דרײַ האָבן מיטגעבראַכט. מיר איז דאָס געווען זייער אַ שלעכטע נאַכט: אַ ריי ציטער־אָנפֿאַלן, וואָס איך האָב זיי גאָר ניט געקענט אָפּשטעלן, און וואָס האָבן מיר דעם גוף אין רשות גענומען אַ סך מינוטן לאַנג, ביז איך האָב געמיינט אַז ס'וועט צעברעכן דעם רוקן, אַזוי שטאַרק איז געווען די שפּאַנונג. מע רעדט פֿון קלאַפּן אַ צאָן אָן אַ צאָן אָבער ווען דער קערפּער קלאַפּט אויף זיך אַליין קענט איר זאָגן אַז איר זײַט ערשט קאַלט געוואָרן. איך קען דאָס פֿאַרגלײַכן נאָר מיט אַ פֿאַל פֿון טעטאַנוס וואָס איך האָב, צום באַדויערן, אַ מאָל געזען. איינער פֿון די גראָבע פוס־פֿינגער איז אָפּגעפֿרוירן געוואָרן, אָבער איך האָב ניט געוווּסט אויף וויפֿל צײַט. ס'איז

די ווינטער־נסיעה

And so when we tried to start on 30 June we found we could not move both sledges together. There was nothing for it but to take one on at a time and come back for the other. This has often been done in daylight when the only risks run are those of blizzards which may spring up suddenly and obliterate tracks. Now in darkness it was more complicated. From II a.m. to 3 p.m. there was enough light to see the big holes made by our feet, and we took on one sledge, trudged back in our tracks, and brought on the second. Bowers used to toggle and untoggle our harnesses when we changed sledges. Of course in this relay work we covered three miles in distance for every one mile forward, and even the single sledges were very hard pulling. When we lunched the temperature was -61°. After lunch the little light had gone, and we carried a naked lighted candle back with us when we went to find our second sledge. It was the weirdest kind of procession, three frozen men and a little pool of light. Generally we steered by Jupiter, and I never see him now without recalling his friendship in those days.

We were very silent, it was not very easy to talk: but sledging is always a silent business. I remember a long discussion which began just now about cold snaps – was this the normal condition of the Barrier, or was it a cold snap? – what constituted a cold snap? The discussion lasted about a week. Do things slowly, always slowly, that was the burden of Wilson's leadership: and every now and then the question, Shall we go on? and the answer Yes. "I think we are all right as long as our appetites are good," said Bill. Always patient, self-possessed, unruffled, he was the only man on earth, as I believe, who could have led this journey.

That day we made 3¼ miles, and travelled 10 miles to do it. The temperature was -66° when we camped, and we were already pretty badly iced up. That was the last night I lay (I had written slept) in my big reindeer bag without the lining of eider-down which we each carried. For me it was a very bad night: a succession of shivering fits which I was quite unable to stop, and which took possession of my body for many minutes at a time until I thought my back would break, such was the strain placed upon it. They talk of chattering teeth: but when your body chatters you may call yourself cold. I can only compare the strain to that which I have been unfortunate enough to see in a case of lock-jaw. One of my big toes was frost-bitten, but I do not know for how long.

איז געווען זיך צו לאַגערן און טרינקען אַ ביסל הייס וואַסער איידער מיר טוען אויס דאָס שוכוואַרג. אָבער ס'איז געווען שווער צו דערקענען צי די פֿיס פֿרירן צי ניט, וואָרן אַלץ וואָס מיר האָבן געקענט וויסן אויף זיכער איז, אַז זיי האָבן מער ניט קיין חוש אין זיך. ווילסאָנס קענטשאַפֿט ווי אַ דאָקטער איז דאָ צו נוץ געקומען: אַ סך מאָל האָט ער געדאַרפֿט באַשליסן בײַ זיך פֿון אונדזערע באַשרײַבונגען פֿון די פֿיס צי זיך צו לאַגערן צי ווײַטער צו גיין נאָך אַ שעה. אַ פֿאַלשע החלטה וואָלט געווען אַ קאַטאַסטראָפֿע, מחמת אויב איינער פֿון אונדז וואָלט פֿאַרקריפּלט געוואָרן וואָלטן מיר אַלע אַראָפּגעפֿאַלן אין סכּנת־נפֿשות. מסתּמא וואָלטן מיר אַלע אומגעקומען.

דעם 29סטן יוני איז די טעמפּעראַטור געווען ‎50°-‎ דעם גאַנצן טאָג און אַ מאָל האָט געבלאָזן אַ ווייך ווינטל, וואָס איז נוטה אָפּצופֿרירן אונדזערע פּנימער און הענט. צוליב דער וואָג פֿון די צוויי שליטנס און דעם שלעכטן אויבנאויף איז אונדזער גאַנג ניט געווען מער ווי אַ פּאַמעלעך און גאָר שווער טאָפּטשען: בײַם אָנבײַסן־אָפּשטעל זײַנען בײַ ווילסאָן געוואָרן אָפּגעפֿרוירן די גאַנצע פּיאַטע אויף איין פֿוס, און בײַ מיר די צוויי גראָבע פֿוספֿינגער. באַווערס האָט זיך קיין מאָל ניט מצער געווען מיט אָפּגעפֿרוירענע פֿיס.

די נאַכט איז געווען זייער קאַלט, די טעמפּעראַטור אַראָפּ ביז ‎66°-‎, און ס'איז געווען ‎55°-‎ בײַם פֿרישטיק דעם 30סטן יוני. מיר האָבן ניט אײַנמאַנטירט די פּוכענע אונטערשלעק אין די שלאָפֿזעק, זיי זאָלן בלײַבן טרוקן אַזוי לאַנג ווי מיגלעך. מײַן אייגענער שלאָפֿזאַק איז געווען צו גרויס פֿאַר מיר, און בעת דער גאַנצער נסיעה איז ער געווען שווערער צו צעלאָזן ווי די צוויי אַנדערע; פֿון דער אַנדערע זײַט האָט ער קיין מאָל ניט געשפּאָלטן, ווי ס'איז געשען מיט בילס זאַק.

מיר זײַנען איצט אַרײַנגעקומען אין דער קאַלטער בוכטע וואָס ליגט צווישן דעם הײַזקע־שפּיץ־האַלבאינדזל און טעראָר־שפּיץ. מע ווייסט שוין פֿון די אַלטע *אַנטדעקונג*[א] טעג, אַז די ווינטן פֿונעם באַריער ווערן אָפּגענייגט פֿון דאַנען, גיסן זיך אַרײַן אין *מקמורדאָ*־דורכגאַס הינטער אונדז און אינעם ראָס־ים בײַ קאַפּ־קראָזיער אויף פֿאָרנט. צוליב דעם, וואָס עס פֿעלן דאָ שטאַרקע ווינטן, ווערט דער שניי־אויבנאויף קיין מאָל ניט אויסגעקערט, פֿאַרהאַרטעוועט, און אָפּפּאָלירט ווי אַנדערש ווו; ס'איז איצט געווען אַ מאַסע פֿון די האַרטסטע און קלענסטע שניי־קריסטאַלן, וואָס דורך זיי איז דאָס שלעפּן אין קאַלטע טעמפּעראַטורן פּונקט ווי שלעפּן דורך זאַמד. איך האָב גערעדט אַנדערש ווו פֿון באַריער־אויבנאויפֿן און ווי די גרינדזשעלעך ווען די קעלט איז זייער גרויס, שמעלצן ניט די קריסטאַל־שפּיצן, נאָר גייען ווײַטער מיטן קײַקלען זיי אָבער און ווידער, איינער אויפֿן צווייטן. אָט דאָס איז וואָס מיר האָבן געטראָפֿן אויף דער דאָזיקער נסיעה, און אין ווייכן שניי איז דאָס גאָר ערגער. אונדזערע פֿיס האָבן טיף געזונקען מיט יעדן טריט.

[א] סקאָט האָט געפֿירט אַ פֿריִערדיקע עקספּעדיציע אויסצופֿאָרשן אין דעם זעלבן געגנט, אין 1901-1904. אָט די עקספּעדיציע איז געווען אַ נאָמען נאָך איר שיף, *אַנטדעקונג* (*Discovery* אויף ענגליש).

די ווינטער־נסיעה

was to camp and get some hot water into ourselves before we took our footgear off. The difficulty was to know whether our feet were frozen or not, for the only thing we knew for certain was that we had lost all feeling in them. Wilson's knowledge as a doctor came in here: many a time he had to decide from our descriptions of our feet whether to camp or to go on for another hour. A wrong decision meant disaster, for if one of us had been crippled the whole party would have been placed in great difficulties. Probably we should all have died.

On 29 June the temperature was -50° all day and there was sometimes a light breeze which was inclined to frostbite our faces and hands. Owing to the weight of our two sledges and the bad surface our pace was not more than a slow and very heavy plod: at our lunch camp Wilson had the heel and sole of one foot frost-bitten, and I had two big toes. Bowers was never worried by frost-bitten feet.

That night was very cold, the temperature falling to -66°, and it was -55° at breakfast on 30 June. We had not shipped the eider-down linings to our sleeping-bags, in order to keep them dry as long as possible. My own fur bag was too big for me, and throughout this journey was more difficult to thaw out than the other two: on the other hand. it never split, as did Bill's.

We were now getting into that cold bay which lies between the Hut Point Peninsula and Terror Point. It was known from old Discovery days that the Barrier winds are deflected from this area, pouring out into McMurdo Sound behind us, and into the Ross Sea at Cape Crozier in front. In consequence of the lack of high winds the surface of the snow is never swept and hardened and polished as elsewhere: it was now a mass of the hardest and smallest snow crystals, to pull through which in cold temperatures was just like pulling through sand. I have spoken elsewhere of Barrier surfaces, and how, when the cold is very great, sledge runners cannot melt the crystal points but only advance by rolling them over and over upon one another. That was the surface we met on this journey, and in soft snow the effect is accentuated. Our feet were sinking deep at every step.

מיר האָבן אַרויסגעטרייסלט אַ סך שניי און אײַז אַראָפּ פֿון די הויזן יעדעס מאָל וואָס מיר בײַטן איבער דאָס שוכוואַרג, און מיר האָבן דאָס געקענט טאָן אויך מיט די לײַבלעך אָדער צווישן די לײַבלעך און די העמדער, אָבער, פֿאַרשטייט זיך, האָבן מיר זיך ניט געקענט אויסטאָן צו אָט דער מאָס. נאָר ווען מיר זײַנען אַרײַן אין די שלאָפֿזעק, אין אַ מזלדיקער שעה, זײַנען מיר געגנוג וואַרעם געוואָרן במשך פֿון דער נאַכט, אַז ס'לאָזט זיך צעגיין דעם אײַז: טייל איז געבליבן אין די קליידער, טייל דורכגעגאַנגען אין די פֿעלן פֿון די שלאָפֿזעק, און בײדע זײַנען באַלד געוואָרן ווי בויגנס פֿאַנצער־פּלאַטע.

וואָס שייך דעם אָטעם — בײַ טאָג האָט דאָס עפּעס ערגערס ניט אָפּגעטאָן ווי באַדעקן די אונטערשטע טיילן אונדזערע פּנימער מיט אײַז און צולייטן די באַלאַקלאַוועס[א] פֿעסט צו די קעפּ. פֿאַרפֿאַלן צו פּרוּוון אויסטאָן די באַלאַקלאַווע ביז דער פּרימוס האָט געברענט שוין אַ לאַנגע צײַט, און דעמאָלט האָט איר געקענט אַרומוואַרפֿן דעם אָטעם ווו און ווי איר ווילט. די צרה האָט זיך אָנגעהויבן אויף אַן אמת נאָר אינעם שלאָפֿזאַק, ווײַל ס'איז געווען גאָר צו קאַלט צו האַלטן אָפֿן אַ לאָך פֿאַרן אָטעמען. אַ גאַנצע נאַכט פֿרירט דער אָטעם אין די פֿעלן, און דאָס אָטעמען ווערט אַלץ גיכער און גיכער בעת די לופֿט אין די שלאָפֿזעק ווערט אַלץ ברודיקער און ברודיקער; מע האָט ניט געקענט אָנצינדן אַ שוועבעלע אין די זעק, ס'לאָזט זיך ניט ברענען!

פֿאַרשטייט זיך, אַז מיר זײַנען ניט פֿאַראײַזיקט געוואָרן מיט איין מאָל: עס האָט באַדאַרפֿט עטלעכע טעג אַזעלכע אַקטיוויטעטן אײדער מיר זײַנען אַרײַן אין גרויסע שוועריקייטן אין דעם ענין. ערשט ווען איך בין אַרויס פֿונעם געצעלט אין איינעם אַן אינדערפֿרי, מוכן־ומזומן אײַנצופּאַקן דעם שליטן, האָב איך פֿאַרשטאַנען די מיגלעכקייטן וואָס קענען קומען. מיר האָבן געהאַט געגעסן פֿרישטיק, זיך אַרײַנגעראַנגלט אינעם שוכוואַרג אַרײַן, און זיך אײַנגעאָרדנט אינעווייניק אינעם געצעלט, וואָס איז לפֿי־ערך וואַרעם. נאָר וואָס אַרויס, האָב איך אויפֿגעהויבן דעם קאָפּ זיך אַרומצוקוקן און געפֿונען, אַז איך קען אים ניט צוריקדרייען. די קליידער מײַנע זײַנען פֿאַרפֿרוירן געוואָרן בעת איך בין דאָ געשטאַנען — אפֿשר פֿופֿצן סעקונדעס. פֿיר שעה האָב איך געדאַרפֿט שלעפּן מיטן קאָפּ אַרויפֿגעשטעקט, און פֿון דעמאָלט אָן האָבן מיר אַלע אַכט געלייגט זיך אַראָפּצובייגן אין אַ פּאָזיציע וואָס זי זאָל טויגן פֿאַר דעם שלעפּן אײדער מיר ווערן פֿעסט פֿאַרפֿרוירן.

שוין איצט האָבן מיר געכאַפּט, אַז מיר דאַרפֿן איבערדרייען די געוויינטלעכע שליטן־רוטין און טאָן אַלצדינג פּאַמעלעך, טראָגן אויף וויפֿל ס'איז מיגלעך די פֿוטערנע קוליקלעך וואָס מע טראָגט איבער די וואָלענע, און אַלע מאָל אויפֿהערן אַבי וואָס מיר טוען, תּיכּף ווי מיר האָבן דערפֿילט, אַז עפּעס אַ טייל פֿונעם גוף פֿרירט, ביז די צירקולאַציע קומט ווידער צו זיך. פֿון איצט אָן איז אָפֿט געשען, אַז איינער פֿון אונדז לאָזט די אַנדערע גיין ווײַטער מיט דער לאַגער־אַרבעט, בעת ער טופּעט אַרום אינעם שניי, שלאָגט זיך מיט די אָרעמס, אָדער פֿאַרזאָרגט זיך מיט אַבי וואָס אַן אויפֿגעדעקטן אבֿר. אָבער דאָס אַלץ טויג ניט מיט די פֿיס — דער איינציקער אופֿן מיט זיי

[א] balaklava: אַ מין וואָלן היטל וואָס באַדעקט דעם גאַנצן קאָפּ מיט כּמעט דעם גאַנצן פּנים.

we shook plenty of snow and ice down from inside our trousers every time we changed our foot-gear, and we could have shaken it from our vests and from between our vests and shirts, but of course we could not strip to this extent. But when we got into our sleeping-bags, if we were fortunate, we became warm enough during the night to thaw this ice: part remained in our clothes, part passed into the skins of our sleeping-bags, and soon both were sheets of armour-plate.

As for our breath – in the daytime it did nothing worse than cover the lower parts of our faces with ice and solder our balaclavas tightly to our heads. It was no good trying to get your balaclava off until you had had the primus going quite a long time, and then you could throw your breath about if you wished. The trouble really began in your sleeping-bag, for it was far too cold to keep a hole open through which to breathe. So all night long our breath froze into the skins, and our respiration became quicker and quicker as the air in our bags got fouler and fouler: it was never possible to make a match strike or burn inside our bags!

Of course we were not iced up all at once: it took several days of this kind of thing before we really got into big difficulties on this score. It was not until I got out of the tent one morning fully ready to pack the sledge that I realized the possibilities ahead. We had had our breakfast, struggled into our foot-gear, and squared up inside the tent, which was comparatively warm. Once outside, I raised my head to look round and found I could not move it back. My clothing had frozen hard as I stood – perhaps fifteen seconds. For four hours I had to pull with my head stuck up, and from that time we all took care to bend down into a pulling position before being frozen in.

By now we had realized that we must reverse the usual sledging routine and do everything slowly, wearing when possible the fur mitts which fitted over our woollen mitts, and always stopping whatever we were doing, directly we felt that any part of us was getting frozen, until the circulation was restored. Henceforward it was common for one or other of us to leave the other two to continue the camp work while he stamped about in the snow, beat his arms, or nursed some exposed part. But we could not restore the circulation of our feet like this – the only way then

אַרויסצוקריכן פֿון די ציטערנדיקע שלאָף־זעק צו מאָרגנס (29סטן יוני). מיר זײַנען געקומען ביסלעכווײַז צום געדאַנק, שפּעטער באַשטעטיקט ביז גאָר, אַז די איינציקע גוטע צײַט אין אַ מעת־לעת איז פֿרישטיק, מחמת מיט אַ מעסיק שטיקל מזל מוזן מיר ניט אַרײַנקריכן אין די שלאָף־זעק פֿון דעמאָלט אויף אַ שעה זיבעצן.

די אימה פֿון די נײַנצן טעג וואָס עס האָט געדויערט דאָס גיין פֿון קאַפּ־עוואַנס ביז צו קאַפּ־קראָזיער וואָלט מען געדאַרפֿט איבערלעבן כּדי זי צו דערשאַצן; און ווער עס וואָלט דאָס איבערגעחזרט וואָלט געווען אַ שוטה: אוממיגלעך צו באַשרײַבן. די ווײַטערע וואָכן זײַנען געווען מחיהדיק אין פֿאַרגלײַך, ניט ווײַל די צושטאַנדן זײַנען געווען בעסער – זיי זײַנען טאַקע געווען גאָר ערגער – נאָר ווײַל מיר זײַנען פֿאַרהאַרטעוועט געוואָרן. איך אַליין האָב דערגרייכט צו אַזאַ אָפּקומעניש, אַז גאָרנישט אַרט מיך ניט, אַבי איך וואָלט שטאַרבן אָן ווייִ. מע רעדט פֿון דער גבֿורה פֿון די גוססים – וואָס ווייסן זיי – ס'וואָלט געווען אַזוי גרינג צו שטאַרבן, אַ דאָזע מאָרפֿין, אַ פֿרײַנדלעכע שפּאַרע אינעם אײַז, און חדוההדיקער שלאָף. די צרה איז ווײַטער צו גיין...

דער חושך איז די פּראָבלעם. איך מיין, אַז טעמפּעראַטורן ווי °70- וואָלט ניט געווען אַזוי שלעכט אין העלן טאָג, אין פֿאַרגלײַך ניט אַזוי שלעכט, ווי מע וואָלט געקענט זען וווהין מע גייט, ווּ מע טרעט, ווּ די שליטן־רימען געפֿינען זיך, דער קאָכער, דער פּרימוס, די שפּײַז; ווען מע וואָלט געקענט זען די אייגענע טריט נאָר וואָס אַרײַנגעטראָטן טיף אינעם ווייכן שניי, זאָל מען קענען צוריקקערן צו דעם רעשט משׂא; ווען מע וואָלט געקענט זען די צובינדונגען פֿון די שפּײַז־זעק; וואָלט געקענט זען דעם קאָמפּאַס אָן דאַרפֿן אָנרײַבן דרײַ, פֿיר פֿאַרשיידענע קעסטלעך צו געפֿינען בלויז איין טרוקן שוועבעלע; וואָלט געקענט זען דאָס זייגערל צי ס'איז שוין אָנגעקומען די מחיהדיקע רגע אַרויסצוקריכן פֿונעם שלאָפֿזאַק, אָן נישטערן אינעם שניי אַרום און אַרום; ווען עס וואָלט ניט געדויערן פֿינף מינוטן צו פֿאַרבינדן די געצעלט־טיר, און פֿינף שעה אָנצוהייבן אין דער פֿרי ...

אָבער אין די טעג איז עס קיין מאָל ניט געווען ווייניקער ווי פֿיר שעה פֿונעם מאָמענט ווען ביל האָט אָנגעזאָגט "שוין צײַט זיך אויפֿצוכאַפּן" ביז מיר האָבן זיך אײַנגעשפּאַנט. עס פֿאַרלאַנגט צוויי מענטשן אײַנצושפּאַנען דעם דריטן, קוים מיט צרות, ווײַל די קאַנווע איז פֿאַרשטאַרט געוואָרן און אונדזערע קליידער אויך פֿאַרשטאַרט אַזוי אַז אָפֿט מאָל האָבן צוויי מענטשן זיי ניט געקענט אײַנבייגן אין דער נייטיקער פֿאָרעם.

די צרה איז דער שווייס און דער אָטעם. קיין מאָל פֿריִער האָב איך ניט געוווּסט ווי פֿיל פֿונעם קערפּער־צוואה קומט אַרויס דורך די הויטפּאָרעס. אין די ביטערסטע טעג, ווען מיר האָבן זיך געדאַרפֿט לאַגערן איידער מיר האָבן מאַרשירט אפֿשר פֿיר שעה, כּדי צו היילן די געפֿרוירענע פֿיס, דאַכט זיך, אַז מיר האָבן טאַקע געשוויצט. און דער גאַנצער שווייס, אַנשטאָט דורכגיין דורך די פּאָרעדיקע וואָלענע קליידער און ביסלעכווײַז זיך אויסטריקענען, איז פֿאַרפֿרוירן געוואָרן און זיך אָנגעקליבן. ער איז געבליבן נאָענט צום פֿלייש און געוואָרן אײַז:

די ווינטער־נסיעה

to get out of our shivering bags next morning (29 June). We began to suspect, as we knew only too well later, that the only good time of the twenty-four hours was breakfast, for then with reasonable luck we need not get into our sleeping-bags again for another seventeen hours.

The horror of the nineteen days it took us to travel from Cape Evans to Cape Crozier would have to be re-experienced to be appreciated; and anyone would be a fool who went again: it is not possible to describe it. The weeks which followed them were comparative bliss, not because later our conditions were better – they were far worse – but because we were callous. I for one had come to that point of suffering at which I did not really care if only I could die without much pain. They talk of the heroism of the dying – they little know – it would be so easy to die, a dose of morphine, a friendly crevasse, and blissful sleep. The trouble is to go on...

It was the darkness – that did it. I don't believe minus seventy temperatures would be bad in daylight, not com- paratively bad, when you could see where you were going, where you were stepping, where the sledge straps were, the cooker, the primus, the food; could see your footsteps lately trodden deep into the soft snow that you might find your way back to the rest of your load; could see the lashings of the food bags; could read a compass without striking three or four different boxes to find one dry match; could read your watch to see if the blissful moment of getting out of your bag was come without groping in the snow all about; when it would not take you five minutes to lash up the door of the tent, and five hours to get started in the morning...

But in these days we were never less than four hours from the moment when Bill cried "Time to get up" to the time when we got into our harness. It took two men to get one man into his harness, and was all they could do, for the canvas was frozen and our clothes were frozen until some- times not even two men could bend them into the required shape.

The trouble is sweat and breath. I never knew before how much of the body's waste comes out through the pores of the skin. On the most bitter days, when we had to camp before we had done a four-hour march in order to nurse back our frozen feet, it seemed that we must be sweating. And all this sweat, instead of passing away through the porous wool of our clothing and gradually drying off us, froze and accumulated. It passed just away from our flesh and then became ice:

זיך מיטן אויפֿזידן טיי אין ניט מער ווי צוואַנציק מינוט נאָכן אַרויס פֿון געשפּאַן, יענע טעג ווען מיט האַלטן פֿאַר צו באַזאַכט די וואָס זיי ווילן אַרבעטן אָנגעטאָן נאָך אַלץ אין די פֿוטערנע קוליקלעך.

אָבער איצט טויג דאָס גאָר ניט. "מיר דאַרפֿן גיין אַ ביסל פּאַמעלעכער," האָט ביל געזאָגט, און "מיר וועלן זיך בעסער אײַנגעוויינען אין אַרבעטן אינעם פֿינצטערניש." דעמאָלט, געדענק איך, האָב איך נאָך אַלץ געפּרוווט טראָגן די שפּאַקולן.

מיר האָבן די נאַכט איבערגענעכטיקט אויפֿן ים־אײַז, ווײַל מיר זײַנען געהאַט געגאַנגען צו נאָענט צום שלאָס־שטיין; און נאָר אויף מאָרגן נאָך מיטאָג האָבן מיר דערגרייכט און געגעסן אָנבײַסן בײַ הײַזקע־שפּיץ. איך רעד פֿון טאָג און נאַכט, כאָטש זיי זײַנען אַלץ איינס, און שפּעטער, ווען מיר ווערן געוווּר, אַז מיר קענען ניט ענדיקן די אַרבעט אין קיין מעת־לעת, האָבן מיר באַשלאָסן ווײַטער צו פֿירן פּונקט אַזוי ווי ס'איז ניט פֿאַראַן אַזאַ מינהג, וואָס איז טאַקע דער אמתער פֿאַל. ס'איז אונדז שוין אײַנגעפֿאַלן, אַז אין אַזאַ מצבֿ וואָלט דאָס קאָכן זײַן גאָר אַ שלעכט שטיקל אַרבעט, און אַז ס'וואָלט ניט סובֿל געווען די געוויינטלעכע אָרדענונג, וואָס לויט איר איז איינער פֿון אונדז דער קוכער אויף אַ גאַנצער וואָך. האָבן מיר אָפּגערעדט זיך צו בײַטן בײַם קאָכן טאָג פֿאַר טאָג. פֿאַרן עסנוואַרג האָבן מיר מיטגעבראַכט נאָר פּעמיקאַן מיט ביסקוויטן און פּוטער; ווי אַ געטראַנק האָבן מיר געהאַט טיי, און פֿאַרן לייגן זיך שלאָפֿן האָבן מיר געטרונקען הייס וואַסער.

שלעפּנדיק זיך אַוועק פֿון הײַזקע־שפּיץ דעם אָוונט האָבן מיר געבראַכט די שווערע משׂאָות אויף די צוויי 9-פֿוס שליטנס מיט לפֿי־ערכדיקער לײַכטקייט; ס'איז געווען דאָס ערשטע און, כאָטש מיר האָבן דעמאָלט ניט געוווּסט, דאָס אייניציקע שטיקל גוט שלעפּן וואָס מיר וועלן האָבן. גוט שלעפּן בײַ שליטן־וועגסלײַט הייסט גרינג שלעפּן. מיר זײַנען אַוועק אַרום קאַפּ־אַרמיטאַזש און דערנאָך אויף מיזרח. מיר האָבן געוווּסט, אַז דער באַריער־קאַנט שטייט פֿאַר אונדז און אויך אַז די צעשפּאַלטונג פֿונעם ים־אײַז האָט געלאָזט זײַן פֿראָנט ווי אַ נידעריקע פּערפּענדיקולאַרע סקאַלע. מיר האָבן געדאַרפֿט געפֿינען דערפֿאַר אַן אָרט וווּ דער שניי האָט געמאַכט אַ זאַווײַ. אָט דאָס האָבן מיר פּונקט געטראָפֿן און דערצו גאַנץ פּלוצעמדיק זייער אַ שאַרפֿן ווינט, וואָס שטראָמט, ווי זײַן שטייגער, באַרג־אַראָפּ פֿונעם קאַלטן באַריער אַראָפּ אויפֿן לפֿי־ערך וואַרעמען ים־אײַז. די טעמפּעראַטור איז געווען 47°- פֿאַרנהײַט און איך בין געווען טאַקע אַ נאַר, וואָס איך האָב אַרויסגענומען די הענט אַרויס פֿון די קוליקלעך כּדי צו שלעפּן אויפֿן שטריק אַרויפֿצוברענגען די שליטנס. איך האָב זיך אַוועקגעלאָזט פֿונעם באַריער־קאַנט מיט די גאַנצע צען פֿינגער אָפּגעפֿרוירענע. זיי זײַנען ניט צו זיך געקומען ביז מיר זײַנען שוין אין געצעלט דעם אָוונט בײַם עסן, און אין אַ שעה צוויי זײַנען געווען צוויי אָדער דרײַ גרויסע פּוכירן, כּמעט איין צאָל אין דער לענג, אויף יעדן פֿינגער. אַ סך טעג האָבן די פּוכירן מיך שטאַרק געפּײַניקט.

מיר האָבן זיך געלאַגערט די נאַכט אפֿשר אַ האַלב מײַל אינעווייניק פֿונעם באַריער־קאַנט. די טעמפּעראַטור איז געווען 56°-. אונדז איז געווען אַ ביסל שלעכט, ס'האָט אונדז גוט געפֿרייט

in getting our tea boiling within twenty minutes of throwing off our harness: when the man who wanted to work in his fur mitts was thought a bit too slow.

But now it *didn't* work. "We shall have to go a bit slower," said Bill, and "we shall get more used to working in the dark." At this time, I remember, I was still trying to wear spectacles.

We spent that night on the sea-ice, finding that we were too far in towards Castle Rock; and it was not until the following afternoon that we reached and lunched at Hut Point. I speak of day and night, though they were much the same, and later on when we found that we could not get the work into a twenty-four-hour day, we decided to carry on as though such a convention did not exist; as in actual fact it did not. We had already realized that cooking under these conditions would be a bad job, and that the usual arrangement by which one man was cook for the week would be intolerable. We settled to be cook alternately day by day. For food we brought only pemmican and biscuit and butter; for drink we had tea, and we drank hot water to turn in on.

Pulling out from Hut Point that evening we brought along our heavy loads on the two nine-foot sledges with comparative ease; it was the first, and though we did not know it then, the only bit of good pulling we were to have. Good pulling to the sledge traveler means easy pulling. Away we went round Cape Armitage and eastwards. We knew that the Barrier edge was in front of us and also that the break-up of the sea-ice had left the face of it as a low perpendicular cliff. We had therefore to find a place where the snow had formed a drift. This we came right up against and met quite suddenly a very keen wind flowing, as it always does, from the cold Barrier down to the comparatively warm sea-ice. The temperature was -47° F., and I was a fool to take my hands out of my mitts to haul on the ropes to bring the sledges up. I started away from the Barrier edge with all ten fingers frost-bitten. They did not really come back until we were in the tent for our night meal, and within a few hours there were two or three large blisters, up to an inch long, on all of them. For many days those blisters hurt frightfully.

We were camped that night about half a mile in from the Barrier edge. The temperature was -56°. We had a baddish time, being very glad

צושטאַנדן; עס חזרט איבער זײַנע פֿריִערדיקע לעבנס. דער עמבריאָן פֿון אַ קייסער וועט אפֿשר זיך אַרויסווײַזן פֿאַר דער פֿעלנדיקע פֿאַרבינדונג צווישן פֿייגל און רעפּטיליעס פֿון וואַנעט עס שטאַמען די פֿייגל[א].

בלויז איין נעסט־שטח פֿון קייסער־פּענגווינען האָט מען אַנטדעקט ביז הײַנט, וואָס געפֿינט זיך אויפֿן ים־אײַז אינעווייניק אין אַ קליין בוכטעלע אויפֿן באַריער[ב]־קאַנט פֿון קאַפּ־קראָזיער[ג], וואָס איז אויסגעהיט דורך מײַלן פֿון אַ טייל פֿונעם גרעסטן דריק[ד] אינעם אַנטאַרקטיק. קורטשוקלעך האָט מען געפֿונען אין סעפּטעמבער, און ווילסאָן האָט אויסגערעכנט, אַז זיי מוזן לייגן די אייער אָנהייב יולי. און דעריבער האָבן מיר אָנגעהויבן פּונקט נאָכן האַלבן ווינטער אויף דער משונהדיקסטער נעסט־עקספּעדיציע[ה], וואָס איז אַ מאָל געווען אָדער וועט זײַן.

אָבער דער שווייס פֿרירט אין די קליידער און מיר זײַנען ווײַטער געגאַנגען. מיר האָבן נאָר געקענט זען אַ שוואַרץ שטיקל ווײַט אויף לינקס, וואָס איז דעם טערקס קאָפּ[ו]: ווען דאָס איז פֿאַרשוווּנדן געוואָרן האָבן מיר געוווּסט, אַז מיר זײַנען פֿאַרבײַ גלעטשער־צונג[ז] וואָס האָט, ניט דערזען פֿון אונדז, פֿאַרשטעלט די פֿעלדזן אויף הינטן. און דעמאָלט האָבן מיר זיך אָפּגעשטעלט עסן אָנבײַסן.

אָט דער ערשטער לאַגער בלײַבט מיר אין זכּרון נאָר ווײַל ס'האָט זיך דערמיט אָנגעהויבן אונדזער דערציִונג מיט לאַגערן אין דעם פֿינצטערניש. אויב מיר וואָלטן דעמאָלט געטראָפֿן די אָפּשטאַרבנדיקע טעמפּעראַטורן וואָס וועלן קומען, ...

ס'איז געווען פּונקט אַ גענוגיק ווינטל, אַז מיר ווילן זיך אײַלן: אַראָפּ מיטן געשפּאַן, יעדער צו אַ רימען אויפֿן שליטן — גיך מיט דעם דילטוך — די זעקלעך דאָס אײַנצוהאַלטן — איצט גוט אויסלייגן די יאַמשן און דעם אינעווייניקסטן אונטערשלאַק פֿון דעם געצעלט — האַלט זיי, טשערי, און אַריבער מיטן אויסנווייניקסטן צודעק — שניי אויף די זוימען און אַרײַן דער קוכער מיט זײַן ליכט און אַ קעסטל שוועבעלעך ...

אַזוי האָבן מיר געטאָן: אַזוי האָבן מיר זיך צוגעוווינט דאָס צו טאָן, אַלע טאָג און אַלע נאַכט ווען די זון בלײַבט נאָך אין דער הייך אָדער ווײַניקסטנס האַלט בײַם פֿאַרגיין[ח], שליטלען זיך אויפֿן באַריער פֿרילינגצײַט און זומערצײַט און האַרבסטצײַט; ציִען די הענט אַרויס פֿון די קוליקלעך אין אַ נויט — שוין אַ סך צײַט שפּעטער זיך אָנצוואַרעמען; יענע טעג ווען מיר גרייסן

[א] "ontology recapitulates phylogeny": אַזוי האָט מען דעמאָלט געהאַלטן אָבער הײַנט ניט.

[ב] The Barrier: הײַנט הייסט דאָס דער ראָס אײַז פֿאַך. ס'איז אַ מאַסע אײַז אַזוי גרויס ווי פֿראַנקרײַך, וואָס האַלט זיך אויפֿן וואַסער. דאָס אַלץ שטאַמט פֿון די עטלעכע גלעטשערס וואָס שטראָמען באַרג־אַראָפּ פֿונעם אַנטאַרקטישן פּלאַטאָ. דער באַריער איז אין דורכשניט 200 פֿיס אין דער הייך און אפֿשר אַכט מאָל אַזוי טיף אונטערן וואַסער.

[ג] Cape Crozier: זעט די קאַרטע אין פֿיגור 2

[ד] pressure: הויכע קאַמען אײַז, געפֿורעמט ווען איין ריזיקע מאַסע קריִעס צעשלאָגט זיך מיט אַ צווייטער.

[ה] nesting expedition: זאַמלען אייער איז אַ מאָל געווען אַ פּאָפּולער פֿערדל

[ו] Turk's Head: אַ שטיינערנע סקאַלע אַ זיבן הונדערט פֿוס אין דער הייך, אַ נאָמען נאָכן אויסזע, אויף צפֿון פֿון דער גלעטשער־צונג

[ז] Glacier Tongue: זעט די קאַרטע אין פֿיגור 2

[ח] פֿאַרשטייט זיך, אַז זיי זײַנען ווײַט אויף דרום פֿון דעם אַנטאַרקטישן קרײַז. דאָס הייסט, אויף עטלעכע חדשים אַרום דעם 21סטן יוני איז ניטאָ קיין זון (אַחוץ אפֿשר אַ שטיקל פֿאַרטאָג־ליכט אַרום האַלבן טאָג). און גאַנץ פֿאַרקערט אַרום דעם 21סטן דעצעמבער.

states; it recapitulates its former lives. The embryo of an Emperor may prove the missing link between birds and the reptiles from which birds have sprung.

Only one rookery of Emperor penguins had been found at this date, and this was on the sea-ice inside a little bay of the Barrier edge of Cape Crozier, which was guarded by miles of some of the biggest pressure in the Antarctic. Chicks had been found in September, and Wilson reckoned that the eggs must be laid in the beginning of July. And so we started just after midwinter on the weirdest bird's-nesting expedition that has ever been or ever will be.

But the sweat was freezing in our clothing and we moved on. All we could see was a black patch away to our left which was Turk's Head: when this disappeared we knew that we had passed Glacier Tongue which, unseen by us, eclipsed the rocks behind. And then we camped for lunch.

That first camp only lives in my memory because it began our education of camp work in the dark. Had we now struck the blighting temperature which we were to meet...

There was just enough wind to make us want to hurry: down harness, each man to a strap on the sledge – quick with the floor cloth – the bags to hold it down – now a good spread with the bamboos and the tent inner lining – hold them, Cherry, and over with the outer covering – snow on to the skirting and inside with the cook with his candle and a box of matches...

That is how we tried it: that is the way we were accustomed to do it, day after day and night after night when the sun was still high or at any rate only setting, sledging on the Barrier in spring and summer and autumn; pulling our hands from our mitts when necessary – plenty of time to warm up afterwards; in the days when we took pride

שטאַנד." נו, גוט! בעסער ווי וויקטאָריע גאַס, ווו די דאָקטוירים האָבן מיך שיִער ניט פֿאַרבאָטן זיך באַטייליקן, מחמת איך האָב געקענט באַמערקן די מענטשן אויף יענער זײַט גאַס ווי נעפּלדיקע שמירן גייען צו פֿוס. דערנאָך איז ביל געגאַנגען רעדן מיט סקאָטן דערוועגן, האָבן זיי געזאָגט, אַז איך מעג קומען כּל־זמן איך בין גרייט אָנצונעמען אויף זיך די צוגעגעבענע ריזיקע. דעמאָלט בין איך שוין גרייט אָנצונעמען אַבי וואָס.

נאָך דער מאַגאַזין־נסיעה[א], בײַ הײַזקע־שפּיץ[ב], גייענדיק איבער דעם רציחהדיקן, גליטשיקן, משופּעדיקן אײַזפֿוס[ג], וואָס, איך האָב זיך תּמיד פֿאָרגעשטעלט, ער וואָלט מיך אַראָפּגעוואַרפֿן אין איינעם אַ טאָג אין ים אַרײַן, האָט ביל מיך געפֿרעגט, צי איך וועל מיט אים גיין – און ווער נאָך פֿאַר אַ דריטן? בלי־ספֿק האָבן מיר ביידע געוווּסט ווער עס איז מיר האָבן געוואָלט, און דעם אָוונט האָבן מיר באַוערס געבעטן. אַוודאי האָבן מיר בײַ אים געפּועלט, ער זאָל קומען. און אָט אָ זײַנען מיר. "אַזאַ ווינטער־נסיעה איז אַ נײַע און דרייסטע אונטערנעמונג," האָט סקאָט געשריבן אין דער הײַזקע דעם אָוונט, "אָבער די געהעריקע מענטשן וועלן זי פּרוּוון."

איך ווייס ניט.ס'האָט קיין מאָל ניט געקענט זײַן קיין ספֿק וועגן ביל און בירדי. מסתּמא וואָלט לאַשלי[ד] געווען דער בעסטער דריטער, אָבער ביל האָט געהאַט אַ פֿאָראורטל קעגן מאַטראָסן אויף אַזאַ נסיעה – "זיי נעמען זיך ניט גענוג אין אַכט, און זײַנען גאָר ניט זאָרגעוודיק מיט די קליידער." אָבער לאַשלי איז געווען וווּנדערלעך – אויב סקאָט וואָלט נאָר גענומען זאַלבע פֿיר, מיט לאַשלי, צו דעם פּאָלוס![ה]

וואָס איז די דאָזיקע אונטערנעמונג? פֿאַר וואָס איז דער עמבריאָן פֿונעם קייסער־פּענגווין אַזוי וויכטיק אין דער וויסנשאַפֿט? און פֿאַר וואָס זאָלן זײַן דאָ דרײַ מענטשן, פּסיכיש געזונט און שׂכלדיק, שלעפּן שליטנס אין מיטן אַ ווינטערנאַכט צו אַ קאַפּ וואָס מע איז געהאַט אָנגעקומען אַהין צו נאָר אין העלן טאָג, און אַפֿילו דעמאָלט נאָר קוים־קוים מיט צרות?

דער קייסער איז אַ פֿויגל וואָס קען ניט פֿליִען, פּאַשעט זיך מיט פֿיש, און טרעט קיין מאָל ניט אויף קיין ערד, אַפֿילו זיך צו פֿאַרמערן. זיי לייגן די אייער פֿאָרט אויף דעם הוילן אײַז ווינטערצײַט און פֿירן דורך די גאַנצע אינקובאַציע אויפֿן ים־אײַז, מיט דעם איי אויבן אויף די פֿיס, צוגעדריקט צום אונטערשטן בויך. נאָר מחמת דער קייסער איז מסתּמא דער פּרימיטיווסטער פֿויגל אויף דער וועלט איז אַזוי וויכטיק דאָס אויספֿאָרשן זײַן עמבריאָלאָגיע. דער עמבריאָן באַווײַזט שפּורן פֿון דער אַנטוויקלונג פֿון אַ חיה אין אַמאָליקע צײַטן און אַמאָליקע

[א] The Depot Journey: דעם פֿריִערדיקן זומער האָבן זיי געמאַכט אַ נסיעה אויף דרום איבערצולאָזן פּראָוויאַנט פֿאַר דער פּאָלוס־נסיעה דעם קומעדיקן זומער.

[ב] Hut Point: זעט די קאַרטע אין פֿיגור 2

[ג] icefoot: אײַז וואָס איז צוגעקלעפּט צו דער יבשה אָבער וואָס ציט זיך ווײַט איבערן ים.

[ד] W. Lashly

[ה] וועגן דער טרויעריקער נסיעה צום פּאָלוס דאַרף מען לייענען דעם גאַנצן בוך און אַוודאי אַנדערע ביכער.

off." Well! this was better than Victoria Street, where the doctors had nearly refused to let me go because 1 could only see the people across the road as vague blobs walking. Then Bill went and had a talk with Scott about it, and they said I might come if I was prepared to take the additional risk. At that time I would have taken anything.

After the Depot Journey, at Hut Point, walking over that beastly, slippery, sloping ice-foot which I always imagined would leave me some day in the sea, Bill asked me whether I would go with him – and who else for a third? There can have been little doubt whom we both wanted, and that evening Bowers had been asked. Of course he was made to come. And here we were. "This winter travel is a new and bold venture," wrote Scott in the hut that night, "but the right men have gone to attempt it."

I don't know. There never could have been any doubt about Bill and Birdie. Probably Lashly would have made the best third, but Bill had a prejudice against seamen for a journey like this – "They don't take enough care of themselves, and they *will* not look after their clothes." But Lashly was wonderful – if Scott had only taken a four-man party and Lashly to the Pole!

What is this venture? Why is the embryo of the Emperor penguin so important to Science? And why should three sane and common-sense explorers be sledging away on a winter's night to a Cape which has only been visited before in daylight, and then with very great difficulty?

The Emperor is a bird which cannot fly, lives on fish and never steps on land even to breed. It lays its eggs on the bare ice during the winter and carries out the whole process of incubation on the sea-ice, resting the egg upon its feet, pressed closely to the lower abdomen. But it is because the Emperor is probably the most primitive bird in existence that the working out of his embryology is so important. The embryo shows remains of the development of an animal in former ages and former

פֿאַנטינג האָט געהאַלטן אַ רעפֿעראַט מיט ליכטבילדער וואָס ער האָט געמאַכט זינט מיר זײַנען אָנגעקומען אַהער, וואָס אַ סך פֿון זיי האָט מירס[א] געהאַט געפֿאַרבט. אַז איינס פֿון זיי באַווײַזט זיך, שרײַט

איינער פֿון אונדז, "ווער האָט דאָס געפֿאַרבט?" און אַ צווייטער האָט געענטפֿערט, "מירס," – דערנאָך אַ יריד. פֿאַנטינג האָט גאָר ניט געקענט רעדן. מיר האָבן געהאַט אַ מילך־פֿאַנטש ווען סקאָט[ב] פּראָפּאָנירט טרינקען אַ לחיים פֿאַר דער מיזרחדיקער פּאַרטיע[ג], האָט קליסאָלד[ד], דער קוכער, פּראָפּאָנירט "גוטע אַלטע געטרײַע מילך". טיטוס האָט אַוועקגעבלאָזן דעם קויל פֿונעם ביקס, "איך האָב אים געשאָסן אין דעם צערולעאַן – ווי איז דאָס בײַ האָמער? – *צערולעאַן בלאַנקעט* – דעריבער ערעבוס." בעת מיר לייגן זיך שלאָפֿן האָט ער געפֿרעגט, "טשערי, טראָגסטו דאָס אַחריות פֿאַר דײַנע טווּנגען?" און ווען איך האָב אים געענטפֿערט אַז יאָ, האָט ער אַ שטאַרקן בלאָז געטאָן אויף זײַן פֿײַפֿל, און די לעצטע זאַך וואָס איך געדענק איז, אַז ער האָט אויפֿגעוועקט מירס כּדי בײַ אים צו פֿרעגן, צי איז ער אַ פֿרײַער מענטש.

עס איז געווען אַ גלענצנדיקע הוליאַנקע.

*

פֿינף טעג זײַנען פֿאַרבײַ און דרײַ מענטשן, איינער פֿון זיי על־כּל־פּנים אַ ביסל דערשראָקן, שטייען סאָפֿעט און שוויצן אין דרויסן אין מקמורדאָ־דורכגאָס[ה]. זיי האָבן צוויי שליטנס, איינער אָנגעטשעפּעט הינטערן צווייטן, ביידע אָנגעקויפּט מיט שלאָף־זעק און לאַגער־געצײַג, פּראָוויאַנט אויף זעקס וואָכן, און אַ ווענעסטע[ו] קאַסטן פֿול מיט וויסנשאַפֿטוואַרג פֿאַר מאַרינירן און פּרעזערווירן. דערצו זײַנען דאָ אויך אַ קירקע, אײַזהעק, אַ באַרגשטריק, אַ גרויס טיכל גרינע ווילעסדען[ז]־קאַנווע, און אַ שטיקל ברעט. סקאָטס פֿאַרגאַפֿטע באַמערקונג ווען ער האָט געהאַט דערזען אונדזערע שליטנס מיט צוויי שעה פֿריִער, "ביל, פֿאַר וואָס נעמט איר אַזוי פֿיל נאַפֿט?", ווײַזנדיק אויף די זעקס בלעכלעך צוגעבונדן צו דער טאָץ פֿונעם צווייטן שליטן, איז געווען שטעכיק. די וואָגן פֿאַר אַזאַ מין גיין זײַנען אומגעהײַערע – צו 253 פֿונטן אַ מענטש.

עס איז האַלבער טאָג נאָר שטאָק פֿינצטער און ניט וואַרעם. בעת מיר האָבן זיך אָפּגערוט, האָב איך זיך דערמאָנט אין אַ שטויביקן, אָפּגעלאָזענעם ביוראָ אין וויקטאָריע גאַס מיט אַ חודש פֿריִער, "איך וויל, אַז איר זאָלט קומען," האָט ווילסאָן מיר געזאָגט, און ווײַטער, "איך וויל גיין קיין קאַפּ־קראָזיער ווינטערצײַט אויסצופֿאָרשן די עמבריאָלאָגיע פֿון דעם קייסער־פּענגווין, אָבער איך רעד ניט קיין סך וועגן דעם – אפֿשר וועט עס ניט קומען צו

[א] Cecil H. Meares: נאָך אַן אָנטייל־נעמער אין דער עקספּעדיציע.

[ב] Robert Falcon Scott: דער אָנפֿירער פֿון דער גאַנצער עקספּעדיציע.

[ג] The Eastern Party: אַ צווייטער אָפּטייל פֿון דער עקספּעדיציע.

[ד] Thomas Clissold: דער קוכער

[ה] McMurdo Sound: דער אײַז־געשטאָפּטער ים אויף מערבֿ פֿון ראָס־אינדזל (זעט די קאַרטע אין פֿיגור 2)

[ו] Venesta: דער מאַרקע־נאָמען פֿון אַ מין דיכט.

[ז] Willesden: אַ מין וואַסער־באַוואָרנטע און פֿאַרשטאַרקטע קאַנווע; ס'איז אַ נאָמען נאָך אַ פֿאָרשטאָט פֿון לאָנדאָן.

Ponting gave a great lecture with slides which he had made since we arrived, many of which Meares had coloured. When one of these came up one of us would shout, "Who coloured that?" and another would cry, "Meares," – then uproar. It was impossible for Ponting to speak. We had a milk punch, when Scott proposed the Eastern Party, and Clissold, the cook, proposed Good Old True Milk. Titus blew away the ball of his gun. "I blew it into the cerulean - how doth Homer have it? – cerulean azure – hence Erebus." As we turned in he said, "Cherry, are you responsible for your actions?" and when I said Yes, he blew loudly on his whistle, and the last thing I remembered was that he woke up Meares to ask him whether he was fancy free.

It was a magnificent bust.

*

Five days later and three men, one of whom at any rate is feeling a little frightened, stand panting and sweating out in McMurdo Sound. They have two sledges, one tied behind the other, and these sledges are piled high with sleeping-bags and camping equipment, six weeks' provisions, and a Venesta case full of scientific gear for pickling and preserving. In addition there is a pickaxe, ice-axes, an Alpine rope, a large piece of green Willesden canvas and a bit of board. Scott's amazed remark when he saw our sledges two hours ago, "Bill, why are you taking all this oil?" pointing to the six cans lashed to the tray on the second sledge, had a bite in it. Our weights for such traveling are enormous – 253 lbs. a man.

It is midday but it is pitchy dark, and it is not warm. As we rested my mind went back to a dusty, dingy office in Victoria Street some fifteen months ago. "I want you to come," said Wilson to me, and then, "I want to go to Cape Crozier in the winter and work out the embryology of the Emperor penguins, but I'm not saying much about it – it might never come

---

[א] Anton: אַ רוסישער, טיטוסעס געהילף מיט די פֿערדלעך, וואָס מע האָט זיי געקראָגן פֿון רוסישער מאָנגאָליע.

[ב] Herbert G. Ponting: דער פֿאָטאָגראַף פֿאַר דער עקספּעדיציע. ער איז באַרימט געוואָרן צוליב זײַנע פֿאָטאָגראַפֿיעס פֿון אָט דער נסיעה א"אַ.

דעם 22סטן יוני [1911]. האַלבווינטער־נאַכט.

אַ האַרטע נאַכט: קלאָר, מיטן הימל אַזאַ טיפֿן בלאָ, עס זעט אויס ווי שוואַרץ; די שטערן זײַנען שטאָלענע פֿינטלעך, די גלעטשערס אָפּפּאָלירט זילבער. דער שניי קלינגט און לישעט אונטער די פֿיס. דאָס אײַז צעשפּאַלט זיך אין דער אַראָפּפֿאַלנדיקער טעמפּעראַטור און די ים־פֿלייץ־שפּאַרע[א] קרעכצט בעת דאָס וואַסער הייבט זיך אויף. און איבער אַלצדינג, כוואַליע נאָך כוואַליע, פֿאַלב נאָך פֿאַלב הענגט דער פֿירהאַנג פֿונעם דרום־ליכט. אַז מע קוקט זיך צו, בליאַקירט עס, און דערנאָך גאַנץ פּלוצעמדיק בליצט אַרויף אַ גרויסער שטראַל, אײַלט זיך ביז צום זעניט, אַ בויגן פֿונעם בלייכסטן גרין און אָראַנזש, אַן עק פֿון פֿלאַמענדיקן גאָלד. נאָך אַ מאָל פֿאַלט עס אַראָפּ, ווערט בליאַקירט אין גרויסע פּראָיעקטאָרן־שטראַלן, וואָס הייבן זיך אויף הינטערן רייכערנדיקן קראַטער פֿון באַרג ערעבוס[ב]. און ס'ווערט נאָך אַ מאָל גײַסטיק פֿאַרשלייערט —

> דאָ בײַ דער רעוואָנדיקער וועבשטול פֿון דער צײַט פֿאַרנעם איך זיך
> מיטן וועבן פֿאַר גאָט דעם בגד וואָס דורך דעם זעסטו אים.[ג]

אינעווייניק אין דער הײַזקע זײַנען דאָ אָרגיעס. מיר זײַנען זייער פֿריילעך — און טאַקע פֿאַר וואָס ניט? די זון דרייט זיך הײַנט אויף איר צוריקקער צו אונדז, און אַזאַ טאָג קומט נאָר איין מאָל אַ יאָר.

נאָכן וואַרמעס האָבן מיר גערעדט האַלטן רעדעס, אָבער אַנשטאָט אַ רעדע האָט באַוערס אַרײַנגעבראַכט אַ ווונדערלעכן ניטל־בוים, געמאַכט פֿון צעשפּאָלטענעם יאַמש און אַ נאַרטע־שטעקן, מיט פֿעדערן צוגעבונדן צום יעדן צווײַג־עק; ליכט, זיסוואַרג, אײַנגעמאַכטס, און די ווילדסטע שפּילעכלעך, וואָס געהערן צו ביל. טיטוס[ד] האָט באַקומען דרײַ זאַכן וואָס זיי זײַנען אים זייער געפֿעלן: אַ שוואָם, אַ פֿײַפֿל, און אַ קנאַלביקס וואָס גיט אַ שאָס ווען ער דריקט די קאָלבע. דעם גאַנצן אָוונט איז ער אַרומגעגאַנגען פֿרעגן צי איר שוויצט. "ניין." "יאָ, איר שוויצט," האָט ער געזאָגט, און אָפּגעווישט אײַער פּנים מיטן שוואָם. "אויב דו ווילסט מיך שטאַרק פֿרייען, וועסטו אַראָפּפֿאַלן ווען איך שיסן דיך," האָט ער מיר געזאָגט, און דערנאָך איז ער אַרומגעגאַנגען שיסן אויף אַלעמען. פֿון צײַט צו צײַט האָט ער אַ בלאָז געטאָן אויפֿן פֿײַפֿל.

ער האָט געטאַנצט די לאַנצערס[ה] מיט אַנטאָן[א], און אַנטאָן, וועמענס טאַנצן זאָל פֿאַרשעמען דעם רוסישן באַלעט, האָט כּסדר געבעטן מחילה, וואָס ער קען דאָס ניט גוט געגנוג טאָן. פּאָנטינג[ב]

[א] tide crack: אַ שפּאַלט אינעם אײַז נאָענט צו דער יבשה, געמאַכט פֿונעם צו־און־אָפּ־פֿלייץ פֿונעם ים. דאָס אַלץ קומט פֿאָר בײַם ראָס־אינדזל אינעם ראָס־ים, אַ טייל פֿונעם גרויסן דרומדיקן אָקעאַן; זעט די קאַרטע. דער דאָזיקער געגנט איז ערשט אַנטדעקט געוואָרן אין 1841 פֿון דעם בריטישער דזשעמס קלאַרק ראָס.

[ב] באַרג ערעבוס איז דער הויכפּונקט פֿון ראָס־אינדזל; ס'איז נאָך הײַנט אַ לעבעדיקער ווולקאַן.

[ג] פֿון געטהעס *פֿאַוסט*.

[ד] Captain L.E.G. Oates, וואָס מע האָט אים גערופֿן "טיטוס" (“Titus”). ער איז אויך געשטאָרבן מיט סקאָטן בײַם צוריקקער פֿונעם פּאָלוס. ער איז געווען דער בעל־הבית פֿון די עטלעכע פֿערדלעך וואָס זיי האָבן געבראַכט ווי טראַנספּאָרטוואַרג (אויך עטלעכע שליטן־הינט, ניט קוקנדיק דערויף, וואָס זיי האַלטן, אַז מענטשן־שלעפּן איז "ריינער").

[ה] The Lancers: אַ מין קוואַדראַטטאַנץ, פּאָפּולער אינעם 19טן יאָרהונדערט.

די ווינטער־נסיעה

June 22. Midwinter Night.

A hard night: clear, with a blue sky so deep that it looks black: the stars are steel points: the glaciers burnished silver. The snow rings and thuds to your footfall. The ice is cracking to the falling temperature and the tide crack groans as the water rises. And over all, wave upon wave. fold upon fold, there hangs the curtain of the aurora. As you watch, it fades away, and then quite suddenly a great beam flashes up and rushes to the zenith, an arch of palest green and orange, a tail of flaming gold. Again it falls, fading away into great searchlight beams which rise behind the smoking crater of Mount Erebus. And again the spiritual veil is drawn –

> Here at the roaring loom of Time I ply
> And weave for God the garment thou seest him by.

Inside the hut are orgies. We are very merry – and indeed why not? The sun turns to come back to us tonight, and such a day comes only once a year.

After dinner we had to make speeches, but instead of making a speech Bowers brought in a wonderful Christmas tree, made of split bamboos and a ski stick, with feathers tied to the end of each branch; candles, sweets, preserved fruits, and the most absurd toys of which Bill was the owner. Titus got three things which pleased him immensely, a sponge, a whistle, and a pop-gun which went off when he pressed the butt. For the rest of the evening he went round asking whether you were sweating. "No." "Yes, you are," he said, and wiped your face with the sponge. "If you want to please me very much you will fall down when I shoot you," he said to me, and then he went round shooting everybody. At intervals he blew the whistle.

He danced the Lancers with Anton, and Anton, whose dancing puts that of the Russian Ballet into the shade, continually apologized for not being able to do it well enough.

	צײַג פֿאַרן דאַך און טיר פֿון דער שטײנערנער איגלו	24	
	אינסטרומענט־קאַסטן	7	
3	פּאָר נאַרטעס און שטעקנס (שפּעטער אַוועקגעוואָרפֿן)	33	
1	קירקע	11	
3	קראַמפּאָנס, צו 2 פֿונטן 3 אונצן	6.5	
2	יאַמש־שטעקנס, פֿאַר מעסטן ים־פֿלײץ אויב מיגלעך, צו 14 פֿיס	4	
2	יאַמש־ערן[ב']	4	
1	פּלאַנקע פֿאַרן אויבן פֿון איגלו־טיר	2	
1	זעקל סענעגראָז[ג']	1	
6	קלײנע װײַבלעכע יאַמש־עקן און		
1	מעסער אויסצושנײַדן שנײפּײַדעס פֿאַר דער איגלו	4	
	קעסטלעך, זעקלעך	8	420
			790

אין דעם לאָמפּ־קאַסטן וואָס אויבן דערמאָנט ליגן די ווײַטערדיקע זאַכן:

1	לאָמפּ וואָס ברענט טראָן[ד']
1	לאָמפּ וואָס ברענט שפּירט
1	געצעלט־ליכט־לאָמפּ
1	טראָן־קאָכער
1	בלאָז־טרײַבל

די פּאַרטיע פֿון דרײַ מענטשן[ה'] האָט זיך אַוועקגעלאָזט מיט אַ גאַנצער וואָג פֿון 757 פֿונטן צו שלעפּן, איבערלאָזנדיק די נאַרטעס און שטעקנס אין דער לעצטער רגע.

מע האָט ניט געקענט אָנלאָדן די גאַנצע מאַסע אויף איין 12־פֿוס שליטן, האָט מען גענומען צוויי 9־פֿוס שליטנס, אײנער אָנגעטשעפּעט הינטערן צווייטן. כאָטש דאָס האָט געמאַכט גרינגער דאָס אײַנפּאַקן און באַהאַנדלען די כּלים, האָט עס שיִער ניט פֿאַרטאָפּלט די רײַבונג־אייבערפֿלאַך וואָס אַקעגן איר דאַרף די פּאַרטיע שלעפּן.

[א'] portaging harnesses: זעט הערה ד'.

[ב'] male bamboos: זעט הערה ד'.

[ג'] sennegrass: אַ מין גראָז וואָס מע שטעקט אַרײַן אין די שיך אײַנצוזאַפּן שווייס.

[ד'] blubber: ד"ה, אייל פֿון פענגווינך צי ים־הינט־פֿעטס.

[ה'] אויף אָט דער ווינטער־נסיעה גייען באַוערס (זעט הערה א'), עדוואַרד "ביל" ווילסאָן (Edward “Bill” Wilson) דער אָנפֿירער, און אַפּסלי טשערי־גאַראַרד (Apsley Cherry-Garrard), דער מחבר. באַוערס און ווילסאָן זײַנען געשטאָרבן מיט סקאָט (Scott) מיט נײַן חדשים שפּעטער אויף זייער צוריקקער פֿונעם דרום־פּאָלוס.

די וויִטערדיקע רשימה פון שליטן־וואָגן פאַר דער ווינטער־נסיעה (פאַר דריִי מענטשן) נעמט מען פונעם חשבון וואָס באַוערס[א] האָט געמאַכט איידער מיר זיִנען אין וועג אַריִין:

		פונטן	פונטן
	פאַרניצעוודיקער פּראָוויאַנט:	פונטן	פונטן
	"אַנטאַרקטיק" ביסקוויטן	135	
	3 קאַסטנס דערפאַר	12	
	פעמיקאַן[ב]	110	
	פוטער	21	
	זאַלץ	3	
	טיי	4	
	נאַפט	60	
	זאַפּאַסיקע שטיקער פאַר פּרימוס[ג]; שוועבעלעך	2	
	אַשר־יצר־פּאַפּיר	2	
	ליכט	8	
	קעסטלעך, זעקלעך	5	
	שפּירט	8	370
	באַשטייִיקער אויסריכט, אאַז"וו:	פונטן	פונטן
2	9-פוס שליטנס, צו 41 פונטן	82	
1	קאָכן־כּלים קאָמפּלעט	13	
2	פּרימוס, אָנגעפילט מיט נאַפט	8	
1	טאָפּל געצעלט קאָמפּלעט	35	
1	שליטן־שופל	3.5	
3	רעניפער־שלאָפזעק, צו 12 פונטן	36	
3	פוכענע שלאָפזעק־אונטערשלעק, צו 4 פונטן	12	
1	באַרגשטריק	5	
1	ראַמש־זעקל מיט רעפּאַראַטור־זאַכן און		
1	באָנסאַ[ד] עטויִ מיט רעפּאַראַטור־געציִיג	5	
3	פערזענלעכע זעק צו 15 פונטן:		
	רעזערוו־קליידער, אאַז"וו	45	
	לאָמפּ־קאַסטן מיט מעסערס, שאַרף־שטאָל,		
	אאַז"וו, פאַרן [טראָן פון] ים־הינט און פענגווינען	21	
	קאַסטן מעדיציניש, וויסנשאַפטלעך געציִיג	40	
2	איִיזהעק, צו 3 פונטן	6	
3	מענטשן־געשפּאַנען[ה]	3	
3	פאָרטאַזש־געשפּאַנען[א]	3	

[א] Lieutenant H.R. Bowers: וואָס מע האָט אים גערופן "בירדי" ("פייגעלע") – "Birdie" – צוליב זיִן גרויסער נאָז.

[ב] pemmican: קאָנצענטרירט עסנוואַרג געמאַכט פון גליִכע חלקים פלייש און פעטס צעמאָלן און אויסגעפורעמט אין ציגל. תּחילת אויסגעפונען פון אינדיאַנער אין קאַנאַדע.

[ג] primus: אַ מין פּאָרטאַטיווער אויוון וואָס ברענט נאַפט.

[ד] Bonsa outfit: איך ווייס ניט וואָס דאָס זאָל זיִן.

[ה] man-harnesses: צוליב אַ מין פּוריזם (ניט צו רעדן פון מאַסאָכיזם) האָבן די בריטישער אין יענע יאָרן געהאַלטן, אַז ס'איז בעסער צו שלעפּן די שליטנס אַליין, ניט ניצן שליטן־הינט.

די ווינטער־נסיעה

2 Bamboos for measuring tide if possible, 14 feet each	4
2 Male bamboos	4
1 Plank to form top of door of igloo	2
1 Bag sennegrass	1
6 Small female bamboo ends and	
1 Knife for cutting snow block to make igloo	4
Packing	8 <u>420</u>
	790

The 'Lamp box' mentioned above contained the following:
    1 Lamp for burning blubber.
    1 Lamp for burning spirit.
    1 Tent candle lamp.
    1 Blubber cooker.
    1 Blowpipe.

The party of three men set out with a total weight of 757 lbs. to draw, the ski and sticks in the above list being left behind at the last moment.

It was impossible to load the total bulk upon one 12-ft sledge, and so two 9-ft sledges were taken, one toggled on behind the other. While this made the packing and hand-ling of the gear much easier, it nearly doubled the friction surface against which the party had to pull.

די ווינטער־נסיעה

The following list of the Winter Journey sledge weights (for three men) is taken from the reckoning made by Bowers before we started:

Expendable Stores	lbs.	lbs.
'Antarctic' biscuit	135	
3 Cases for same	12	
Pemmican	110	
Butter	21	
Salt	3	
Tea	4	
Oil	60	
Spare parts for primus, matches	2	
Toilet Paper	2	
Candles	8	
Packing	5	
Spirit	8	370
Permanent Weights, etc.	lbs.	lbs.
2 9-ft Sledges, 41 lbs. each	82	
1 Cooker complete	13	
2 Primus filled with oil	8	
1 Double tent complete	35	
1 Sledging shovel	3.5	
3 Reindeer sleeping-bags, 12 lbs. each	36	
3 Eider-down sleeping-bag linings, 4lbs. each	12	
1 Alpine rope	5	
1 Bosun's bag, containing repairing materials, and		
1 Bonsa outfit, containing repairing tools	5	
3 Personal bags, each containing 15 lbs. spare clothing, etc.	45	
Lamp box with knives, steel, etc., for seal and penguin	21	
Medical and scientific box	40	
2 Ice axes, 3 lbs. each	6	
3 Man-harnesses	3	
3 Portaging harnesses	3	
Cloth for making roof and door for stone igloo	23	
Instrument box	7	
3 Pairs skis and sticks (discarded afterwards)	33	
1 Pickaxe	11	
3 Crampons, 2 lbs. 3 oz. each	6.5	

קאַפּיטל זיבן

די ווינטער־נסיעה

וואָס שטייט אונטן איז אַ טייל פֿון די *ערגסטע נסיעה אויף דער וועלט*, די זכרונות פֿון אַפּסלי טשערי־גאַראַרד, וועגן זײַנע איבערלעבונגען מיט דער עקספּעדיציע אָנגעפֿירט פֿון ראָבערט פֿ. סקאָט, 1913-1910. דער הויפּטציל איז געווען די אויפֿדעקונג פֿונעם דרום־פּאָלוס. אין מיטן ווינטער פֿאַר דער פּאָלוס־נסיעה איז פֿאָרגעקומען די ווינטער־נסיעה באַשריבן אונטן – טאַקע די ערגסטע נסיעה אויף דער וועלט, ניט פֿאַרגעסן וואָס סקאָט מיט זײַנע פֿיר באַלייטערס זײַנען געשטאָרבן בײַם צוריקקער פֿונעם פּאָלוס. זיי זײַנען געגאַנגען אין מיטן דרומדיקן ווינטער זוכן קייסער־פּענגווינען אייער, צוליב וויסנשאַפֿט.

דאָס בוך האַלט מען צווישן די גרעסטע פֿון דער געאָגראַפֿיש־אויספֿאָרשונג־ליטעראַטור. דאָס זײַנען פּערזענלעכע זכרונות און ניט געמיינט פֿאַר אַ פּינקטלעכער געשיכטע, טריט בײַ טריט אויסגעמאָלט. דער מחבר האָט אָנגענומען, אַז דער לייענער ווייסט שוין פֿון פֿריִער די אַלגעמיינע פּרטים, אויב ניט מער. פֿונדעסטוועגן איז אַלץ קלאָר געמאַכט (לויט זײַן שטייגער) – ווייניקסטנס האָף איך אַזוי, מיט געציילטע הערות דערצו.

וועגן דער נסיעה: זיי זײַנען אָפּגעפֿאָרן פֿון ענגלאַנד נאָוועמבער 1910, אָנגעקומען אין זייער באַזע אינעם אַנטאַרקטיק יאַנואַר 1911. אויף דער ווינטער־נסיעה אַליין האָבן די דרײַ – טשערי־גאַראַרד, ביל ווילסאָן, בירדי באַוערס – "גוט פֿאַרבראַכט" פֿון 27סטן יוני ביז 1טן אויגוסט 1911 – פֿינף וואָכן.

> אַ, נאָר דער גרייך זאָל אַריבערשטײַגן דעם כאַפּ, אָדער וואָס טויג אַ הימל?
>
> – ר. בראַונינג, *אַנדרעאַ דעל סאַרטאָ*

> בײַ מיר און בײַ אַלעמען וואָס זיי זײַנען דאָ געבליבן, איז דער תּכלית פֿון אָט דער טירחה דער צוצי וואָס ווערט געמאַכט אויף אונדזער דמיון ווי איינע פֿון די גאַלאַנטסטע מעשׂיות אין דער פּאָלאַר־געשיכטע. אַז מענטשן זאָלן אַרויסוואָגלען טיף אין דער פּאָלאַר־נאַכט, שטייענדיק פֿאַר די טריבסטע קעלט און רציחהדיקסטע בורעס אין פֿינצטערניש איז עפּעס נײַעס; אַז זיי האָבן זיך אײַנגעשפּאַרט אין אַזאַ טירחה אַנטקעגן אַזעלכע שוועריקייטן אַ גאַנצע פֿינף וואָכן איז גיבוריש. אָט דערציילט זיך אַ מעשׂה פֿאַר אונדזער דור, אַ מעשׂה וואָס, איך האָף, וועט בלײַבן שטאַרק און רירנדיק אויף דור־דורות.
>
> – סקאָטס טאָגבוך, בײַ קאַפּ־עוואַנס

די ווינטער-נסיעה

Chapter Seven
The Winter Journey

Below is a part of *The Worst Journey in the World*, the memoir of Apsley Cherry-Garrard, about his experiences with the expedition led by Robert F. Scott, 1910-1913. The principal goal was the discovery of the South Pole. In mid-Winter before the pole journey there was the journey described below – indeed the worst journey in the world, not forgetting that Scott and his four companions died during their return from the pole. They traveled in the middle of the southern winter in search of eggs of the Emperor Penguin, for their scientific value.

The book is considered one of the greatest works in exploration literature. This is a personal memoir and was not meant for a detailed history. The author takes for granted that the reader is already acquainted with the general details, if not more. However everything is clear (in his manner) – at least I hope so, with a number of footnotes as well.

As for the journey: they sailed from England in November, 1910 and arrived at their base in the Antarctic January, 1911. The three on the winter journey – Cherry-Garrard, Bill Wilson, Birdy Bowers – "enjoyed their time" from June 27th until August 1st, 1911 – five weeks.

Ah, but a man's reach should exceed his grasp, Or what's a Heaven for?
        R. Browning. *Andrea del Sarto*

To me, and to everyone who has remained here the result of this effort is the appeal it makes to our imagination, as one of the most gallant stories in Polar History. That men should wander forth in the depth of a Polar night to face the most dismal cold and the fiercest gales in darkness is something new; that they should have persisted in this effort in spite of every adversity for five full weeks is heroic. It makes a tale for our generation which I hope may not be lost in the telling.
        Scott's diary, at Cape Evans

די ווינטער־נסיעה

The Winter Journey

ISBN-13: 978-0-9980497-1-7

איבערזעצונג דרוקרעכט © 2018-2007 פֿון בעריש גאָלדשטיין
אַלע רעכט באַוואָרנט

די ווינטער־נסיעה

פֿון

די ערגסטע נסיעה אויף דער וועלט

אַפּסלי טשערי־גאַראַרד

איבערגעזעצט פֿון
בעריש גאָלדשטיין

פּאַראַלעל־אויסגאַבע

www.ingramcontent.com/pod-product-compliance
Lightning Source LLC
Chambersburg PA
CBHW070603010526
44118CB00012B/1432
* 9 7 8 0 9 9 8 0 4 9 7 1 7 *